COMPRENDRE *le monde*

SCIENCES

GUIDE PÉDAGOGIQUE

CM1

Aurélie Bellanger-Raoul, conseillère pédagogique
Laurence Dedieu, maitresse de conférences en INSPÉ
Michel Kluba, professeur agrégé de sciences physiques à l'université
Ladislas Panis, conseiller pédagogique

RETZ
editions-retz.com

Cet ouvrage suit l'orthographe recommandée par les rectifications de 1990
et les programmes scolaires.
Voir le site http://www.orthographe-recommandee.info et son miniguide d'information

Direction éditoriale : Céline Lorcher
Édition : Anne-Sophie Perret
Correction : Rosine Biguet
Maquette de couverture : Antartik
Maquette et mise en page : STDI
Illustrations : Armelle Drouin

Toutes les photos sont © iStock sauf **14, 16, 22, 23h, 29, 33h, 34, 35, 36** © Michel Kluba ; **57, 58, 59, 60, 130, 131, 136, 137, 147, 148** © L. Panis ; **90h, 90m, 105** © L. Dedieu ; **93g** SHUTTERSTOCK / WildMedia ; **96m** ADOBE STOCK PHOTO / Kelly Knox ; **96g** SHUTTERSTOCK / Anneka ; **134g** REA / Stephane Audras ; **135b** UNIVAC-Smithsonian Institution / D.R. ; **140** TTS intrernational / D.R. ; **171** CNRS / Méduse Communication / Claire MARC ; FRANCE TV DISTRIBUTION ; FRANCE TV DISTRIBUTION

ISBN : 978-2-7256-4549-0
Code éditeur : 374277
Dépôt légal : septembre 2024

Ce livre est imprimé sur du papier issu de forêts gérées durablement.

N° de projet : 10295708
Achevé d'imprimer en Belgique en août 2024 sur les presses de l'imprimerie de SNEL

Sommaire

Présentation générale

L’ouvrage *Comprendre le monde, sciences CM1* est un guide pédagogique qui propose des séances d’enseignement détaillées pour une appropriation rapide et une mise en œuvre concrète en classe : déroulement de la séance, consignes, documents de recherche donnés aux élèves, exemple de trace écrite…

LES PROGRAMMES 2023

(BO n°25 du 22 juin 2023)

Les 19 séances proposées couvrent l’ensemble des **4 thèmes principaux** :

1. Matière, mouvement, énergie et information
2. Le vivant, sa diversité et les fonctions qui le caractérisent
3. Les objets techniques au cœur de la société
4. La Terre, une planète peuplée par des êtres vivants

Les séances permettent aux élèves de **construire des concepts scientifiques « en pratiquant des démarches scientifiques et technologiques »** basées sur le **questionnement et la recherche** (*cf.* démarche d’investigation). Les approches des recherches sont variées : expérimentation directe, observation, modélisation, documentation, fabrication, utilisation de logiciels de simulation…

L’ouvrage développe pour chacun des thèmes **des applications à l’éducation au développement durable** et favorisent les liens avec les autres domaines disciplinaires.

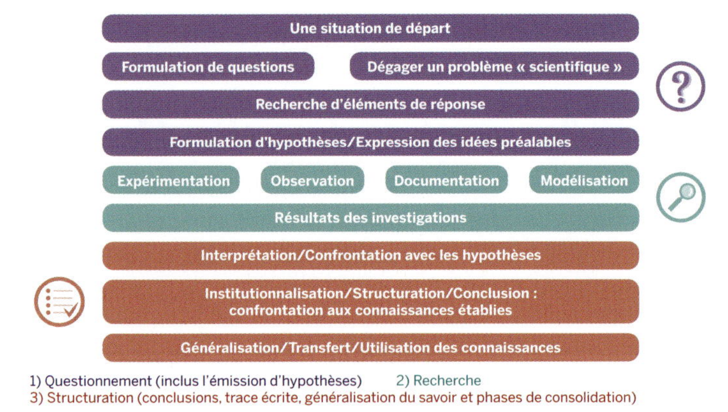

LE CHOIX DES CONCEPTS SCIENTIFIQUES ABORDÉS EN CM1

(*cf.* Programmation cycle 3)

Ce choix se fonde sur **les éléments de progressivité cités dans les programmes**. Les auteurs ont établi une programmation qui tient compte des contenus déjà abordés en cycle 2 (prérequis et approfondissement de notions déjà introduites) en essayant d’inscrire les enseignements dans une logique de cycle (consolidation et complexification du concept scientifique au fil des 3 années du cycle).

LES DOSSIERS INTERDISCIPLINAIRES

En supplément des 19 séances thématiques, cet ouvrage propose également 4 dossiers interdisciplinaires. L’interaction entre les différents enseignements étant largement prônée par les programmes, ces dossiers exposent des projets de « Sciences et technologie » qui sollicitent particulièrement, dans des situations réelles, des savoirs et des savoir-faire issus d’autres domaines disciplinaires (faire des mesures, utiliser un tableur pour traiter des données, lire des cartes, communiquer ses résultats…).

Avertissement : Il est important de considérer le terme de « Séance » comme un enchainement de plusieurs temps d’enseignement. Chaque séance permet d’appréhender (découvrir ou approfondir) une notion scientifique, et doit donc s’envisager en 3 ou 4 temps de classe distincts.

ORGANISATION DE L'OUVRAGE

• Chaque séance est précédée d'une partie informative où l'enseignant bénéficie d'un **éclairage sur la notion étudiée** afin d'être en mesure de transmettre aux élèves des repères solides sur les contenus abordés.

• **Les séances, thématiques, s'appuient sur une problématique précise**.

• Elles ont pour support initial **des documents pouvant être affichés** (vidéoprojetés ou photocopiés en A3) et/ou photocopiés pour une lecture individuelle. Ces documents servent de point de départ à une **réflexion collective**. Relancés par des questions posées par l'enseignant·e, les élèves sont amenés à exprimer leur point de vue, à argumenter, à échanger sur chaque question soulevée.

• Dans un deuxième temps, des **activités** (avec parfois des documents) sont proposées **sur le cahier de l'élève** afin de permettre aux enfants d'approfondir la notion.

• Une **synthèse** de la séance est ensuite élaborée avec la classe. Une proposition de résumé ou de trace écrite est donnée à chaque fin de séance. Un lexique est suggéré afin de pouvoir fixer l'essentiel de ce qui a été vu en classe.

Évaluer les sciences en CM

L'ÉVALUATION EN SCIENCES AU CYCLE 3

En sciences, il est possible de travailler puis d'évaluer de nombreuses compétences qui contribuent à l'acquisition du socle commun :

• Pratiquer des démarches scientifiques et technologiques
• Concevoir, créer, réaliser
• Pratiquer des langages
• Mobiliser des outils numériques
• Adopter un comportement éthique et responsable
• Se situer dans l'espace et dans le temps
• Faire preuve d'esprit critique

Les séances proposées dans l'ouvrage offrent la possibilité d'une **évaluation formative, en continu**, pour quelques items que l'enseignant choisit en fonction de sa progression ou du niveau de sa classe. Des exemples précis de compétences évaluables sont proposés à la fin de certaines séances. **L'évaluation sommative**, sous forme de fiche fournie en ressources numériques, permet de valider l'acquisition d'une ou plusieurs compétences ; par exemple : « Réaliser des expériences » ou « Exploiter des documents pour comparer et trier différents matériaux sur la base de leurs propriétés physiques » pour la séance 1.

Si le niveau de maitrise de cette compétence semble fragile, elle sera retravaillée lors d'une autre séance.

Cependant, il n'est pas nécessaire d'évaluer tout, tout le temps et pour tous les élèves en même temps. Il vaut mieux tendre vers un niveau de maitrise des compétences satisfaisant sur l'ensemble du cycle.

En effet, si les programmes indiquent clairement les compétences attendues, ils précisent aussi qu' « Il s'agit d'engager les élèves de cycle 3 dans le travail des compétences listées dans ce tableau. Cet apprentissage, long et progressif, doit se faire sur l'ensemble de leur scolarité.[1] ».

1. Bulletin officiel spécial, n° 25, du 22 juin 2023.

Attendus de fin de cycle :

Matière, mouvement, énergie, information	**États et la constitution de la matière** • Décrire un échantillon de matière à l'aide du vocabulaire scientifique et des grandeurs physiques : masse, volume. • Caractériser la diversité de la matière et de ses transformations à l'échelle macroscopique. • Utiliser les propriétés physiques des matériaux pour les classer, notamment à des fins de tri. **Différents types de mouvements** • Décrire un mouvement en précisant le point de vue. • Caractériser un mouvement par des mesures. **Ressources en énergie et conversions d'énergie** • Identifier les formes d'énergie mises en jeu dans un dispositif de conversion d'énergie. • Rechercher et exploiter des informations relatives aux ressources en énergie et à leur utilisation en exerçant son esprit critique. **Signal et information** • Interpréter la formation d'ombres, en particulier dans le contexte du système Soleil-Terre-Lune. • Mettre en œuvre des circuits électriques à une boucle en respectant des consignes de sécurité. • Identifier des signaux de natures différentes et citer des applications dans lesquelles un signal permet de transmettre une information.
Le vivant, sa diversité et les fonctions qui le caractérisent	**Panorama du monde vivant** • Caractériser la richesse, l'unité et la diversité actuelle et passée du vivant. • Classer les organismes et établir les liens de parenté. **Alimentation humaine** • Expliquer le rôle des aliments pour le fonctionnement de l'organisme. • Identifier les principes des technologies mises en œuvre pour transformer et conserver les aliments. **Cycle de vie et reproduction des êtres vivants** • Décrire le cycle de vie d'une plante à fleurs et celui d'un animal. • Décrire les changements pubertaires chez les êtres humains associés à la capacité de se reproduire. • Identifier la dimension biologique de la sexualité humaine et la distinguer de ses autres dimensions (psycho-émotionnelle, juridique et sociale).
Les objets techniques au cœur de la société	**Évolutions du besoin et des objets** • Identifier un besoin exprimé par la société et lui associer des objets techniques permettant d'y répondre. • Distinguer un objet technique d'un objet naturel. • Repérer les évolutions des objets techniques en fonction de leur contexte d'utilisation. • Citer quelques exemples d'objets techniques conçus pour répondre à un besoin spécifique et ayant été détournés de leur usage initial. **Fonctionnement d'objets techniques** • Distinguer besoins, fonctions techniques et solutions technologiques. • Décrire un objet technique par un schéma (représentation du fonctionnement de l'objet) et un croquis (ce que l'on observe). **Conception et réalisation d'un objet technique** • Décrire et pratiquer la démarche technologique dans le cadre d'un projet. • Participer à un travail collectif. • Identifier les liens entre des choix de conception et leurs effets sur les étapes du cycle de vie d'un objet technique. **Programmation d'objets techniques** • Repérer la chaine d'information et la chaine d'action d'un objet programmable. • Programmer un objet technique pour obtenir un comportement attendu.
La Terre, planète peuplée par des êtres vivants	**La Terre, une planète singulière et active** • Identifier l'activité de la planète Terre et ses conséquences. • Décrire les conditions de la vie terrestre. • Différencier la météorologie du climat. • Construire une argumentation scientifique pour expliquer le réchauffement climatique actuel. **Écosystème : structure, fonctionnement et dynamique** • Décrire un écosystème et caractériser les interactions qui s'y déroulent. • Mettre en évidence la place et l'interdépendance de différents êtres vivants dans un réseau trophique. • Caractériser les conséquences d'une action humaine sur un écosystème.

Ainsi, il n'est pas attendu en CM1 ou CM2 l'acquisition totale des compétences de fin de cycle. La notion d'objectif d'apprentissage « dépassé » telle qu'elle apparait dans le livret scolaire unique (LSU) est relative à ce qui est travaillé en classe au cours d'une séance et non à ce qui est attendu en fin de cycle. On évaluera donc ce que les élèves travaillent et apprennent lors d'une séance.

Quand et pourquoi évalue-t-on ?

Les objectifs premiers de l'évaluation consistent à mesurer les savoirs acquis par les élèves et à améliorer les apprentissages.

Lorsqu'elle est menée au fil des séances, en classe, l'évaluation est formative et permet de suivre les progrès de l'élève. Elle fournit alors des informations qui permettent de réguler, voire d'adapter l'enseignement. C'est un moment d'apprentissage où l'erreur doit être dédramatisée, et clairement présentée comme un levier de progression.

Lorsqu'elle est menée en fin de sous-thème, l'évaluation est sommative et permet de certifier, pour chaque élève, le degré de maitrise des apprentissages visés. Par exemple, l'attendu de fin de cycle « Expliquer le rôle des aliments pour le fonctionnement de l'organisme » est évalué en mesurant plusieurs objectifs différents qui participent à sa construction. Un élève aura validé cette compétence s'il a établi la relation entre l'activité, l'âge, le sexe, les conditions de l'environnement d'un individu et les besoins de son organisme. Cette compétence ne peut donc être acquise au cours d'une seule séance et se construit tout au long du cycle en mobilisant les différentes compétences et connaissances travaillées en classe.

Comment les sciences permettent-elles d'évaluer les compétences du socle ?

Les sciences permettent d'évaluer des compétences transversales de tous les domaines du socle commun :

• Domaine 1 : les langages pour penser et communiquer
• Domaine 2 : les méthodes et outils pour apprendre
• Domaine 3 : la formation de la personne et du citoyen
• Domaine 4 : les systèmes naturels et les systèmes techniques
• Domaine 5 : les représentations du monde et l'activité humaine

Prenons pour exemple le domaine 2 « Les méthodes et outils pour apprendre ». En sciences, l'enseignant peut évaluer cette compétence à travers différentes activités, telles que la recherche documentaire, la réalisation d'un objet en groupe, l'élaboration de protocoles expérimentaux… Il évalue alors la capacité de l'élève à extraire les informations pertinentes d'un document, à coopérer et à organiser en groupe un espace de réalisation expérimentale, à réaliser une expérience pour tester une hypothèse…

ÉVALUER LES SÉANCES PROPOSÉES DANS NOS OUVRAGES

Certaines compétences sont facilement évaluables par un questionnement écrit destiné à l'élève : il s'agit des **fiches « sommatives »** à compléter par l'élève.

Exemple : *Identifier différentes formes d'énergie*

D'autres compétences faisant appel à des qualités d'expression orale, de manipulation ou de coopération nécessitent un regard détaché de l'évaluateur au fil des séances. Il s'agit des **évaluations filées de compétences**, à pointer par l'enseignant au fil des séances.

Exemple : *Proposer et/ou suivre un protocole expérimental*

Dans nos ouvrages, nous proposons donc deux modalités d'évaluation qui permettent d'évaluer les capacités propres à chaque compétence, mais aussi de s'assurer de leur acquisition par les élèves tant au niveau des savoirs que des méthodes.

L'évaluation sommative

Les élèves sont évalués individuellement, dans un temps limité, par le biais d'une évaluation écrite de fin de sous-thème. Les fiches évaluations reprennent souvent des activités déjà réalisées en classe et proposent pour chacune d'elles les mêmes types d'exercices (vrai/faux, définitions à faire correspondre, photos à légender…), ce qui permet aux élèves, notamment les plus fragiles, de se concentrer sur le questionnement sans risque de déstabilisation liée à sa forme.

L'évaluation formative en continu

Il s'agit des évaluations filées de compétences, à pointer par l'enseignant. Par exemple, pendant les activités des séances 10 et 11, l'enseignant peut apprécier l'acquisition d'un vocabulaire adapté à l'observation du vivant et ainsi évaluer les compétences « Rendre compte de ses activités en utilisant un vocabulaire précis et des formes langagières spécifiques des sciences et des techniques ». Différentes grilles sont proposées en fonction de l'activité, mais aussi des besoins de l'enseignant. Ces grilles sont à utiliser tout au long de l'année, et dans différentes disciplines, pour apprécier la progression de l'élève.

Ces tableaux sont préparés avant la séance. Pendant celle-ci, l'enseignant coche le niveau de compétence atteint par l'élève. Bien entendu, il est difficile d'évaluer toute la classe à chaque séance. Comme la plupart des compétences sont évaluables dans plusieurs séances, il n'est pas nécessaire d'évaluer systématiquement tous les élèves.

Une aide à une évaluation filée des compétences vous est proposée à la fin des séances. Il s'agit de saisir les opportunités d'évaluation lorsqu'elles se présentent au fil des séances.

Chaque compétence donne lieu à un tableau à compléter pour la classe. Un gabarit de tableau personnalisable se trouve dans les ressources numériques. (Cf. gabarits)

Présentation des outils

Le cahier de l'élève, support de travail pour les 19 séances et les 4 dossiers interdisciplinaires :

- Résoudre une situation problème

  Exemple pour la séance 4 « Comment nettoyer l'eau sale ? »

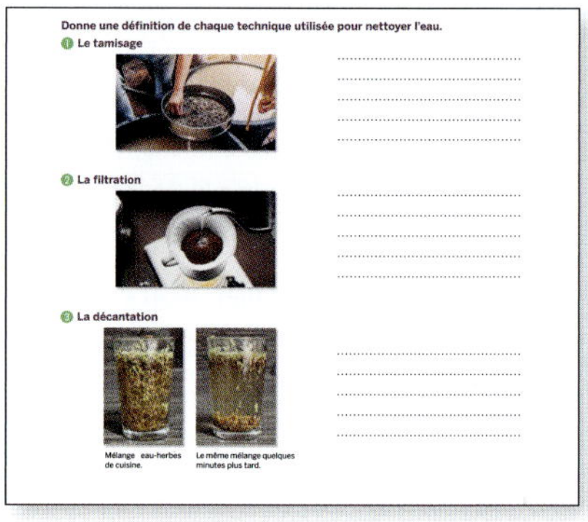

- Lire et observer des documents

  Exemple pour la séance 11 « Comment Les animaux se reproduisent-ils ? »

- Réaliser un schéma ou légender une image

  Exemple pour la séance 14 « Comment fonctionne la transmission d'un vélo ? »

- Rendre compte des expériences menées en classe

  Exemple pour la séance 17 « Quelle est la position de la Terre dans le système solaire ? »

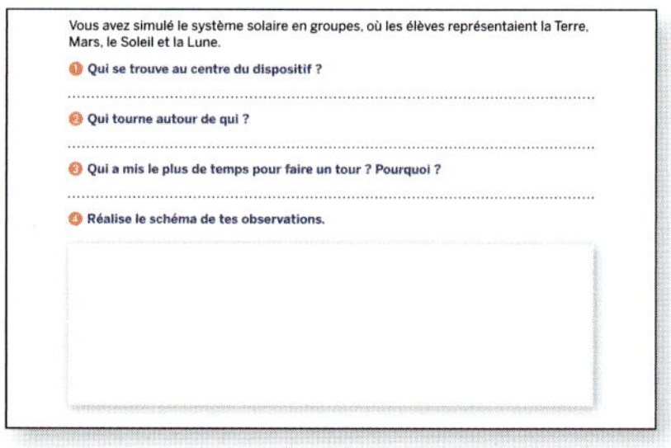

- Construire la trace écrite

  Exemple pour la séance 19 « Enquête sur le chêne : des hôtes de passage aux résidents permanents »

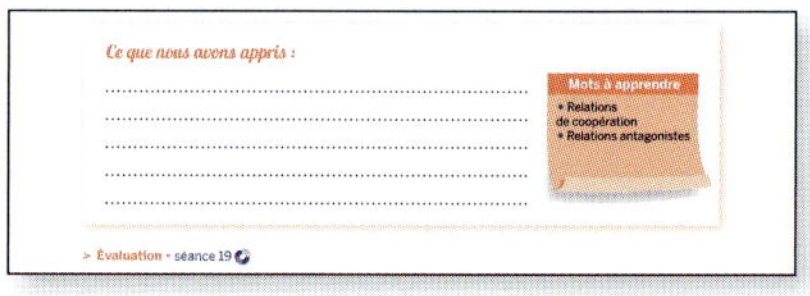

Le guide pédagogique pour aider l'enseignant à guider ses élèves dans une démarche d'investigation scientifique :

• Réactiver ses connaissances à travers la rubrique « l'essentiel pour l'enseignant »

Exemple pour la séance 5 « Comment bougent nos objets mécaniques ? »

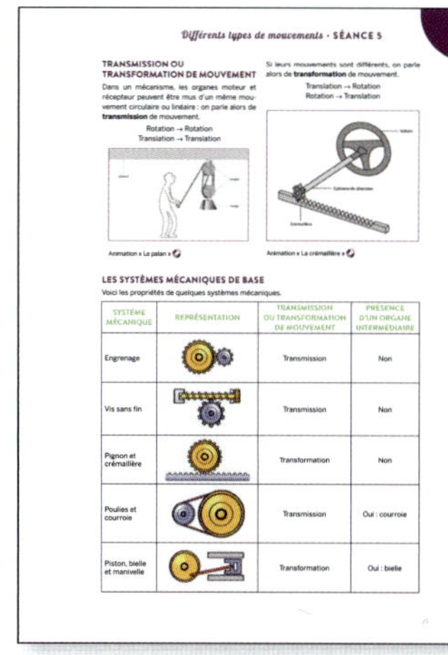

• Guider, étape par étape, le déroulement de la séance

Exemple pour la séance 10 « Comment les êtres vivants se développent-ils ? »

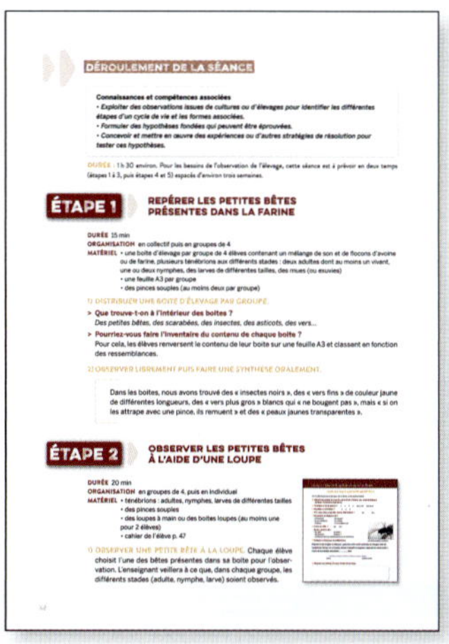

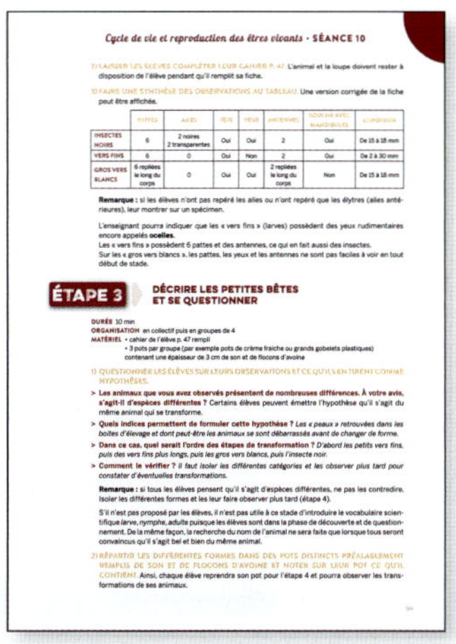

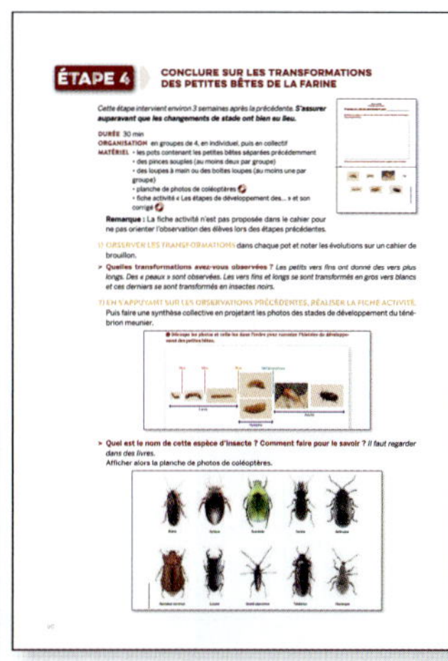

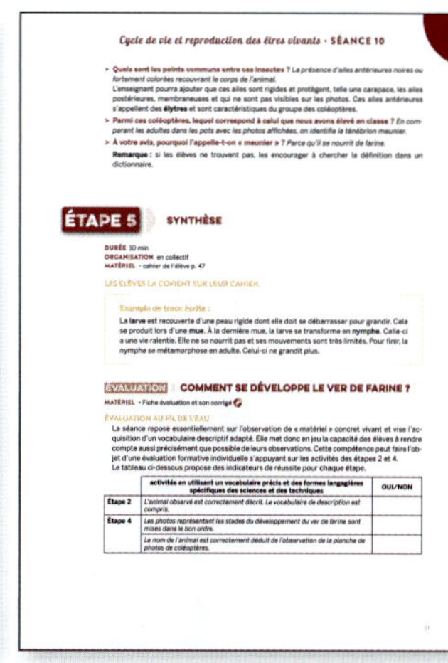

• Proposer une évaluation des compétences dans des situations précises

Exemple pour la séance 15 « Le papier est-il résistant ? »

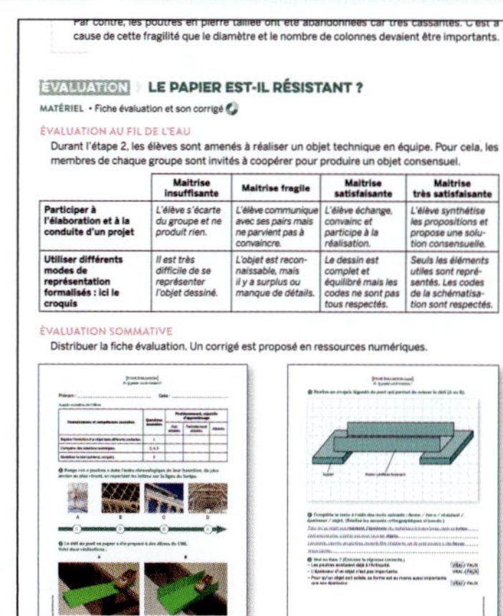

• Proposer des pistes pédagogiques dans le cadre de projets interdisciplinaires

Exemple pour le dossier interdisciplinaire du thème 4 « Une station météorologique dans l'école »

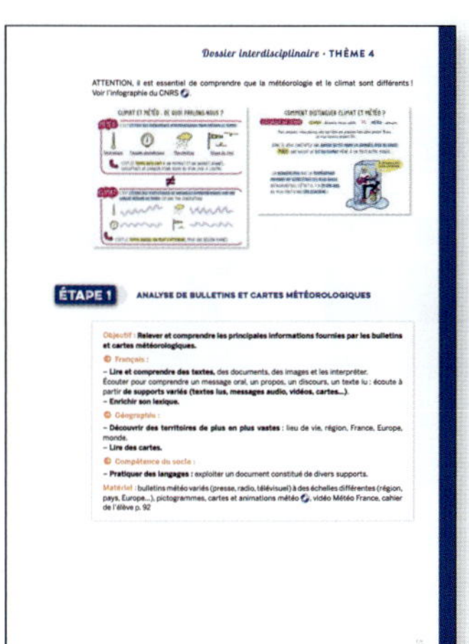

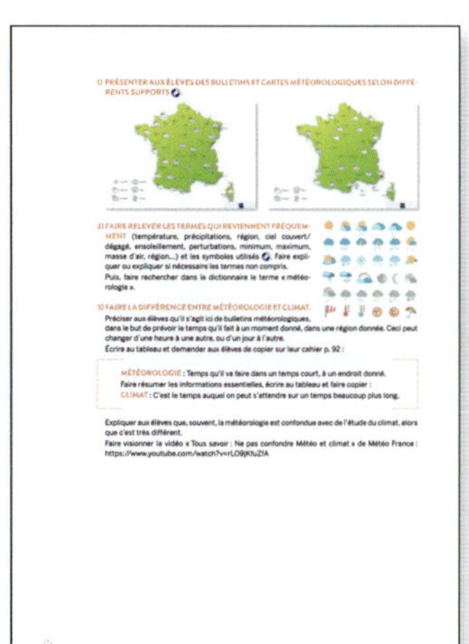

Les ressources numériques à télécharger (voir page 2 de couverture) proposent :

- **Des animations interactives** (consultables sur un navigateur Internet, même sans connexion)

Pour lancer les animations, il faut désarchiver le dossier zip et ouvrir le fichier index.html dans un navigateur web (mozilla, chrome, safari…) sans toucher au reste du dossier. Si vous déplacez un élément du dossier, l'animation pourrait ne plus fonctionner.

Exemple pour la séance 14 « Comment fonctionne la transmission d'un vélo ? »

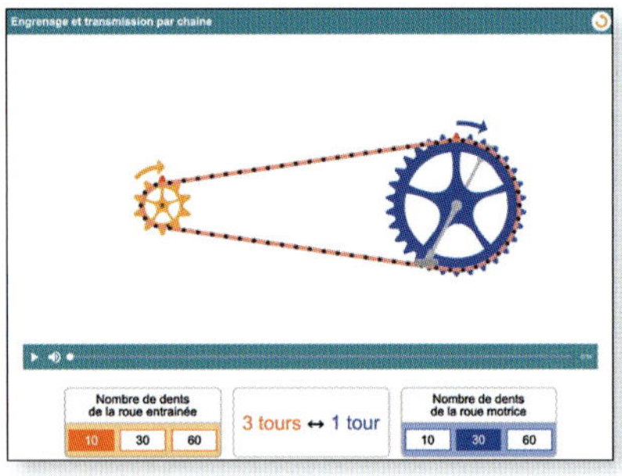

Exemple pour le dossier interdisciplinaire du thème 4 « Une station météorologique dans l'école »

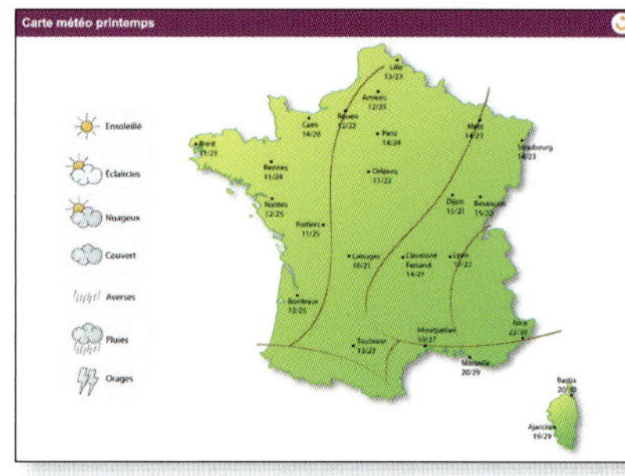

- **Des vidéos**

Exemple pour la séance 1 « Comment trier facilement ses déchets ? »

Exemple pour la séance 9 « Comment fabriquer du beurre ? »

- **11 posters** à étudier en collectif

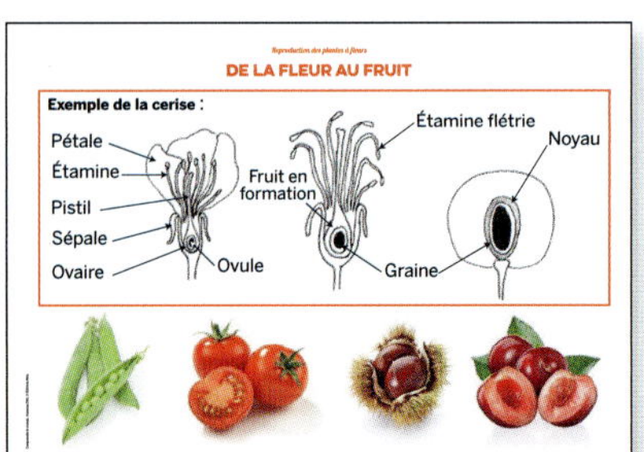

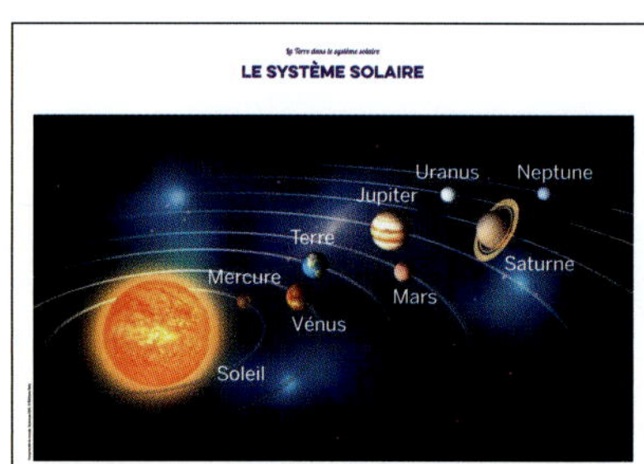

- **Les fiches évaluations pour chaque séance et leur corrigé**

Exemple pour la séance 7 « Qui se ressemble s'assemble ? »

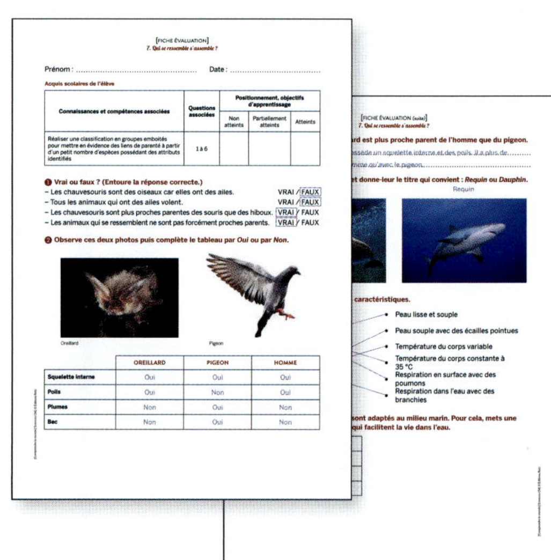

- **Les fiches élèves pour les activités complémentaires**
- **La version corrigée du cahier de l'élève**

MATIÈRE, MOUVEMENT, ÉNERGIE ET INFORMATION

SÉANCE 1

Comment trier facilement les déchets ?

L'ESSENTIEL À SAVOIR POUR L'ENSEIGNANT•E

Sous couvert d'aborder le tri des déchets, cette séance permet de distinguer les matériaux et de les classer, c'est-à-dire de **définir leurs propriétés**.

Les élèves exploreront la diversité de la matière : métaux, plastiques, papier, verre, etc.

Pour distinguer ces matériaux, ils devront rechercher des propriétés discriminantes. Les propriétés abordées (densité et magnétisme) sont volontairement limitées pour que la séance soit efficace et la plus claire possible.

Pour cela, le tri se fera entre 3 matériaux :
– l'acier (issu des canettes) ;
– le plastique transparent (issu des corps de bouteilles) ;
– le plastique opaque (issu des bouchons de bouteilles).

L'enseignant constituera donc des petits sacs de déchets à partir de :
– canettes métalliques arborant le symbole *magnétisme* ;
– bouchons plastiques ;
– bouteilles plastiques transparentes.

QU'EST-CE QU'UN MATÉRIAU MAGNÉTIQUE ?

Le terme exact est *ferromagnétique*, mais le terme *magnétique*, largement utilisé dans le langage courant, suffira à décrire le phénomène avec les élèves.

Un matériau ferromagnétique est attiré par un **aimant**.

Seuls les matériaux contenant du fer, du nickel et du cobalt sont ferromagnétiques. En effet, les aimants n'attirent pas tous les métaux. L'aluminium, par exemple, n'est pas ferromagnétique.

NOTION DE DENSITÉ

La densité est une grandeur relative à l'eau. Un litre d'eau a une masse de 1 kg. Un litre d'huile de cuisine a pour masse 920 g soit 0,92 kg.

La densité de l'huile est donc de 0,92. *A contrario*, un litre de fer a une masse de 7,87 kg, la densité du fer est donc de 7,87.

Les matériaux ayant une densité inférieure à 1 flottent, les autres coulent dans l'eau.

Dans la séance proposée, il n'est en aucun cas nécessaire d'aller vers des mesures chiffrées, par contre il faut amener les élèves à utiliser le bon vocabulaire : le bois n'est pas plus léger que l'eau, il est moins dense.

L'industrie utilise aimant ou électroaimant pour transporter ou trier les métaux ferromagnétiques.

Au Canada, certains bucherons utilisent le fait que le bois est moins dense que l'eau (et donc qu'il flotte) pour le transporter via les cours d'eau et le trier.

DÉROULEMENT DE LA SÉANCE

Connaissances et compétences associées
- *Utiliser les propriétés physiques des matériaux pour les classer, notamment à des fins de tri.*
- *Exploiter des documents de natures variées et évaluer leur fiabilité.*
- *Proposer et/ou suivre un protocole expérimental.*

DURÉE : 1 h environ.

ÉTAPE 1 ÉTUDE DE DOCUMENTS RELATIFS AU TRI SÉLECTIF

DURÉE 10 min
ORGANISATION en collectif
MATÉRIEL
- document « Le recyclage »
- vidéo *C'est pas sorcier* « Une seconde vie pour nos poubelles »
- cahier de l'élève p. 6

1) AFFICHER[1] LE DOCUMENT ET LAISSER UN COURT TEMPS D'OBSERVATION.

2) QUESTIONNER LA CLASSE SUR LE DOCUMENT.

> **Qu'indique cette image ?** *Elle présente ce qu'on a le droit de jeter dans la poubelle jaune. C'est le tri sélectif.*

> **Pourquoi trie-t-on ?** *Parce que certains déchets vont être recyclés, c'est-à-dire qu'ils vont servir à fabriquer de nouveaux objets.*

3) DIFFUSER UN EXTRAIT DE LA VIDÉO *C'EST PAS SORCIER* : *Une seconde vie pour nos poubelles* ou ouvrir le cahier p. 6 : « La centrale de tri ». L'enseignant met le film sur pause à la cinquième minute.

> **Que devient le contenu de la poubelle jaune ?** *Il est trié par des machines et des personnes dans une usine appelée centre de tri.*

1. Afficher signifie, systématiquement, vidéoprojeter ou imprimer le matériel disponible en ressources numériques.

- > **Comment trie-t-on le contenu de la poubelle jaune ?** *Les métaux, les cartons, les plastiques transparents ou opaques sont séparés.*

  Remarque : au besoin, l'enseignant définit le terme *opaque*. Un objet opaque est un objet dont il est impossible de voir au travers.

- > **Autrement dit, sur quels critères sépare-t-on les emballages ?** *Les emballages sont séparés selon leur matériau, non selon leur fonction.*

- > **Que deviennent les plastiques opaques ? les plastiques transparents ?** *Les plastiques opaques sont utilisés pour fabriquer des bidons, des gros pots de fleurs, des tuyaux pour les canalisations. Les plastiques transparents sont utilisés pour fabriquer de la fibre polaire, utilisée dans les vêtements d'hiver. On en trouve aussi dans le rembourrage des oreillers.*

ÉTAPE 2 — COMMENT TRIER LES MATÉRIAUX SANS L'INTERVENTION D'UNE PERSONNE ?

DURÉE 35 min

ORGANISATION en groupes de 4 élèves

MATÉRIEL
- sacs de déchets (canette métallique en acier donc contenant du fer, bouteille d'eau, bouchons de bouteille) préparés par l'enseignant avant la séance selon le mode évoqué ci-dessous
- aimants
- gobelets, si possible transparents (un par groupe)
- petites cuillères
- de l'eau
- cahier de l'élève p. 7
- photos à afficher

Pour préparer les déchets, il suffit de découper quelques morceaux dans une bouteille d'eau et une canette en acier. Une bonne paire de ciseaux est tout à fait satisfaisante pour ce découpage. Découper des bouchons et des bouteilles plastiques de couleurs différentes permet de montrer que le matériau est indépendant de la couleur.

Et les aimants ? Si l'école ne possède pas d'aimants, il est possible d'en acheter bon marché (quelques euros) dans un magasin de bricolage au rayon placards. Les aimants en question sont ceux servant à fermer les portes de placard.

1) PRÉSENTER LES 3 TYPES DE DÉCHETS QU'IL VA FALLOIR TRIER : les plastiques transparents, les plastiques opaques et les canettes. Les autres déchets, comme indiqué dans la vidéo de l'étape 1, sont encore triés à la main.

> **Nous avons vu comment les choses se passaient dans l'usine. Nous allons essayer de comprendre comment le tri s'opère après le passage des déchets dans la déchiqueteuse. À ce stade, les papiers et cartons ont été retirés par les opérateurs.**

2) FAIRE OUVRIR LE CAHIER PAGE 7 ET EXPLIQUER LE DÉFI.

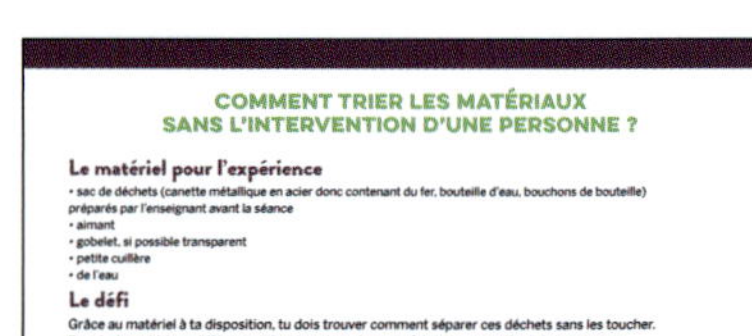

COMMENT TRIER LES MATÉRIAUX SANS L'INTERVENTION D'UNE PERSONNE ?

Le matériel pour l'expérience
- sac de déchets (canette métallique en acier donc contenant du fer, bouteille d'eau, bouchons de bouteille) préparés par l'enseignant avant la séance
- aimant
- gobelet, si possible transparent
- petite cuillère
- de l'eau

Le défi
Grâce au matériel à ta disposition, tu dois trouver comment séparer ces déchets sans les toucher. Il y a trois matériaux différents, il faut imaginer **deux expériences** permettant de les séparer.

> **Chaque groupe reçoit un ensemble de déchets découpés par une déchiqueteuse, un aimant, de l'eau et un gobelet. Grâce au matériel à votre disposition, vous devez trouver comment séparer ces déchets pour les recycler sans les toucher !**
> **Il y a trois matériaux différents. Il faut imaginer <u>deux</u> expériences permettant de les séparer.**

Remarque : au besoin, l'enseignant peut diffuser à nouveau l'extrait de *C'est pas sorcier* : « Une seconde vie pour nos déchets ».

3) QUELQUES PISTES POUR AIGUILLER LES ÉLÈVES.

Les deux photos de la fiche peuvent être affichées, sans commentaire, afin de donner des indices.

> **Les emballages sont triés selon leurs matériaux : quelles sont les différences entre ces matériaux ?** *Sur la photo 1, l'aimant dessiné sur la canette montre qu'elle peut être attirée par un aimant. Sur la photo 2, on voit que certains déchets flottent sur l'eau.*

Canette de soda.

Eau polluée par des déchets ménagers.

4) **INVITER LES ÉLÈVES À OBSERVER LE MATÉRIEL À LEUR DISPOSITION.** À partir de ce matériel, ils choisissent quelques éléments pour réaliser leur expérience. L'enseignant circule et aiguille les groupes en difficulté à partir de remarques.

Remarque : si la manipulation relative à l'aimant ne devrait pas poser de problème aux élèves, celle reposant sur la densité est plus compliquée. Il ne faut donc pas hésiter à laisser les élèves tâtonner sans forcément noter de façon formelle tous les essais.

La solution attendue :

Dans un premier temps, on enlève les morceaux de canettes en acier (contenant du fer) avec un aimant. Puis on met le reste des déchets (plastiques) dans un verre. Pour accélérer le processus, on peut mélanger avec une cuillère. Le plastique transparent coule, le plastique opaque reste en surface.

ÉTAPE 3 EXPLOITATION DE L'EXPÉRIENCE

DURÉE 10 min
ORGANISATION en collectif
MATÉRIEL • photo « Transport de bois flottant »

1) **ATTIRER TOUS LES MORCEAUX MÉTALLIQUES AVEC UN AIMANT.**

> **Comment expliqueriez-vous cette expérience ?** *L'aimant attire les déchets contenant du fer.*

> **Comment cela s'appelle-t-il ?** *Le fer est magnétique, il est donc attiré par les aimants. On parle de magnétisme.*

Si aucun enfant ne connait le terme *magnétisme*, l'enseignant peut l'introduire.

Pour aller plus loin : l'enseignant peut demander aux enfants s'ils connaissent d'autres matériaux magnétiques. Le caractère magnétique de ces derniers sera testé rapidement devant les enfants par l'enseignant. Il est notamment possible de prévoir des pièces de monnaie ou de l'aluminium pour montrer que tous les métaux ne sont pas attirés par les aimants.

Remarque :

• Les pièces de 1, 2 et 5 centimes en acier recouvertes de cuivre sont attirées par l'aimant.
• Les pièces de 10, 20 et 50 centimes en alliage cuivre, zinc, aluminium ne sont pas attirées.
• Les pièces de 1 et 2 euros : avec leur centre en 3 couches (acier, zinc, et nickel, acier, zinc) et l'anneau en alliage cuivre-nickel sont attirées.

2) PLONGER LES DÉCHETS PLASTIQUES DANS UN VERRE D'EAU ET MÉLANGER AVEC UNE CUILLÈRE.

On constate que les morceaux de plastique opaque restent en surface et les morceaux de plastique transparent coulent au fond du verre.

> **Comment expliqueriez-vous cette expérience ?**
La réponse est ici moins évidente. Les élèves répondront probablement que les morceaux « lourds » coulent et les « légers » flottent. Le contraire peut être démontré en utilisant une balance haute précision, mais ce matériel est rarement disponible en école... Pour contrecarrer cette idée, l'enseignant peut afficher la photo ci-dessous.

> **À votre avis, ces morceaux de bois sont-ils lourds ou légers ?** *Les morceaux de bois qui flottent sont lourds !*

> **Pourquoi certains matériaux flottent et d'autres coulent ?**
L'enseignant peut expliquer qu'à taille/volume égal, si le matériau est plus léger que l'eau il flotte, sinon il coule. C'est ce qu'on appelle la densité. Le bois est moins dense que l'eau, alors il flotte.
Ici les matériaux en plastique opaque flottent, ils sont moins denses que l'eau. Ceux en plastique transparent coulent, ils sont plus denses que l'eau.

Ces lourdes buches flottent sur l'eau.

3) REFORMULER LE CONSTAT DE L'EXPÉRIENCE.

L'enseignant demande aux élèves de répondre aux questions suivantes :

> **Comment expliquerais-tu ces expériences ?**

> **En quoi ces expérience peuvent-elles aider au tri ?**

ÉTAPE 4 SYNTHÈSE

DURÉE 15 min
ORGANISATION en individuel et en collectif
MATÉRIEL • cahier de l'élève p. 8

1) RÉALISER INDIVIDUELLEMENT UN SCHÉMA DES DEUX EXPÉRIENCES SUR LE CAHIER P. 7.

2) CONSTRUIRE COLLECTIVEMENT LA TRACE ÉCRITE.

> **À quoi sert le tri sélectif des déchets ?** *Le tri permet de recycler certains matériaux.*

> **Comment sont triés les déchets ?** *Les déchets sont traités dans une centrale de tri en passant d'abord dans une machine puis ils sont encore triés à la main par des hommes.*

> **Comment avons-nous réussi à trier facilement les déchets ?** *Nous avons pu facilement trier les déchets en utilisant leurs propriétés (magnétisme et densité) pour les séparer.*

3) COMPLÉTER COLLECTIVEMENT LA CONCLUSION DE L'ACTIVITÉ SUR LE CAHIER.

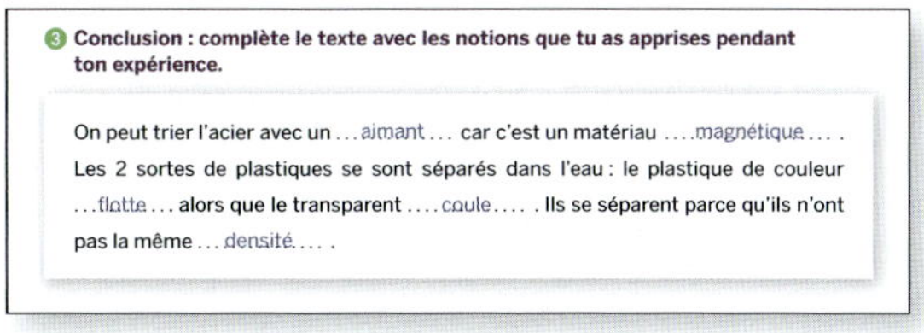
3 Conclusion : complète le texte avec les notions que tu as apprises pendant ton expérience.

On peut trier l'acier avec un ... aimant ... car c'est un matériau .... magnétique .... . Les 2 sortes de plastiques se sont séparés dans l'eau : le plastique de couleur ... flotte ... alors que le transparent .... coule .... . Ils se séparent parce qu'ils n'ont pas la même ... densité .... .

4) CONSTRUIRE COLLECTIVEMENT LA TRACE ÉCRITE.

Les élèves la copient sur leur cahier p. 8.

Exemple de trace écrite :

Le **tri sélectif** sépare les objets en fonction des matériaux qui les constituent.
Les morceaux de canette en fer ont pu être triés grâce à un aimant car le fer est **magnétisable** et non les plastiques.
Les morceaux de plastiques opaques et transparents ont pu être séparés car certains flottent et d'autres coulent : ils n'ont pas la même **densité**.
Le **magnétisme** et la **densité** sont deux propriétés des matériaux.

Lexique :

Densité : plus un matériau est dense, plus un morceau de ce matériau pèse lourd. Si un matériau est plus dense que l'eau, il coule, sinon, il flotte. Un kilogramme de plomb et un kilogramme de plumes sont aussi lourds l'un que l'autre, mais les plumes étant bien moins denses que le plomb, un kilogramme de plumes occupera beaucoup plus de place qu'un kilogramme de plomb.
Magnétique ou ferromagnétique : se dit d'un matériau qui est attiré par un aimant.

PROLONGEMENT RECYCLER DU PAPIER

DURÉE 25 min
ORGANISATION en groupes
MATÉRIEL • fiche activité « Fabriquer du papier recyclé »
• bols et des bassines
• vieux journaux
• cadres et des tamis de même taille

Un prolongement possible à cette séance est la fabrication de papier recyclé.
Comme le propose la fiche activité, ainsi que la vidéo « Recycler du papier », il est possible de recycler du papier journal, puis de l'utiliser en classe dans le cadre d'une production.

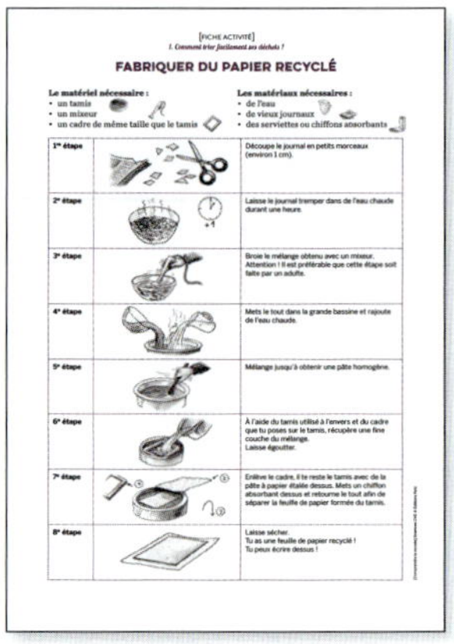

ÉVALUATION COMMENT TRIER FACILEMENT SES DÉCHETS ?

MATÉRIEL • fiche évaluation et son corrigé

ÉVALUATION AU FIL DE L'EAU

	Proposer et suivre un protocole expérimental		
	Expérience aimantation	**Expérience densité**	**OUI/NON**
Le matériel listé est correct	*Un aimant.*	*Un verre rempli d'eau.*	
Le déroulement de l'expérience est décrit simplement	*On déplace l'aimant à proximité des détritus.*	*On met les détritus dans le verre d'eau.*	
Le résultat de l'expérience est envisagé correctement	*Certains matériaux sont aimantés.*	*Certains matériaux coulent, d'autres flottent.*	

	Maitrise insuffisante	Maitrise fragile	Maitrise satisfaisante	Maitrise très satisfaisante
Utiliser différents modes de représentation (schéma, dessin, croquis, tableau, graphique, texte, etc.) et passer d'une représentation à l'autre	*Il manque des informations indispensables sur le schéma.*	*Le schéma de l'expérience est riche en détails inutiles.*	*Le schéma est complet, même s'il a des détails inutiles.*	*Le schéma est simple et a les informations indispensables à la compréhension.*

ÉVALUATION SOMMATIVE

Distribuer la fiche évaluation. Un corrigé est proposé en ressources numériques.

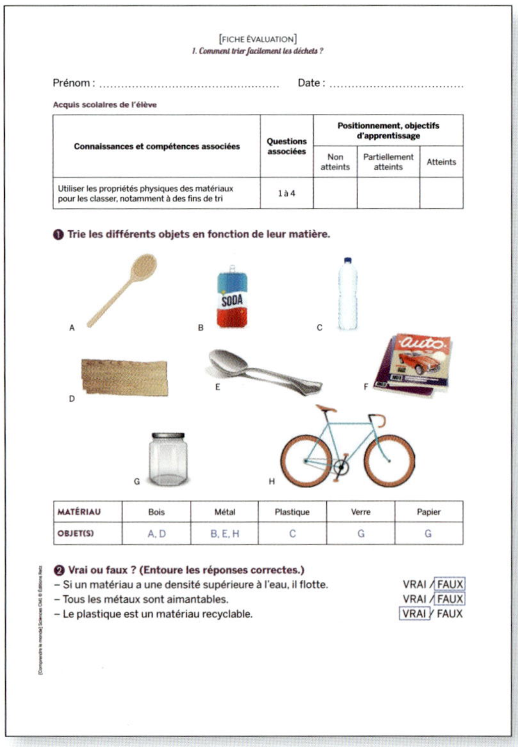
[FICHE ÉVALUATION]
1. Comment trier facilement les déchets ?

Prénom : .... Date : ....

Acquis scolaires de l'élève

Connaissances et compétences associées	Questions associées	Positionnement, objectifs d'apprentissage		
		Non atteints	Partiellement atteints	Atteints
Utiliser les propriétés physiques des matériaux pour les classer, notamment à des fins de tri	1 à 4			

❶ Trie les différents objets en fonction de leur matière.

A B C D E F G H

MATÉRIAU	Bois	Métal	Plastique	Verre	Papier
OBJET(S)	A, D	B, E, H	C	G	G

❷ Vrai ou faux ? (Entoure les réponses correctes.)
– Si un matériau a une densité supérieure à l'eau, il flotte. VRAI / FAUX
– Tous les métaux sont aimantables. VRAI / FAUX
– Le plastique est un matériau recyclable. VRAI / FAUX

[FICHE ÉVALUATION (suite)]
1. Comment trier facilement les déchets ?

❸ Indique comment les objets de la colonne de gauche peuvent être recyclés.

❹ Ces gravats de chantier sont composés de bois et de pierre.
On souhaite récupérer le bois facilement.
> Propose une méthode pour récupérer le bois facilement.
On met les gravats dans l'eau, seul le bois flotte.
> Explique ta méthode.
Le bois flotte car il a une densité inférieure à celle de l'eau.

SÉANCE 2

Comment garder ma boisson fraiche ?

L'ESSENTIEL À SAVOIR POUR L'ENSEIGNANT•E

CONDUCTEUR ET ISOLANT THERMIQUE

La chaleur est une forme d'énergie. Elle se déplace spontanément du point de température chaude au point de température froide jusqu'à équilibre des températures.

Il existe trois modes de transfert de chaleur :

1) La conduction, c'est-à-dire par contact.

Par exemple : se coller au radiateur pour se réchauffer ; poser la casserole sur la plaque chauffante pour chauffer de l'eau.

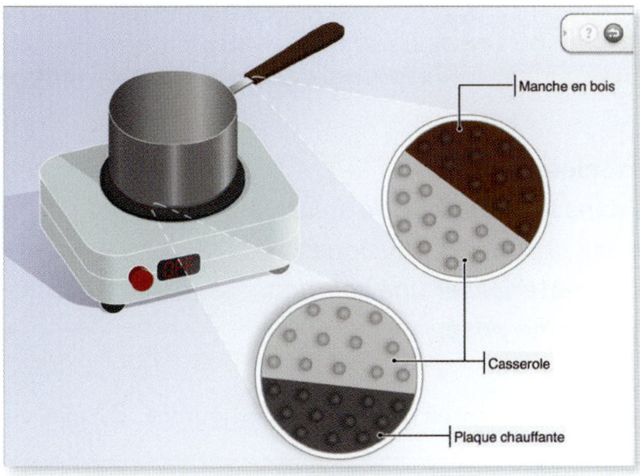

Animation « La conduction thermique »

> **À savoir**
>
> *Généralement les conducteurs thermiques sont aussi de bons conducteurs électriques (les métaux par exemple). Mais ça n'est pas toujours le cas. Il n'est donc pas pertinent d'effectuer un rapprochement entre les deux phénomènes afin de ne pas créer une ambigüité entre les deux grandeurs chez les élèves.*

2) La convection, c'est-à-dire par déplacement de matière.

Par exemple : le four à chaleur tournante est ventilé à l'intérieur afin d'envoyer de l'air chaud dans tout l'espace du four ; lorsque l'on crée un courant d'air en ouvrant les fenêtres pour rafraichir une pièce trop chaude.

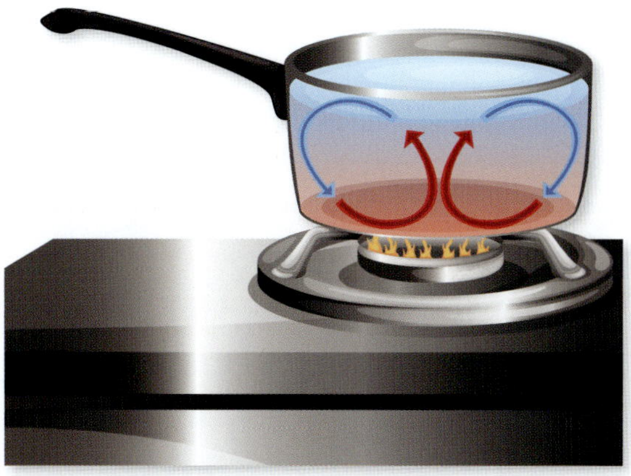

L'eau se déplace par convection dans la casserole. Ici, l'eau chaude monte, l'eau froide descend.

3) Le rayonnement, c'est-à-dire qu'un corps chaud émet une lumière pour transférer de la chaleur à un corps plus froid (lumière pas forcément visible, puisqu'elle peut être infrarouge ou ultraviolette).

Par exemple : le soleil nous réchauffe par sa lumière ; des panneaux rayonnant de la lumière infrarouge sont parfois utilisés pour le chauffage.

La séquence proposée teste le caractère isolant ou conducteur thermique des matériaux. Les transferts de chaleur se feront donc **par conduction**.

Chaque matériau a sa propre conductivité thermique. Bien entendu, aucun résultat chiffré n'est attendu dans cette séance.

> **Une astuce**
>
> *Pour l'expérience proposée dans la séquence, il est préférable (mais pas indispensable) d'utiliser des boites métalliques. Ainsi, on limite les transferts de chaleur par rayonnement, ce qui augmente d'autant l'influence de la conductivité.*

4) L'isolation thermique

L'isolant thermique parfait est le vide (puisqu'il n'y a plus contact de matière). Dans notre quotidien, l'isolant thermique le plus utilisé est l'air : l'air qui est piégé dans notre pull en laine, dans le polystyrène ou la laine de verre de nos isolants de maison, ou dans nos fenêtres double (ou triple) vitrage.

Dans une maison :

On isole les combles avec de la laine de verre ou du polystyrène pour limiter les pertes de chaleur par conduction thermique. De même, on installe des fenêtres double, voire triple vitrage. Par contre, le béton est un mauvais isolant thermique, donc la chaleur réussit à s'échapper au niveau des dalles entre les étages. On parle alors de ponts thermiques.

On installe des fenêtres hermétiques pour limiter les pertes de chaleur par convection.

On utilise aussi de l'isolant en aluminium pour limiter les pertes de chaleur par rayonnement. Malheureusement, cet isolant étant généralement fin, il est peu performant face aux pertes de chaleur par conduction.

Coupe transversale d'une fenêtre triple vitrage.

Isolation en aluminium d'une toiture.

DÉROULEMENT DE LA SÉANCE

Connaissances et compétences associées
- ***Prendre en compte une contrainte dans la recherche de solutions.***
- ***Choisir un matériau en fonction de ses propriétés physiques.***
- ***Réaliser des maquettes simples pour matérialiser une solution.***
- ***Vérifier que la solution répond au problème posé.***

DURÉE : 45 min à répartir en 2 temps : 25 min environ en début de demi-journée, 20 min environ en fin de demi-journée.

Conseils pour aborder la séquence :
Les phénomènes thermiques sont assez longs, il faut veiller à organiser sa demi-journée en conséquence. La séance est découpée en deux parties. En début de demi-journée, la première partie a pour but de lancer la manipulation. En fin de demi-journée, la seconde partie tire les conclusions de l'expérimentation.

ÉTAPE 1 ISOLANT THERMIQUE

DURÉE 5 min
ORGANISATION en collectif
MATÉRIEL • bouteille d'eau à température ambiante

L'objet de cette étape est de poser la problématique et de permettre aux élèves de découvrir le matériel.

1) **PRENDRE UNE BOUTEILLE D'EAU** présente dans la classe depuis le début de la journée, en boire un verre et constater qu'elle n'est plus très fraiche.

2) **QUESTIONNER LA CLASSE.**

> **Comment faire pour garder l'eau fraiche lorsque je n'ai pas de frigo à disposition ?** Immanquablement, certains élèves vont penser au thermos ou à la glacière. Hélas, il n'y en a pas non plus dans la classe.

3) **PRÉSENTER LA PROBLÉMATIQUE DE LA SÉANCE.**

> **Comment conserver le glaçon le plus longtemps possible ?** L'intérêt de cette problématique est de pouvoir faire l'expérience sans disposer de thermomètres. En effet, l'état du glaçon permettra de constater l'efficacité du dispositif conçu par les élèves.

4) **EXPLIQUER LE PRINCIPE D'UNE GLACIÈRE.**

> **Pourquoi une glacière permet-elle de garder une boisson fraiche ?** Deux réponses possibles : *elle empêche le « chaud » de rentrer, ou elle empêche le « froid » de sortir.*

Autrement dit, une glacière **isole** la boisson fraiche de l'extérieur qui est, lui, plus chaud.

Insister sur le terme *isoler*.
Le thermos permet aussi de garder le café chaud.

5) **PROPOSER UN DÉFI EXPÉRIMENTAL POUR RÉPONDRE À LA PROBLÉMATIQUE.**

> **Par groupe de 3 ou 4, vous allez recevoir un glaçon, vous disposerez d'une petite boite, et vous pourrez ajouter un matériau au choix. À vous de choisir celui qui sera le meilleur isolant.**

ÉTAPE 2 PRÉPARATION DU RÉCIPIENT ISOLANT

DURÉE 10 min
ORGANISATION en groupes de 3 ou 4
MATÉRIEL
- cahier de l'élève p. 9
- glaçons à conserver au congélateur lors de cette étape
- boites de taille identique
- différents matériaux plus ou moins isolants : aluminium, laine, coton, sable, eau, huile...

La liste des matériaux n'est pas exhaustive. Les idées des élèves sont les bienvenues. De même, il n'est pas nécessaire d'avoir autant de matériaux. Idéalement, il faut au moins un ou deux bons isolants (laine, coton) et un ou deux mauvais isolants (aluminium, eau, sable).

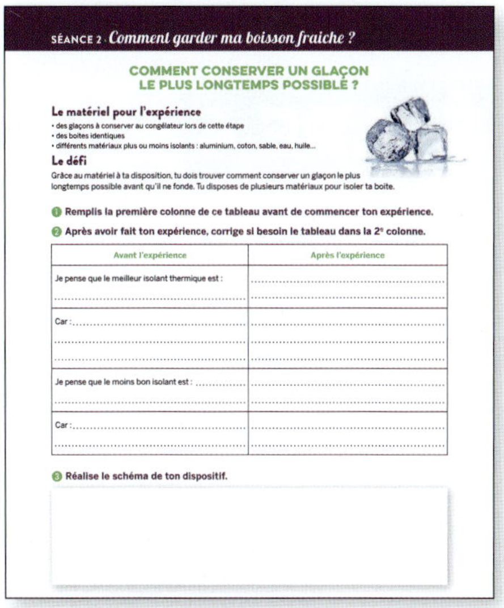
SÉANCE 2 *Comment garder ma boisson fraiche ?*

COMMENT CONSERVER UN GLAÇON LE PLUS LONGTEMPS POSSIBLE ?

Le matériel pour l'expérience
- des glaçons à conserver au congélateur lors de cette étape
- des boites identiques
- différents matériaux plus ou moins isolants : aluminium, coton, sable, eau, huile...

Le défi
Grâce au matériel à ta disposition, tu dois trouver comment conserver un glaçon le plus longtemps possible avant qu'il ne fonde. Tu disposes de plusieurs matériaux pour isoler ta boite.

❶ **Remplis la première colonne de ce tableau avant de commencer ton expérience.**
❷ **Après avoir fait ton expérience, corrige si besoin le tableau dans la 2e colonne.**

Avant l'expérience	Après l'expérience
Je pense que le meilleur isolant thermique est :	....
Car :	....
Je pense que le moins bon isolant est :	....
Car :	....

❸ **Réalise le schéma de ton dispositif.**

1) **PRÉSENTER LES MATÉRIAUX À DISPOSITION DES ÉLÈVES.**

2) **FAIRE OUVRIR LE CAHIER DE L'ÉLÈVE P. 9.**

❶ Chaque groupe d'élèves remplira la colonne du tableau « Avant l'expérience », dans laquelle il indique le matériau qu'il souhaite tester. Le professeur demande de justifier ce choix en s'appuyant sur un exemple de la vie quotidienne.

> **Pourquoi choisir ce matériau ?** Exemple de réponse : *Je choisis de la laine, car les pulls qui nous tiennent chaud l'hiver sont faits en laine.*

❸ Demander aux élèves de réaliser un schéma légendé du dispositif.

ÉTAPE 3 EXPÉRIMENTATION

DURÉE 10 min
ORGANISATION en binômes
MATÉRIEL • le même qu'à l'étape 2, plus les glaçons que l'on sort du congélateur

1) **INVITER LES ÉLÈVES À COMMENCER LA MANIPULATION.** Ils réalisent leur montage, les glaçons étant disposés dans la boite au dernier moment.

2) **PRÉPARER UN GLAÇON TÉMOIN QUI NE SERA DANS AUCUNE BOITE,** prévoir aussi des boites supplémentaires pour tester les matériaux non choisis par les élèves (surtout si aucun mauvais isolant n'est choisi).

5 boites test, toutes de même taille, contenant chacune un glaçon de même taille. Une 6e boite sans couvercle où l'on met un glaçon seul servira de boite témoin.

Dans cette boite, un glaçon a été enfoui dans le sable.

3) **DÉCLENCHER UN CHRONOMÈTRE DÈS QUE LES GLAÇONS SONT DISPOSÉS DANS LES BOITES.**
Mettre les boites dans un endroit sombre de la classe, le plus éloigné possible des sources de chaleur.

ÉTAPE 4 SYNTHÈSE

DURÉE 10 min
ORGANISATION en collectif
MATÉRIEL • le même qu'à l'étape 2.
Remarque : effectuer le bilan au bout de 2 h.

1) **AU BOUT DE DEUX HEURES, CHAQUE GROUPE D'ÉLÈVES VÉRIFIE L'ÉTAT DE SON GLAÇON.** Si l'enseignant le souhaite, un point peut être fait au bout d'une heure.

Le glaçon témoin n'est pas encore fondu au bout d'une heure. Par contre, le glaçon qui était dans le sable a déjà fondu !

2) REPRENDRE LA FICHE ACTIVITÉ 1 PARTIELLEMENT COMPLÉTÉE À L'ÉTAPE 2.

❷ Inviter les élèves à relire la 1re colonne du tableau et vérifier si leurs hypothèses sont justes. Faire remplir la 2e colonne du tableau selon leurs observations.

❹ Demander aux élèves de classer les matériaux du plus isolant au plus conducteur.

> ❹ **Classe les matériaux du plus isolant au moins isolant.**
>
> ....
>
> ....

Plus le matériau est isolant, plus le glaçon met du temps à fondre.

Il est possible de comparer la taille des différents glaçons au bout de deux heures d'attente.

3) CONSTRUIRE COLLECTIVEMENT LA TRACE ÉCRITE DÉFINISSANT LA NOTION D'ISOLANT THERMIQUE. L'écrire au tableau pour que les élèves la recopient sur leur cahier p. 10.

Exemple de trace écrite :

Pour maintenir au frais une boisson, il faut que le récipient soit constitué d'un **isolant thermique**, c'est-à-dire qu'il s'oppose au passage de la chaleur. Le coton, le polystyrène (ou autre selon les expériences réalisées) sont de bons isolants thermiques ; le sable, l'aluminium sont de mauvais isolants thermiques, ce sont des **conducteurs thermiques**.

Lexique :

Isolant thermique : matériau s'opposant au changement de température, il ne laisse pas passer la chaleur et empêche donc les objets, à son contact, de se réchauffer ou de se refroidir.
Conducteur thermique : matériau facilitant les changements de température, il laisse passer la chaleur. Les objets, à son contact, se réchauffent ou se refroidissent rapidement.

ÉTAPE 5 RÉINVESTISSEMENT DES CONNAISSANCES

DURÉE 10 min
ORGANISATION en collectif ou en individuel
MATÉRIEL • photos à afficher
• cahier de l'élève p. 10

Remarque : cette étape peut servir de synthèse ou d'entrainement.

1) AFFICHER LES PHOTOS DE L'ACTIVITÉ.
2) LES ÉLÈVES RÉPONDENT INDIVIDUELLEMENT AUX QUESTIONS.
3) CORRIGER COLLECTIVEMENT.

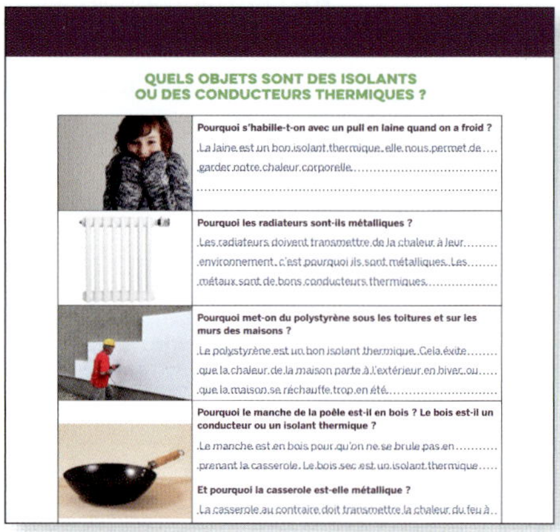
QUELS OBJETS SONT DES ISOLANTS OU DES CONDUCTEURS THERMIQUES ?

Pourquoi s'habille-t-on avec un pull en laine quand on a froid ?
La laine est un bon isolant thermique, elle nous permet de garder notre chaleur corporelle.

Pourquoi les radiateurs sont-ils métalliques ?
Les radiateurs doivent transmettre de la chaleur à leur environnement, c'est pourquoi ils sont métalliques. Les métaux sont de bons conducteurs thermiques.

Pourquoi met-on du polystyrène sous les toitures et sur les murs des maisons ?
Le polystyrène est un bon isolant thermique. Cela évite que la chaleur de la maison parte à l'extérieur en hiver ou que la maison se réchauffe trop en été.

Pourquoi le manche de la poêle est-il en bois ? Le bois est-il un conducteur ou un isolant thermique ?
Le manche est en bois pour qu'on ne se brule pas en prenant la casserole. Le bois sec est un isolant thermique.

Et pourquoi la casserole est-elle métallique ?
La casserole au contraire doit transmettre la chaleur du feu à...

ÉVALUATION COMMENT GARDER MA BOISSON FRAICHE ?

MATÉRIEL • fiche évaluation et son corrigé
• tableau des compétences évaluables

ÉVALUATION AU FIL DE L'EAU

Proposer et suivre un protocole expérimental		OUI/NON
Le matériel listé est correct	*Choix d'un matériau, utilisation d'une petite boite.*	
Le déroulement de l'expérience est décrit simplement	*L'élève explique oralement ou sur la fiche activité 1 ce qui se passe.*	
Le résultat de l'expérience est envisagé correctement	*L'affirmation est justifiée par l'élève, en s'appuyant par exemple sur un cas de la vie quotidienne.*	

ÉVALUATION SOMMATIVE

Distribuer la fiche évaluation. Un corrigé est proposé en ressources numériques.

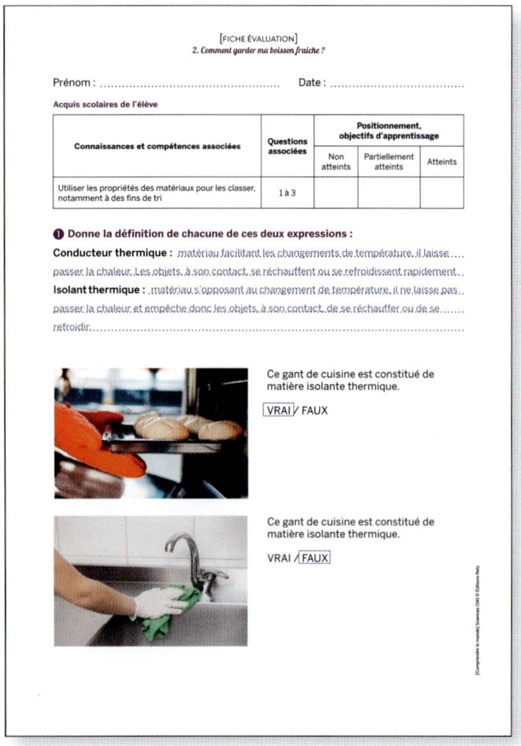
[FICHE ÉVALUATION]
2. Comment garder ma boisson fraiche ?

Prénom : .... Date : ....

Acquis scolaires de l'élève

Connaissances et compétences associées	Questions associées	Positionnement, objectifs d'apprentissage		
		Non atteints	Partiellement atteints	Atteints
Utiliser les propriétés des matériaux pour les classer, notamment à des fins de tri	1 à 3			

❶ Donne la définition de chacune de ces deux expressions :
Conducteur thermique : matériau facilitant les changements de température, il laisse passer la chaleur. Les objets, à son contact, se réchauffent ou se refroidissent rapidement.
Isolant thermique : matériau s'opposant au changement de température, il ne laisse pas passer la chaleur et empêche donc les objets, à son contact, de se réchauffer ou de se refroidir.

Ce gant de cuisine est constitué de matière isolante thermique.
VRAI / FAUX

Ce gant de cuisine est constitué de matière isolante thermique.
VRAI / FAUX

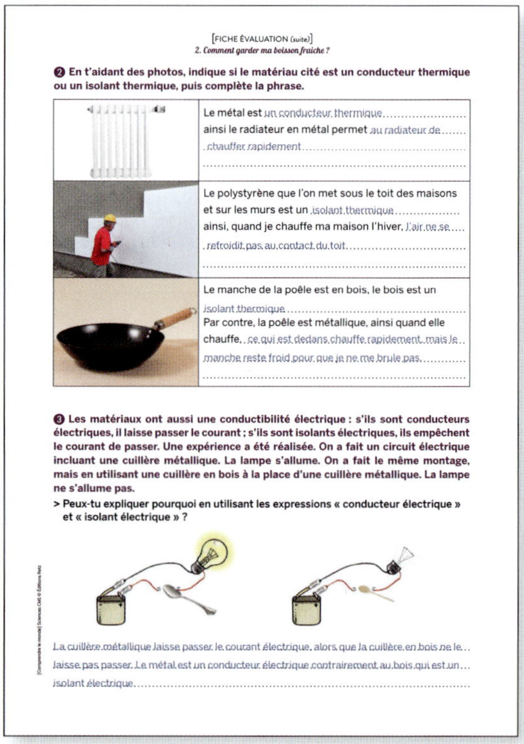
[FICHE ÉVALUATION (suite)]
2. Comment garder ma boisson fraiche ?

❷ En t'aidant des photos, indique si le matériau cité est un conducteur thermique ou un isolant thermique, puis complète la phrase.

Le métal est un conducteur thermique ainsi le radiateur en métal permet au radiateur de chauffer rapidement.

Le polystyrène que l'on met sous le toit des maisons et sur les murs est un isolant thermique ainsi, quand je chauffe ma maison l'hiver, l'air ne se refroidit pas au contact du toit.

Le manche de la poêle est en bois, le bois est un isolant thermique.
Par contre, la poêle est métallique, ainsi quand elle chauffe, ce qui est dedans chauffe rapidement, mais le manche reste froid pour que je ne me brule pas.

❸ Les matériaux ont aussi une conductibilité électrique : s'ils sont conducteurs électriques, il laisse passer le courant ; s'ils sont isolants électriques, ils empêchent le courant de passer. Une expérience a été réalisée. On a fait un circuit électrique incluant une cuillère métallique. La lampe s'allume. On a fait le même montage, mais en utilisant une cuillère en bois à la place d'une cuillère métallique. La lampe ne s'allume pas.
> Peux-tu expliquer pourquoi en utilisant les expressions « conducteur électrique » et « isolant électrique » ?

La cuillère métallique laisse passer le courant électrique, alors que la cuillère en bois ne le laisse pas passer. Le métal est un conducteur électrique contrairement au bois qui est un isolant électrique.

SÉANCE 3
Comment nettoyer de l'eau sale ?

L'ESSENTIEL À SAVOIR POUR L'ENSEIGNANT•E

La séance a pour objectif de travailler sur la séparation des mélanges, principalement les mélanges solide-liquide, mais aussi dans une moindre mesure, les mélanges liquide-liquide. L'objectif est de modéliser certaines étapes de séparation présentes dans une station d'épuration.

LES DIFFÉRENTS TYPES DE MÉLANGES

Un mélange dépend de l'état de ses constituants ; toutes les combinaisons sont possibles :

- mélange liquide-solide (ex. : eau boueuse) ;
- mélange liquide-liquide (ex. : vinaigrette) ;
- mélange liquide-gaz (ex. : brouillard issu d'une casserole où l'on fait bouillir de l'eau, puisque la vapeur est constituée de gouttelettes d'eau liquide en suspension dans l'air) ;
- mélange solide-solide (ex. : préparation pour mortier) ;
- mélange gaz-solide (ex. : fumée issue de l'échappement d'un véhicule diesel) ;
- mélange gaz-gaz (ex. : l'air qui est un mélange de plusieurs gaz, notamment diazote et dioxygène).

Attention !

Ce n'est pas parce qu'un liquide, un gaz ou un solide a le même aspect en tout point de son volume qu'il n'est pas un mélange. Le café sucré est un mélange. Dans ce cas on parle de mélange homogène, par opposition aux mélanges hétérogènes. À ce titre, il est important de rappeler aux élèves qu'une eau translucide n'est pas forcément potable !

MÉTHODES DE SÉPARATION

- **Le dégrillage :** opération qui vise à retenir les déchets de volumes importants présents dans les eaux usées (au-delà de 5 mm).
- **Le tamisage :** méthode de séparation de mélange entre solides selon leur volume par l'usage d'une grille. Elle retient les solides plus petits qu'avec le dégrillage.

- **La filtration « mécanique » :** méthode pour séparer les constituants de mélanges liquides-solides. Le dégrillage et le tamisage sont des méthodes de filtration mécanique, mais cette méthode de filtration dite mécanique peut également être réalisée par une mousse pour filtrer les particules très fines.
- **La décantation :** méthode pour séparer les constituants de mélanges de liquides non miscibles ou de mélanges liquides-solides utilisant la force gravitationnelle et les différences de densité des constituants.
- **Autres méthodes :** La distillation, la centrifugation, la filtration chimique et biologique.

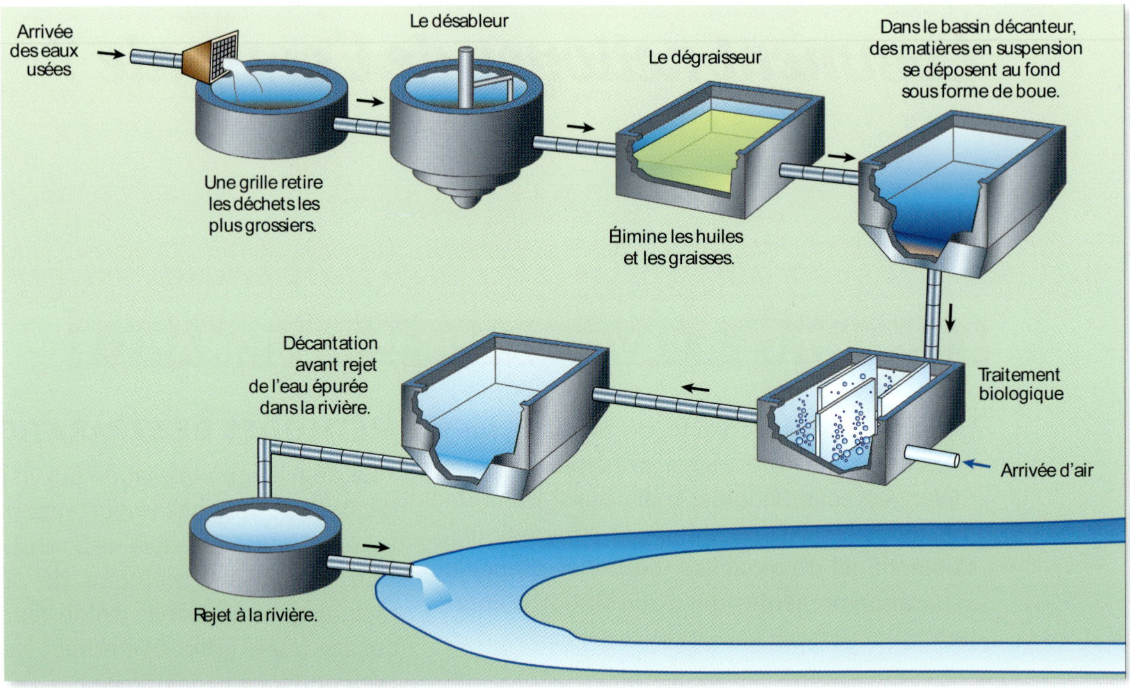

Fonctionnement d'une station d'épuration.

DÉROULEMENT DE LA SÉANCE

Connaissances et compétences associées

- ***Séparer les constituants d'un mélange de solides ou d'un mélange solide-liquide par tamisage, décantation, filtration.***
- ***Choisir un matériau en fonction de ses propriétés physiques.***
- ***Imaginer un objet technique en réponse à un besoin.***
- ***Rendre compte de ses activités en utilisant un vocabulaire précis et des formes langagières spécifiques des sciences et des techniques.***

DURÉE : 1 heure

ÉTAPE 1 INSTALLER LA PROBLÉMATIQUE

DURÉE 5 minutes
ORGANISATION en collectif
MATÉRIEL • plusieurs bouteilles d'eau boueuse ; il est possible d'ajouter de l'huile, des petits morceaux de bois, de plastique, de métal…
• une bouteille d'eau propre

1) PRÉSENTER LES DIFFÉRENTES BOUTEILLES D'EAU.

2) INTERROGER « NAÏVEMENT » LES ÉLÈVES :

> **Quelle bouteille contient de l'eau du robinet ?**

> **D'où peut provenir l'eau des autres bouteilles ?**
L'idée de ce questionnement est de permettre aux élèves de faire le lien entre l'eau du robinet et les eaux usées des égouts.

3) SANS APPORTER DE RÉPONSES, DEMANDER ALORS :

> **Comment peut-on faire pour nettoyer cette eau ?**
Un parallèle peut être fait avec les stations d'épuration (projection d'une photo, ou d'une petite vidéo issue de sites institutionnels).

➔ *Exemples de documents disponibles en ligne :*

Vidéo France TV : *« Comment épure-t-on l'eau dans une station d'épuration ? » https://www.lumni.fr/video/comment-epure-t-on-l-eau-dans-une-station-d-epuration*
Site de la régie d'eau Grand Reims : *https://eau.grandreims.fr/visite-de-la-station-depuration.html*

ÉTAPE 2 ÉMETTRE DES HYPOTHÈSES

DURÉE 10 minutes
ORGANISATION en groupes de 3 ou 4
MATÉRIEL • cahier de l'élève p. 13
• appareil photo numérique (optionnel)

1) PRÉSENTER LE TRAVAIL DE CETTE ÉTAPE : par groupe, demander aux élèves d'observer et de décrire l'eau pour proposer/trouver des techniques permettant de la nettoyer.

2) FAIRE OUVRIR LE CAHIER P. 11.
Les élèves répondent à la question 1.

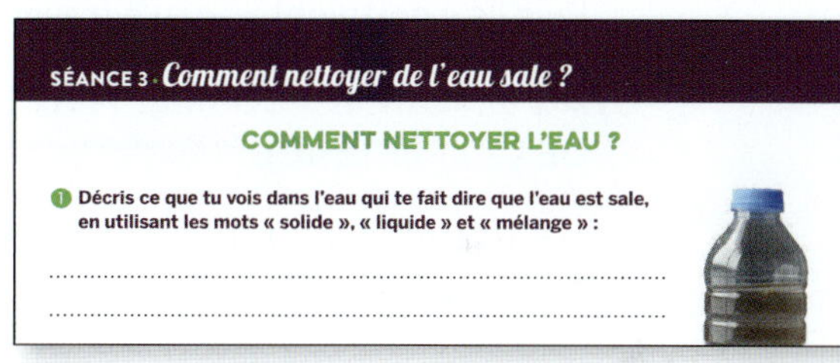
SÉANCE 3 · *Comment nettoyer de l'eau sale ?*

COMMENT NETTOYER L'EAU ?

1 Décris ce que tu vois dans l'eau qui te fait dire que l'eau est sale, en utilisant les mots « solide », « liquide » et « mélange » :

....

....

3) INTERROGER ALORS LES ÉLÈVES.

> **Comment pourrait-on nettoyer cette eau ?**

> **Quelles méthodes nous permettraient de récupérer de l'eau « propre » ?**

> **Une seule étape suffira-t-elle à nettoyer l'eau ?**

ÉTAPE 3 SCHÉMATISER

DURÉE 10 minutes
ORGANISATION en groupes de 3 ou 4
MATÉRIEL dans un premier temps dissimulé, voici un exemple non exhaustif de ce qui peut être proposé :
• bouteilles d'eau vides, récipients de différentes tailles (saladier, assiette, etc.).
• sable, du coton, des filtres à café.
• seringues, grillage avec des trous de différentes tailles, tamis (y compris des jouets de plage en plastique), passoires.
• un rouleau de cellophane, un rouleau de papier aluminium.
• cahier de l'élève p. 11 et 12
• photos à afficher

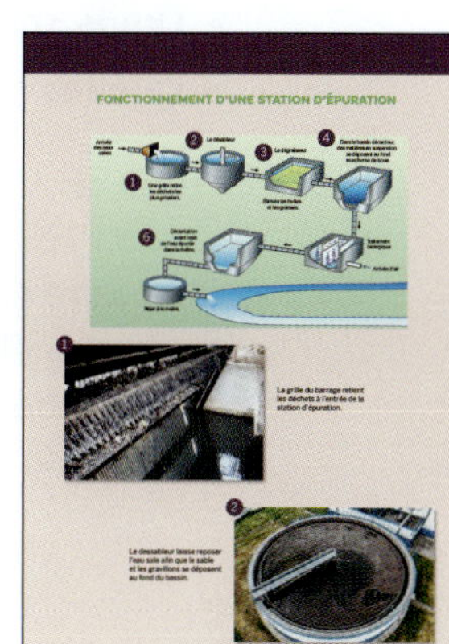

1) INDIQUER QUE CHAQUE GROUPE VA DEVOIR SCHÉMATISER LES TECHNIQUES qu'il souhaite mettre en place pour nettoyer l'eau à partir du matériel disponible. « Lever le voile » sur le matériel. Indiquer que tous les matériaux et objets ne sont pas indispensables à la réussite de l'expérience. Tout au long de ce travail, il est possible de faire lire le cahier p. 12 ou de projeter les images de la fiche. Commenter les photos et le schéma de station d'épuration et répondre aux questions des élèves.

2) LES ÉLÈVES SE DÉPLACENT PAR GROUPE POUR OBSERVER LE MATÉRIEL.

3) ILS DESSINENT LE SCHÉMA SUR LE CAHIER P. 11 du ou des dispositifs qu'ils souhaitent réaliser en nommant les matériaux et objets qu'ils souhaitent utiliser.

4) VALIDER AVANT D'INVITER LES ÉLÈVES À CHERCHER LE MATÉRIEL NÉCESSAIRE À LA RÉALISATION DE LEUR PROJET. À noter que la validation a juste pour but d'éviter les dispositifs irréalisables ou extravagants. Il faudrait, idéalement, laisser les élèves aller au bout de leur démarche en autonomie.

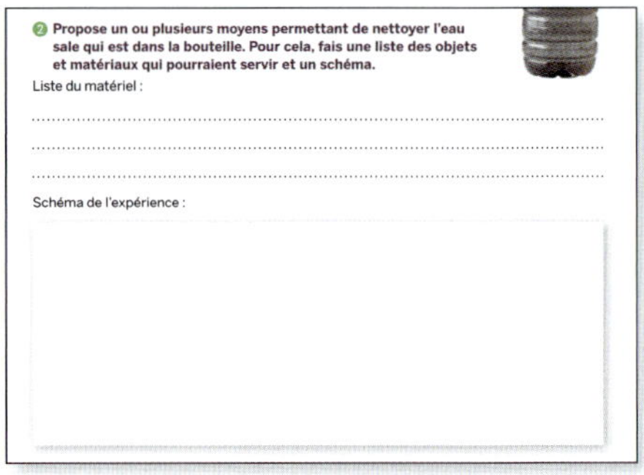
❷ **Propose un ou plusieurs moyens permettant de nettoyer l'eau sale qui est dans la bouteille. Pour cela, fais une liste des objets et matériaux qui pourraient servir et un schéma.**

Liste du matériel : ....

....

....

Schéma de l'expérience :

ÉTAPE 4 EXPÉRIMENTATION

DURÉE 10 minutes
ORGANISATION en groupes de 3 ou 4
MATÉRIEL le même qu'en étape 3

1) LES ÉLÈVES RÉALISENT LEUR DISPOSITIF DE NETTOYAGE DE L'EAU. Puis ils « nettoient » l'eau à travers leur dispositif.

3) AU BESOIN, ILS COMPLÈTENT LE SCHÉMA DE L'EXPÉRIENCE.

4) ILS RÉDIGENT UN BILAN DE L'EXPÉRIENCE SUR LEUR CAHIER P. 11.

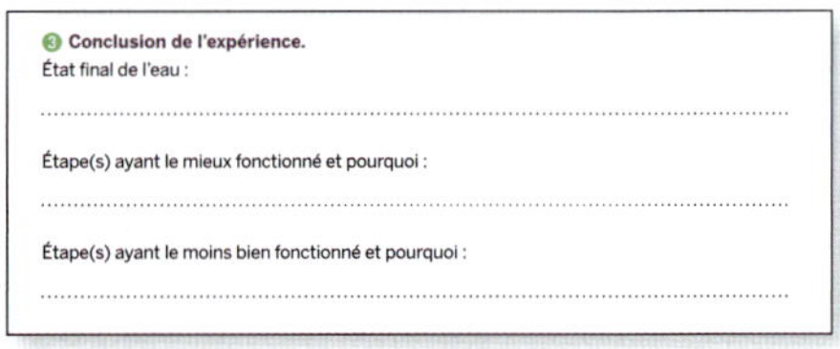
❸ **Conclusion de l'expérience.**

État final de l'eau : ....

Étape(s) ayant le mieux fonctionné et pourquoi : ....

Étape(s) ayant le moins bien fonctionné et pourquoi : ....

ÉTAPE 5 BILAN ET SYNTHÈSE

DURÉE 10 minutes
ORGANISATION en collectif
MATÉRIEL • cahier de l'élève p. 13
• photos du cahier à afficher

1) UN BILAN DES EXPÉRIENCES EST FAIT :

> **Quels sont les dispositifs les plus efficaces ?**

> **Quelles techniques ont été utilisées ?**

2) FAIRE OUVRIR LE CAHIER P. 13 ET AFFICHER LES PHOTOS. La faire compléter, en s'appuyant sur les dispositifs des élèves et sur leurs explications. La partie illustration peut être enrichie par un dessin ou une photo de leur dispositif prise par les élèves.

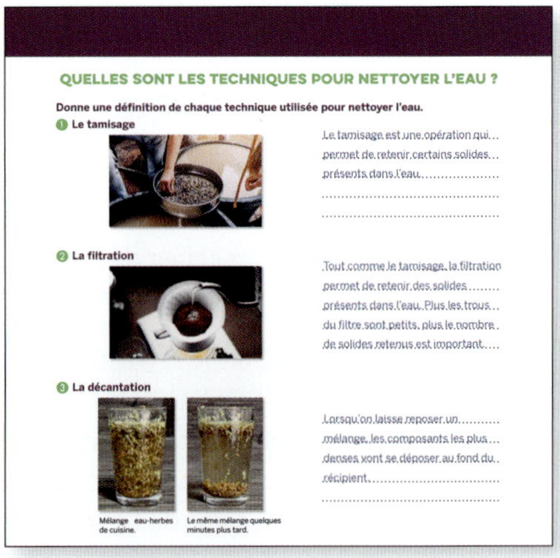
QUELLES SONT LES TECHNIQUES POUR NETTOYER L'EAU ?

Donne une définition de chaque technique utilisée pour nettoyer l'eau.

❶ **Le tamisage**

Le tamisage est une opération qui permet de retenir certains solides présents dans l'eau.

❷ **La filtration**

Tout comme le tamisage, la filtration permet de retenir des solides présents dans l'eau. Plus les trous du filtre sont petits, plus le nombre de solides retenus est important.

❸ **La décantation**

Mélange eau-herbes de cuisine.

Le même mélange quelques minutes plus tard.

Lorsqu'on laisse reposer un mélange, les composants les plus denses vont se déposer au fond du récipient.

ÉTAPE 6 APPROFONDISSEMENT

DURÉE à déterminer
ORGANISATION en collectif
MATÉRIEL • photo d'une source non potable
• cahier de l'élève p. 13

Remarque : Cette étape est très importante. Elle permet d'expliquer aux élèves que l'eau qu'ils ont nettoyée n'est pas forcément consommable, et qu'a fortiori, d'une manière générale, une eau translucide n'est pas forcément potable.

1) PROJETER LA PHOTO DE LA SOURCE ET DEMANDER :

> **Que signifie le mot potable ?**

> **L'eau de cette fontaine est-elle buvable ?**

> **Pourquoi ne serait-elle pas buvable ?**

2) EXPLIQUER QU'UNE EAU TRANSLUCIDE N'EST PAS FORCÉMENT BUVABLE car elle peut contenir des microbes ou des produits chimiques toxiques que l'on ne voit pas, que l'on ne sent pas.

3) CONSTRUIRE COLLECTIVEMENT LA TRACE ÉCRITE.
Les élèves la copient sur leur cahier p. 13.

Exemple de trace écrite :
Pour nettoyer l'eau, on peut utiliser le tamisage qui retient les éléments solides les plus gros, ou la filtration pour retenir les solides un peu plus fins et, enfin, la décantation qui séparent les éléments présents dans l'eau selon leur densité.
Attention ! une eau translucide n'est pas forcément buvable.

ÉVALUATION COMMENT NETTOYER DE L'EAU SALE ?

MATÉRIEL • fiche évaluation et son corrigé
• photos de la fiche évaluation à afficher

ÉVALUATION AU FIL DE L'EAU

En amont de la séance, l'enseignant prépare les tableaux. Ainsi il pourra les remplir simplement et rapidement pendant que les élèves seront actifs. Ce tableau propose quelques indicateurs témoignant de la maitrise ou non de la compétence évaluée.

Proposer et suivre un protocole expérimental		OUI/NON
Le matériel listé est correct	*Choix d'un matériau, utilisation d'une petite boite.*	
Le déroulement de l'expérience est décrit simplement	*L'élève explique oralement ou sur la fiche activité 1 ce qui se passe.*	
Le résultat de l'expérience est envisagé correctement	*L'affirmation est justifiée par l'élève, en s'appuyant par exemple sur un cas de la vie quotidienne.*	

ÉVALUATION SOMMATIVE

Proposer la fiche évaluation. Un corrigé est proposé en ressources numériques.

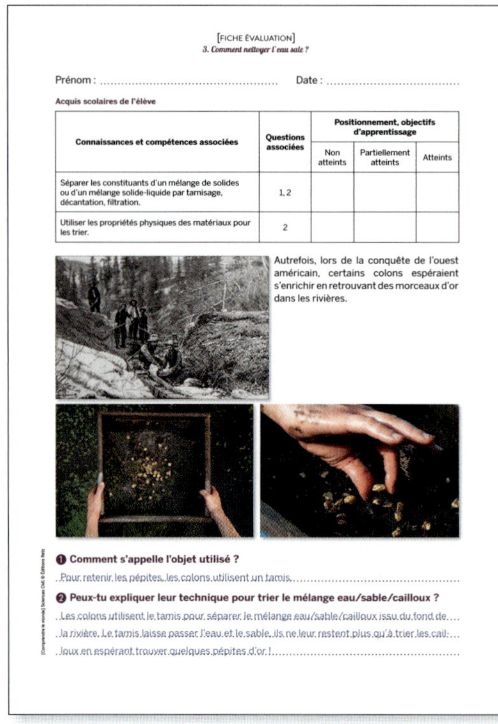

[FICHE ÉVALUATION]

3. Comment nettoyer l'eau sale ?

Prénom : .... Date : ....

Acquis scolaires de l'élève

Connaissances et compétences associées	Questions associées	Positionnement, objectifs d'apprentissage		
		Non atteints	Partiellement atteints	Atteints
Séparer les constituants d'un mélange de solides ou d'un mélange solide-liquide par tamisage, décantation, filtration.	1, 2			
Utiliser les propriétés physiques des matériaux pour les trier.	2			

Autrefois, lors de la conquête de l'ouest américain, certains colons espéraient s'enrichir en retrouvant des morceaux d'or dans les rivières.

❶ **Comment s'appelle l'objet utilisé ?**

Pour retenir les pépites, les colons utilisent un tamis.

❷ **Peux-tu expliquer leur technique pour trier le mélange eau/sable/cailloux ?**

Les colons utilisent le tamis pour séparer le mélange eau/sable/cailloux issu du fond de la rivière. Le tamis laisse passer l'eau et le sable, ils ne leur restent plus qu'à trier les cailloux en espérant trouver quelques pépites d'or !

SÉANCE 4

Le sel disparait-il dans l'eau ?

L'ESSENTIEL À SAVOIR POUR L'ENSEIGNANT

NOTION DE SOLUTION

En chimie, une solution est un mélange homogène (une seule phase). C'est le résultat de la dissolution d'un soluté dans un solvant.

Exemple :

Solution salée = eau (solvant) + cristaux de sel (soluté).

Si on ajoute trop de sel dans l'eau, le sel ne se dissoudra plus. On aura atteint la limite de solubilité du sel dans l'eau. On dit que le mélange est saturé.

DISSOUDRE DU SEL

La dissolution est une réaction chimique. L'eau est une molécule composée d'un atome d'oxygène et de deux atomes d'hydrogène (H_2O). Le sel est un cristal composé d'un atome de sodium et d'un atome de chlore (NaCl). Les forces qui assurent la cohésion des atomes composant les cristaux de sel sont beaucoup plus faibles dans l'eau. Les chocs avec les molécules d'eau séparent les deux atomes composant le cristal de sel. Ils sont alors cernés par l'eau qui empêche leur reconstitution. On dit que le sel est hydraté car l'eau est le solvant.

Voir l'animation « Dissolution du sel dans l'eau ».

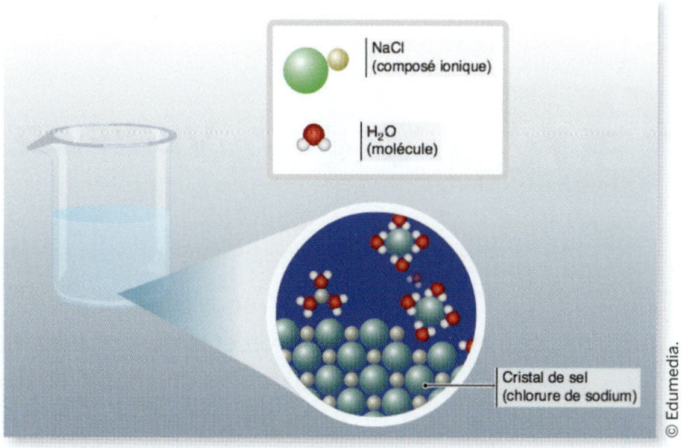

Dissolution du NaCl dans l'eau.

DÉROULEMENT DE LA SÉANCE

Connaissances et compétences associées

- ***Observer que certains solides peuvent se dissoudre dans l'eau et qu'il est possible de les récupérer par évaporation.***
- ***Mettre en évidence expérimentalement que la masse totale se conserve lors du mélange d'un solide dans un liquide.***

DURÉE : 1 h environ à prévoir en 2 temps pour laisser l'expérience se dérouler (il faut au moins 24 h entre l'étape 4 et l'étape 5).

ÉTAPE 1 — PETITE EXPÉRIENCE INTRODUCTIVE

DURÉE 10 min
ORGANISATION en groupes de 4, puis en collectif
MATÉRIEL
- verres ou gobelets, petites cuillères
- de l'eau, quelques pincées de sel

1) LES ÉLÈVES FORMENT DES GROUPES DE 4.

2) PRÉSENTER LE MATÉRIEL NÉCESSAIRE À L'EXPÉRIENCE.

> **Que voyez-vous ?** *De l'eau, du sel, un verre transparent et une petite cuillère.*

3) DEMANDER AUX ÉLÈVES D'INTRODUIRE QUELQUES GRAINS DE SEL DANS L'EAU ET DE MÉLANGER.

> **Que s'est-il passé ?** *Le sel a disparu.*

> **Le sel a-t-il réellement disparu ?** *Non car si on goute l'eau, on constate qu'elle a un gout salé.*

On dit que le sel est dissout dans l'eau.

4) PROPOSER UN DÉFI : « Comment récupérer le sel qui est présent dans l'eau ? »

ÉTAPE 2 — VÉRIFIER QUE LE SEL N'A PAS DISPARU

DURÉE 5 minutes
ORGANISATION en groupe de 4
MATÉRIEL
- sel de cuisine, gobelets (les plus légers possible), cuillère à café, l'eau du robinet
- au moins une balance de cuisine
- cahier de l'élève p. 14

1) PRÉSENTER LE MATÉRIEL AUX DIFFÉRENTS GROUPES D'ÉLÈVES.

> **Vous allez réaliser les mélanges vous-mêmes. Mais il va falloir peser l'eau et le sel avant de procéder à la dissolution.**

2) LES DIFFÉRENTS GROUPES D'ÉLÈVES PÈSENT LE SEL PUIS ILS LE METTENT DANS L'EAU. Ils mélangent jusqu'à dissolution du sel.

3) LES ÉLÈVES PÈSENT L'ENSEMBLE. À un ou deux grammes près, ils constatent que la masse de l'eau salée est la même que celle de l'eau non salée et du sel. Si le sel a été pesé dans un petit récipient, attention à bien penser à soustraire la masse du petit récipient ou à tarer la balance avant la pesée du sel.

A

Peser la coupelle pour le sel.

B

Tarer la balance pour la coupelle.

C

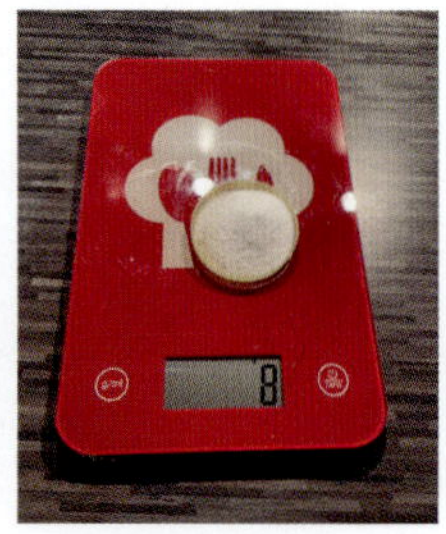

Peser le sel (masse réelle du sel).

D

Peser le gobelet contenant l'eau*.

E

Peser le gobelet contenant l'eau salée.

*il n'est pas nécessaire de faire le tarage de la balance.

4) LES ÉLÈVES COMPLÈTENT LEUR CAHIER.

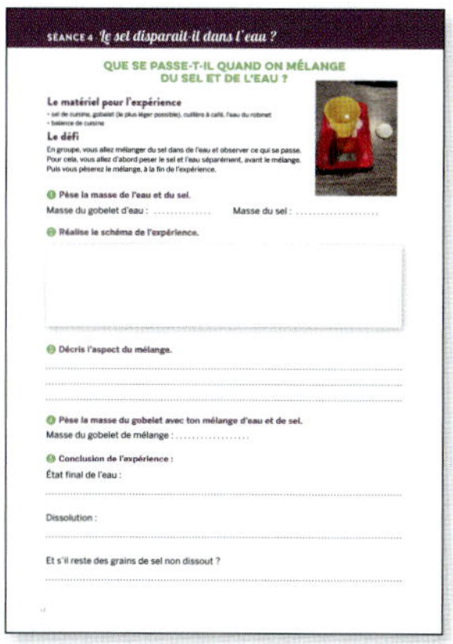
SÉANCE 4 *Le sel disparaît-il dans l'eau ?*

QUE SE PASSE-T-IL QUAND ON MÉLANGE DU SEL ET DE L'EAU ?

Le matériel pour l'expérience

- sel de cuisine, gobelet (le plus léger possible), cuillère à café, l'eau du robinet
- balance de cuisine

Le défi

En groupe, vous allez mélanger du sel dans de l'eau et observer ce qui se passe. Pour cela, vous allez d'abord peser le sel et l'eau séparément, avant le mélange. Puis vous pèserez le mélange, à la fin de l'expérience.

1. **Pèse la masse de l'eau et du sel.** Masse du gobelet d'eau : .... Masse du sel : ....
2. **Réalise le schéma de l'expérience.**
3. **Décris l'aspect du mélange.**
4. **Pèse la masse du gobelet avec ton mélange d'eau et de sel.** Masse du gobelet de mélange : ....
5. **Conclusion de l'expérience :** État final de l'eau : .... Dissolution : .... Et s'il reste des grains de sel non dissout ? ....

REMARQUE : il est possible que les élèves mettent trop de sel. Ainsi, tout le sel ne se dissout pas dans l'eau. Il convient de le faire remarquer aux élèves.

> **Lorsqu'on met trop de sel dans l'eau, tout le sel ne dissout pas. On dit que l'eau est saturée en sel.**

ÉTAPE 3 DÉFI : RÉCUPÉRER LE SEL DISSOUT DANS L'EAU

DURÉE 10 min
ORGANISATION en collectif, à l'oral
MATÉRIEL
- cahier de l'élève p. 15
- photos de l'activité à afficher
- récipient transparent
- de l'eau (du robinet)
- sel de cuisine

1) AFFICHER LES DEUX PHOTOS EN LISANT LES COMMENTAIRES, mais sans apporter d'informations supplémentaires.

> **Le lac de Badwater dans la Vallée de la Mort en Californie est une ancienne mer intérieure aujourd'hui asséchée.**

> **L'eau de mer est piégée dans des bassins peu profonds appelés marais salants. Ce système permet de récolter du sel.**

2) DEMANDER AUX ÉLÈVES DE RÉPONDRE, INDIVIDUELLEMENT, AUX QUESTIONS 1 ET 2 DE LEUR CAHIER P. 15.

1. **Observe la photo du lac de Badwater, lis sa légende et explique ce qui s'est passé.**
L'eau de mer est salée. Avec le temps, l'eau de mer s'est évaporée, seuls les cristaux de sel sont restés dans ce désert.

2. **Observe bien la photo des marais salants et lis sa légende. Comment fonctionne ce dispositif ?**
Les agriculteurs piègent de l'eau de mer dans des bassins peu profonds puis attendent que l'eau s'évapore. Ils récoltent alors le sel initialement présent dans l'eau de mer.

3) **PUIS DEMANDER AUX ÉLÈVES DE PROPOSER UN PROTOCOLE EXPÉRIMENTAL PERMETTANT DE RÉCUPÉRER LE SEL QU'ILS ONT DISSOUT DANS L'EAU ET D'EN FAIRE LE SCHÉMA SUR LEUR CAHIER (❸).** Leur préciser qu'ils peuvent s'appuyer sur les deux photos et leurs commentaires.
Pour faire cette expérience, ils peuvent demander du matériel supplémentaire, dans la limite de ce qu'on pourrait trouver dans l'école.
Pour guider les élèves, il est possible de mettre à disposition des coupelles et autres récipients sur une table.

Plusieurs solutions justes peuvent être proposées par les élèves :
Protocole 1 : Mettre une fine couche d'eau dans un récipient. Laisser l'eau s'évaporer au soleil.
Protocole 2 : Mettre une fine couche d'eau dans un récipient. Poser ce récipient sur une source de chaleur tel un radiateur et laisser l'eau s'évaporer.
Protocole 3 : Faire bouillir l'eau sur une plaque chauffante.

REMARQUE : il y a toujours une information à tirer d'une expérience. Même si le résultat attendu n'est pas atteint, la réalisation de l'expérience nous apprend quelque chose !

Exemples de solutions possibles :

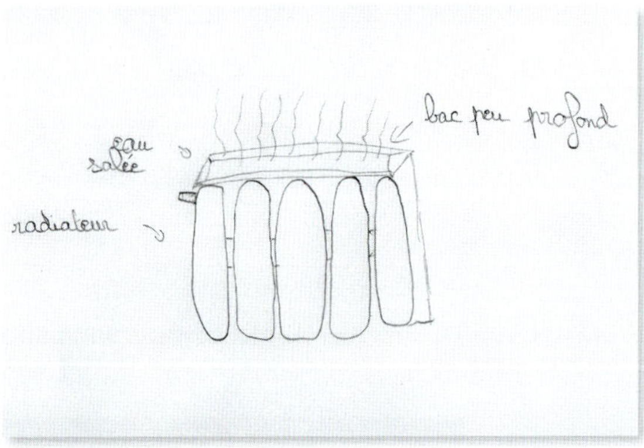

Si le radiateur chauffe, la solution de ce groupe devrait permettre une bonne évaporation.

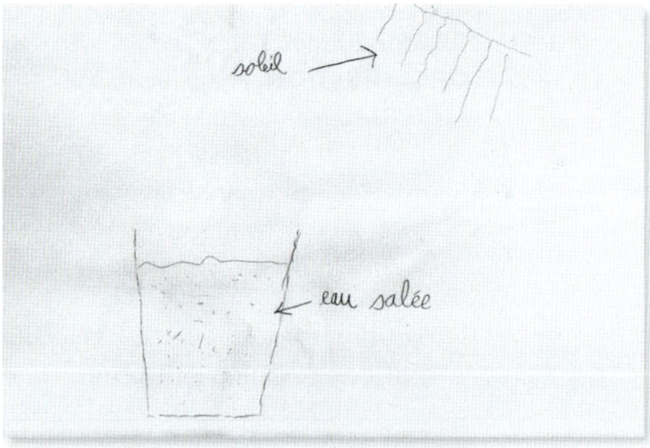

L'eau restant dans un verre creux, la surface d'évaporation sera faible. L'expérience proposée par ce groupe risque de durer trop longtemps !

ÉTAPE 4 MISE EN PLACE DU DÉFI EXPÉRIMENTAL

DURÉE 15 min
ORGANISATION en groupes de 4
MATÉRIEL
- l'eau salée de l'étape précédente
- récipients à fond plat
- cahier de l'élève p. 15 complété

LES GROUPES D'ÉLÈVES METTENT EN PLACE LES EXPÉRIENCES qu'ils ont décrites sur leur cahier. Veiller à ce que l'eau ne soit pas saturée en sel, mais aussi à ce qu'il y ait suffisamment de sel pour pouvoir l'observer à la fin de l'évaporation. Laisser le temps nécessaire à la réussite des expériences, c'est-à-dire jusqu'à évaporation totale de l'eau.

ÉTAPE 5 — BILAN DU DÉFI EXPÉRIMENTAL

DURÉE 10 min
ORGANISATION collectif
MATÉRIEL • l'eau salée de l'étape précédente
• récipients à fond plat
• cahier de l'élève p. 15 complété

1) LES DIFFÉRENTS GROUPES D'ÉLÈVES RELÈVENT LE RÉSULTAT DE LEUR EXPÉRIENCE.
Les groupes ayant réussi une évaporation totale de l'eau le constatent : il y a du sel au fond de la coupelle.

2) APPORTER UNE CORRECTION COLLECTIVE AUX COMMENTAIRES DES DEUX PHOTOS.

> **Que nous permet de comprendre la photo 1 ?** *Elle nous permet de comprendre que si l'eau de mer qui est salée s'évapore, le sel, lui, ne s'évapore pas, il se dépose. C'est ce que nous avons constaté lors de nos expériences.*

> **Que nous permet de comprendre la photo 2 ?** *Elle nous permet de comprendre que, pour faciliter le phénomène d'évaporation, l'eau doit être versée dans des bassins de faible profondeur et exposée en plein soleil.*

ÉTAPE 6 — APPLICATION : EAU MINÉRALE ET EAU DÉMINÉRALISÉE (ÉTAPE FACULTATIVE)

DURÉE 15 min
ORGANISATION en collectif
MATÉRIEL • cahier de l'élève p. 15 complété
• étiquettes d'eaux minérales et/ou photos d'étiquettes d'eaux minérales
• vidéo « Eau minérale qui bout »
• photo « Eau minérale qui bout »
ou : plaque chauffante, quelques gouttes d'eau minérale, casserole propre (si possible foncée) et bouteilles d'eau minérale

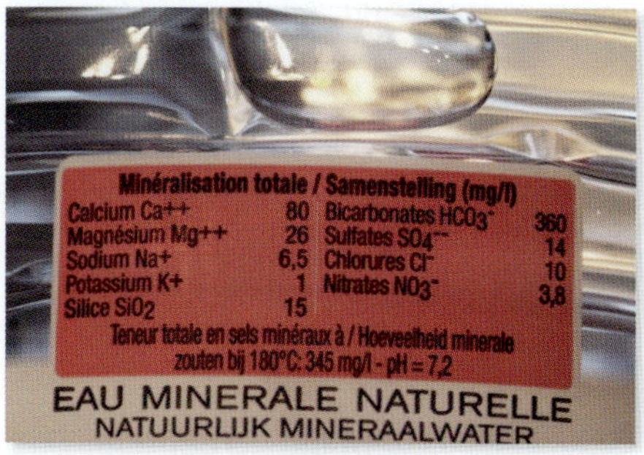

1) DISTRIBUER DES BOUTEILLES D'EAU MINÉRALE VIDES et/ou afficher la photo d'étiquettes de bouteille d'eau minérale.

> **Quelles informations nous donnent ces étiquettes ?** *Il y a des « produits » dans l'eau, l'eau n'est pas pure.*

> **Comme nous l'avons vu lors de l'expérience précédente, l'eau peut être translucide et contenir des « produits ». Nous avons également observé que l'eau salée a le même aspect que l'eau non salée.**

> **Quel mot connu apparait sur ces étiquettes ?** *D'après ces étiquettes, l'eau minérale contiendrait des sels minéraux. Le mot sel a déjà été utilisé dans les étapes précédentes. Mais ici il ne s'agit pas de sel de cuisine ou de mer.*

Définir la notion « **minérale** » : indiquer que l'on appelle ces constituants des sels minéraux car ils sont dissouts dans l'eau et viennent des roches que l'eau croise sur son parcours.

2) OBSERVER LA PRÉSENCE DE SELS MINÉRAUX DANS L'EAU.

En fonction des conditions matérielles et temporelles, choisir de réaliser l'expérience ci-dessous, ou de diffuser la vidéo « Eau minérale ; eau déminéralisée » (ou d'afficher la photo « Eau minérale qui bout »).

L'expérience :

À l'aide d'une plaque chauffante et d'un récipient adapté et propre, si possible à fond noir, l'enseignant fait évaporer une petite quantité d'eau minérale.

Bilan : On constate que du dépôt se trouve au fond du récipient : ce sont les sels minéraux contenus dans l'eau minérale.

Si on reproduit la même expérience avec de l'eau déminéralisée, il n'y aura pas de dépôt.

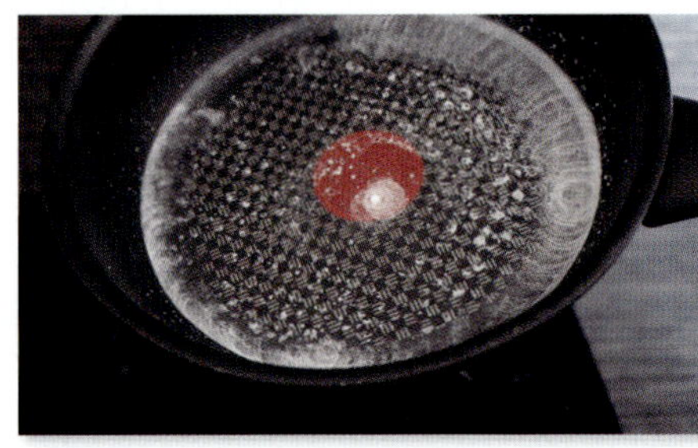

ÉTAPE 7 SYNTHÈSE

DURÉE 5 min
ORGANISATION en collectif
MATÉRIEL • cahier de l'élève p. 16

RÉALISER COLLECTIVEMENT LA TRACE ÉCRITE.

Les élèves la copient sur leur cahier p. 16.
La phrase en italique n'est à conserver que si l'étape 6 a été réalisée.

Exemple de trace écrite :

L'eau, même si elle apparait transparente et si elle n'a aucun gout particulier, est susceptible de contenir des produits dissouts. Par exemple, l'eau minérale contient des sels minéraux.
Si on chauffe l'eau et qu'elle s'évapore, il est possible de récupérer certains de ces produits.

Lexique :

Dissoudre : décomposer une substance dans un solvant, ici de l'eau.
Minéral : relatif aux minéraux (on peut définir ce mot aux élèves par *qui vient de la pierre*), par opposition aux substances organiques qui sont issues du « vivant » (exemple : le lait).

ÉTAPE 8 RÉINVESTISSEMENT DES CONNAISSANCES

DURÉE 10 min
ORGANISATION en individuel
MATÉRIEL • cahier de l'élève p. 16

1) **FAIRE OUVRIR LE CAHIER P. 16.** Les élèves répondent aux questions individuellement.

2) **VALIDER LES RÉPONSES COLLECTIVEMENT.**

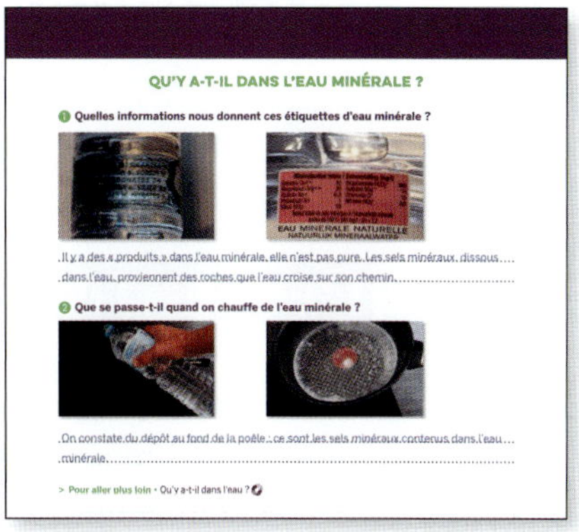
QU'Y A-T-IL DANS L'EAU MINÉRALE ?

❶ Quelles informations nous donnent ces étiquettes d'eau minérale ?

Il y a des « produits » dans l'eau minérale, elle n'est pas pure. Les sels minéraux dissous dans l'eau proviennent des roches que l'eau croise sur son chemin.

❷ Que se passe-t-il quand on chauffe de l'eau minérale ?

On constate du dépôt au fond de la poêle : ce sont les sels minéraux contenus dans l'eau minérale.

> Pour aller plus loin • Qu'y a-t-il dans l'eau ?

ÉVALUATION LE SEL DISPARAIT-IL DANS L'EAU ?

MATÉRIEL • Fiche évaluation et son corrigé

ÉVALUATION AU FIL DE L'EAU

Proposer et suivre un protocole expérimental		OUI/NON
Le matériel listé est correct (tout ce qui est nécessaire à l'expérience est cité, pas de matériel superflu).	*Chronomètre et matériel de mesure*	
Le déroulement de l'expérience est décrit simplement.	*Une mesure de temps et de distance est proposée, le protocole est cohérent*	
Le résultat de l'expérience est envisagé correctement.	*Pas trop important ici, cependant les élèves peuvent toujours « pronostiquer » le résultat !*	

Utiliser différents modes de représentation (schéma, dessin, croquis, tableau, graphique, texte, etc.) et passer d'une représentation à une autre			
Maitrise insuffisante	**Maitrise fragile**	**Maitrise satisfaisante**	**Maitrise très satisfaisante**
Il manque des informations indispensables sur le schéma.	*Le schéma de l'expérience est riche en détails inutiles, sa lecture n'est pas aisée.*	*Le schéma est complet, même s'il comporte quelques détails inutiles.*	*Le schéma est simple et comporte uniquement les informations indispensables à la compréhension de l'expérience.*

ÉVALUATION SOMMATIVE

Distribuer la fiche évaluation. Un corrigé est proposé en ressources numériques.

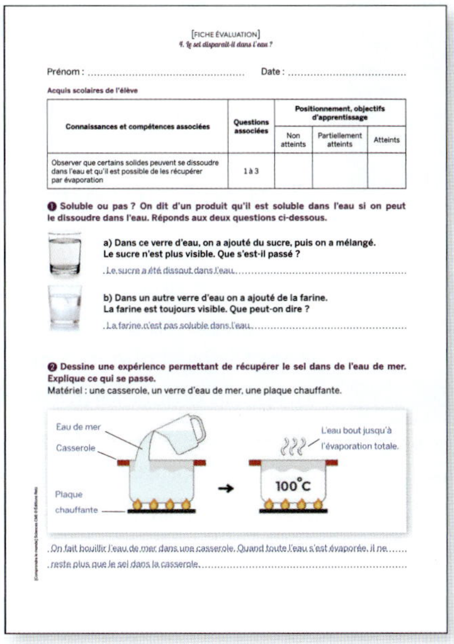
[FICHE ÉVALUATION]
4. Le sel disparait-il dans l'eau ?

Prénom : .... Date : ....

Acquis scolaires de l'élève

Connaissances et compétences associées	Questions associées	Positionnement, objectifs d'apprentissage		
		Non atteints	Partiellement atteints	Atteints
Observer que certains solides peuvent se dissoudre dans l'eau et qu'il est possible de les récupérer par évaporation	1 à 3			

❶ Soluble ou pas ? On dit d'un produit qu'il est soluble dans l'eau si on peut le dissoudre dans l'eau. Réponds aux deux questions ci-dessous.

a) Dans ce verre d'eau, on a ajouté du sucre, puis on a mélangé. Le sucre n'est plus visible. Que s'est-il passé ?

Le sucre a été dissout dans l'eau.

b) Dans un autre verre d'eau on a ajouté de la farine. La farine est toujours visible. Que peut-on dire ?

La farine n'est pas soluble dans l'eau.

❷ Dessine une expérience permettant de récupérer le sel dans de l'eau de mer. Explique ce qui se passe.
Matériel : une casserole, un verre d'eau de mer, une plaque chauffante.

On fait bouillir l'eau de mer dans une casserole. Quand toute l'eau s'est évaporée, il ne reste plus que le sel dans la casserole.

[FICHE ÉVALUATION (suite)]
4. Le sel disparait-il dans l'eau ?

❸ Réponds aux questions après avoir observé les photos.

a) L'eau de cette fontaine est-elle potable ?

D'après le panneau, l'eau de cette fontaine n'est pas potable.

b) Pourtant l'eau est transparente. Pourquoi serait-elle non potable malgré cela ?

Bien que l'eau soit parfaitement transparente, elle est susceptible de contenir des produits toxiques dissous ou des microbes invisibles à l'œil nu.

c) Quelle est la différence entre l'eau contenue dans ce bidon et l'eau minérale que nous buvons ?

Cette eau ne contient pas de minéraux dissous.

d) Pourquoi est-il recommandé d'utiliser des produits supprimant le calcaire pour nos appareils ménagers ?

Le calcaire est susceptible d'abimer les appareils ménagers.

e) D'où vient le calcaire ?

Le calcaire est contenu dans l'eau du robinet. Il est dissous dans l'eau du robinet.

SÉANCE 5

Comment bougent nos objets mécaniques ?

L'ESSENTIEL À SAVOIR POUR L'ENSEIGNANT•E

Cette séance doit permettre aux élèves de décrire les mouvements des éléments d'un mécanisme simple. Pour cela, ils doivent acquérir un vocabulaire spécifique et l'utiliser à bon escient lorsqu'ils parlent des objets techniques.

DIFFÉRENTS TYPES DE MOUVEMENTS

Les éléments d'un mécanisme peuvent être en mouvement. Les mouvements de base sont la translation et la rotation.

Mouvement de **translation** : un objet est en translation si tous les points le constituant ont des trajectoires parallèles (attention ! Un mouvement de translation peut être curviligne, il n'est pas forcément rectiligne).

Mouvement de **rotation** : un objet est en rotation si tous les points le constituant ont des trajectoires circulaires concentriques.

Tout mouvement peut être décrit par une composition de mouvements de translation et de mouvements de rotation.

Mouvement de translation.

Mouvement de rotation.

En combinant ces deux mouvements de base, on peut obtenir des trajectoires beaucoup plus complexes : hélicoïdales ou curvilignes. Mais à ce niveau, ce n'est pas l'objectif à atteindre.

UN MÉCANISME, DES ORGANES

Dans un mécanisme on peut distinguer trois catégories d'organes :

Organe moteur : Il reçoit une force extérieure qu'il communique à un ou plusieurs autres organes du mécanisme.

Organe intermédiaire : Son rôle, lorsqu'il est présent, est de transmettre ou transformer un mouvement émis par un autre organe. La chaine est l'intermédiaire entre deux roues dentées. De même, la courroie est l'intermédiaire entre deux poulies. La bielle est l'intermédiaire qui fait le lien entre une manivelle et une pièce mobile.

Organe récepteur : Il exécute une action après réception d'un mouvement.

QUI DIT MOUVEMENT DIT VITESSE

La vitesse s'applique aux objets en mouvement. Il s'agit d'une distance parcourue en fonction du temps mis à la parcourir. La vitesse est constante si elle ne varie pas. Si elle augmente, on parle d'accélération. Si elle diminue, il s'agit de la décélération. Les unités les plus courantes sont le kilomètre par heure (km/h) et le mètre par seconde (m/s), mais il existe de nombreuses unités dérivées.

TRANSMISSION OU TRANSFORMATION DE MOUVEMENT

Dans un mécanisme, les organes moteur et récepteur peuvent être mus d'un même mouvement circulaire ou linéaire : on parle alors de **transmission** de mouvement.

Rotation → Rotation
Translation → Translation

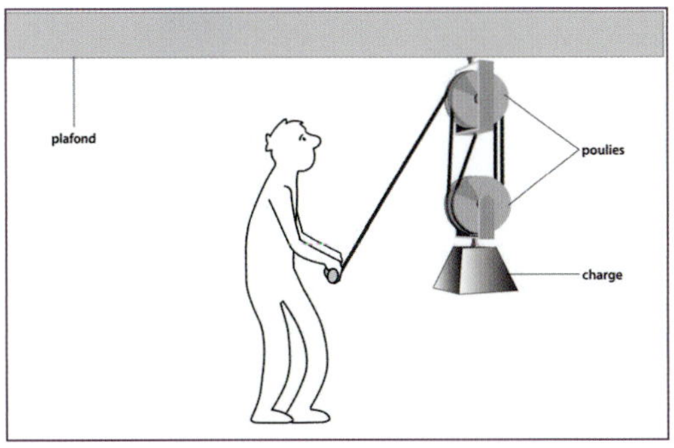

Animation « Le palan »

Si leurs mouvements sont différents, on parle alors de **transformation** de mouvement.

Translation → Rotation
Rotation → Translation

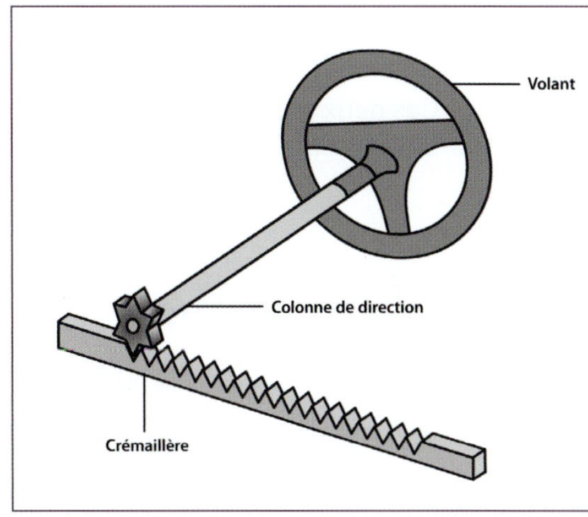

Animation « La crémaillère »

LES SYSTÈMES MÉCANIQUES DE BASE

Voici les propriétés de quelques systèmes mécaniques.

SYSTÈME MÉCANIQUE	REPRÉSENTATION	TRANSMISSION OU TRANSFORMATION DE MOUVEMENT	PRÉSENCE D'UN ORGANE INTERMÉDIAIRE
Engrenage		Transmission	Non
Vis sans fin		Transmission	Non
Pignon et crémaillère		Transformation	Non
Poulies et courroie	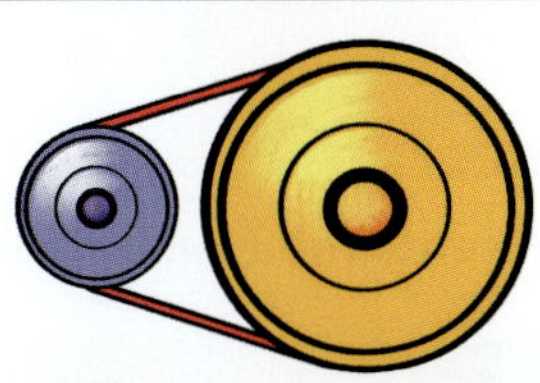	Transmission	Oui : courroie
Piston, bielle et manivelle	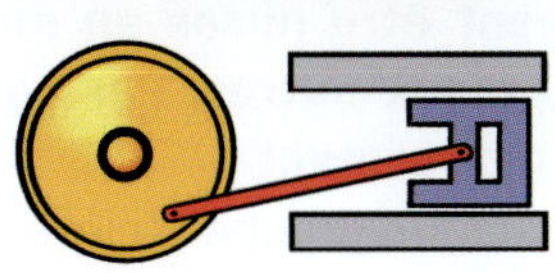	Transformation	Oui : bielle

Conseils pour aborder la séance
La notion de mouvement est traitée en deux séances :
• La séance 5A favorise la manipulation et l'observation afin de permettre à chacun de se représenter les deux mouvements de base (linéaire et circulaire). Elle est également l'occasion de faire le lien entre mouvement et vitesse.
• La séance 5B, quant à elle, va plus loin en proposant aux élèves d'analyser des enchainements de mouvements (transmissions et transformations).

Ces deux séances peuvent être enchainées ou traitées à des moments différents afin de s'adapter aux projets et aux programmations des équipes.

SÉANCE 5A
Quels types de mouvements observe-t-on avec un vélo ?

DÉROULEMENT DE LA SÉANCE

Connaissances et compétences associées
• *Observer et identifier le mouvement rectiligne ou circulaire d'un objet en précisant le point de vue.*
• *Mesurer une distance lors du déplacement d'un objet.*
• *Mesurer une durée, comme intervalle entre deux instants, lors du déplacement d'un objet.*
• *Effectuer des conversions d'unités de distance et de temps.*
➜ *Lien avec la séance 14 du thème 3 : « Comment fonctionne la transmission d'un vélo ? ».*

DURÉE : 2 h environ à répartir en 2 temps : • étape 1 (phases de manipulations/observations) • étapes 2 et 3 (phases de recherches et d'analyses)

ÉTAPE 1 OBSERVER LES ORGANES MOBILES DU VÉLO

DURÉE • 45 min
ORGANISATION • en groupes de 4
MATÉRIEL • un vélo par groupe
• affiches A2 vierges (1 par groupe)

1) PRÉSENTER L'OBJECTIF DE LA SÉANCE.

> **Nous allons nous intéresser aux différents mouvements des objets techniques.**

2) OBSERVER LES ORGANES MOBILES DU VÉLO.

> **Sur un vélo, certaines parties peuvent être mises en mouvement. C'est-à-dire qu'elles peuvent bouger les unes par rapport aux autres. Par équipe, vous allez lister tous les organes que vous pouvez mettre en mouvement.**
Dans un espace suffisamment vaste, chaque groupe d'élèves observe un vélo posé au sol, les roues en l'air, et écrit la liste des organes qui peuvent être mis en mouvement : *roue directrice,*

roue motrice, pédales, manivelle, roues dentées (plateaux, pignons), chaine, patins ou plaquettes de frein, jantes, disques, câbles, manettes de freins et de vitesses, leviers de serrage rapide, bouchon de valve, amortisseur, tige de selle, potence, pneus...
Ne cherchant pas l'exhaustivité, il est conseillé de se limiter aux réponses des élèves.

3) CLASSER CES ORGANES MOBILES.

De retour en classe, les élèves listent les organes mobiles trouvés.
Noter les propositions au tableau.
Les mêmes groupes d'élèves doivent maintenant classer les mots notés au tableau en fonction de critères de mouvement. Ils doivent regrouper les éléments qui, en se déplaçant, parcourent des trajectoires similaires. Ils présentent leurs classements sur des affiches A2 en mettant en évidence les critères de classement.

MOUVEMENT RECTILIGNE	MOUVEMENT CIRCULAIRE	MOUVEMENT MIXTE : CIRCULAIRE ET RECTILIGNE
• Câbles • Plaquettes de frein à disques • Amortisseurs	• Roue directrice • Roue motrice • Pédales • Manivelles • Roues dentées (plateaux et pignons) • Patins de freins • Disques de freins • Jantes • Manettes de freins et vitesses	• Bouchon de valve • Chaine • Tige de selle • Selle • Pneus • Chambre à air • Leviers de serrage rapide

> **Vous allez maintenant classer ces organes en regroupant ceux qui « bougent » de la même manière. Aucun élément ne doit pouvoir être classé dans plusieurs familles ou se retrouver seul.**

On peut s'attendre aux critères de classement suivants : *tourner, pivoter, glisser, avancer, balancer...*

4) MISE EN COMMUN ORALE COLLECTIVE.

Chaque groupe expose son travail au tableau. La pertinence des résultats est discutée collectivement. Faire une synthèse orale visant à définir les trajectoires des mouvements des objets mécaniques.

Attention ! le bouchon de valve, comme tous les systèmes de vissage, décrit un mouvement hélicoïdal. Son mouvement est à la fois circulaire et linéaire.

Le vélo est composé de plusieurs **organes**. Certains ont un mouvement **circulaire** (roues, pédales, plateau et pignon...), d'autres ont un mouvement **rectiligne** (amortisseurs, câbles de freins...). Quelques organes combinent les mouvements rectilignes et circulaires (les chaines par exemple).

ÉTAPE 2 RÉINVESTISSEMENT

DURÉE 20 min
ORGANISATION en groupes de 4
MATÉRIEL • cahier de l'élève p. 17

1) SCHÉMATISER LE MOUVEMENT DE CERTAINS ORGANES DU VÉLO.

Les élèves doivent légender des images en symbolisant les mouvements des objets mécaniques par des flèches.

> **Complétez les images suivantes en symbolisant le mouvement par des flèches en respectant la légende.**

2) FAIRE UNE MISE EN COMMUN ORALE COLLECTIVE.
Les propositions de la classe sont discutées sur une reproduction agrandie du document. Si l'on dispose d'un vidéoprojecteur, les élèves peuvent interagir directement sur le document projeté.
Pour les mouvements circulaires, demander aux élèves de repérer le centre de la trajectoire (*c'est le centre de l'organe lui-même*).

Remarque : pour le bouchon de valve qui combine les deux types de mouvement, on parle de mouvement hélicoïdal. À dire aux élèves seulement si l'occasion se présente, mais ne pas insister, car hors programme.

SÉANCE 5 · *Quels types de mouvements observe-t-on sur un vélo ?*

QUELLES SONT LES PARTIES MOBILES D'UN VÉLO ?

Sur chaque image, dessine les flèches qui indiquent les mouvements des mécanismes représentés. Tu dois respecter la légende.

Légende :
Mouvement circulaire
Mouvement rectiligne

> Pour aller plus loin · À quelle vitesse ?

ÉTAPE 3 SYNTHÈSE

DURÉE 20 min
ORGANISATION en collectif
MATÉRIEL • cahier de l'élève p. 17

1) RÉINVESTIR SES CONNAISSANCES. Demander aux élèves de ramener de petits objets techniques de la vie courante qui peuvent être en mouvement.
Les mouvements de ces objets seront décrits collectivement en veillant à utiliser tout le vocabulaire appris. Reformuler les propositions des élèves si besoin.

2) CONSTRUIRE COLLECTIVEMENT LA TRACE ÉCRITE et l'écrire au tableau pour que les élèves la recopient dans leur cahier.

Exemple de trace écrite :

Le vélo est un objet technique complexe composé de **mécanismes** dont certains **organes** peuvent être mis en mouvement.
Les mouvements de base dessinent une **trajectoire circulaire** (rotation) ou une **trajectoire linéaire** (translation).

Lexique :

Mécanisme : c'est l'association de pièces qui fonctionnent ensemble.
Mouvement rectiligne : l'objet en mouvement suit une ligne droite.
Mouvement circulaire : l'objet en mouvement suit une ligne qui décrit un cercle.

PROLONGEMENT QUELLE VITESSE !

DURÉE 45 min
ORGANISATION recherche individuelle suivie d'échanges en binômes
MATÉRIEL • photos de compteurs et radar automobiles à afficher
• fiche activité « À quelle vitesse ? » et son corrigé

1) AFFICHER LES 3 PHOTOS DE RADAR ET COMPTEURS AUTOMOBILES, ET QUESTIONNER LA CLASSE.

> **De quoi s'agit-il ?** *Un compteur et un radar de vitesse.*

> **À quoi ça sert ?** *À mesurer la vitesse (instantanée) d'un véhicule.*

> **Quelles vitesses sont indiquées par ces compteurs ?** *50 km/h (kilomètres par heure) et 90 km/h.*

Indiquer à la classe qu'il existe plusieurs unités de mesure de vitesse.

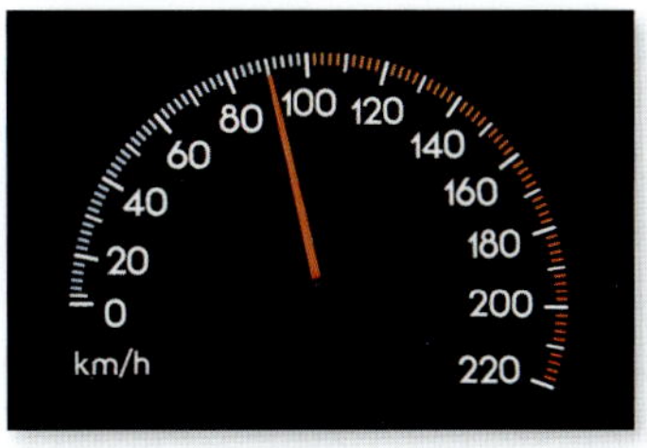

2) **DISTRIBUER LA FICHE ACTIVITÉ.** Demander aux élèves de chercher les exercices individuellement. Lorsque les deux premiers exercices sont globalement traités, faire une mise en commun pour cette partie de la fiche.

Remarque : La principale difficulté est la vitesse de 2 m/s qui correspond à la course des enfants. La vitesse équivalente est 7 200 m/h, c'est-à-dire 7,2 km/h. Si aucun élève ne parvient à en justifier les causes, on peut les laisser raisonner par élimination.

❶ Relie chaque image à la vitesse de déplacement de l'objet qu'elle représente.

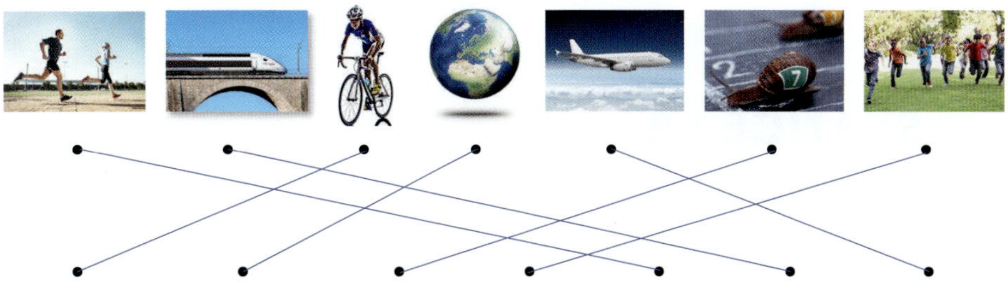

30 km/h | 106 000 km/h | 1 mm/s | 2 m/s | 15 km/h | 250 km/h | 500 km/h

❷ Range ces vitesses dans l'ordre croissant.

1 mm/s < 2 m/s < 15 km/h < 30 km/h < 250 km/h < 500 km/h < 106 000 km/h

Laisser un second temps de recherche pour « L'énigme à résoudre ». Les élèves qui ont terminé peuvent comparer et justifier leurs résultats avec le voisin.

3) **MENER ENSUITE UNE MISE EN COMMUN EN FAVORISANT L'ARGUMENTATION DES PROPOSITIONS.** Les arguments doivent mener à une définition de la notion de vitesse :

> La vitesse est une grandeur qui mesure, pour un mouvement, le rapport de la distance parcourue au temps écoulé.

Les notions d'**accélération** (augmentation de la vitesse) et de **décélération** (diminution de la vitesse) sont abordées lors de l'explication du changement de vitesse des copilotes sur le tapis roulant : accélération à l'entrée sur le tapis car les deux vitesses (celle de la marche et celle du déplacement du tapis) s'ajoutent : 6 km/h. Inversement, lors de la sortie du tapis, leur vitesse diminuant, on parle de décélération de leur mouvement.

4) **CONSTRUIRE COLLECTIVEMENT LA TRACE ÉCRITE DÉFINISSANT LA NOTION DE VITESSE.** L'écrire au tableau pour que les élèves la recopient sur leur fiche.

> **Que faut-il pour qu'un objet ait une vitesse ?** *Il doit être en mouvement.*

> **Qu'est-ce qu'une vitesse ?** *C'est la distance parcourue par un objet en un temps donné.*

> **Quelles unités de vitesse connaissez-vous ?** *Km/h, m/s et tous leurs dérivés.*
> **Comment appelle-t-on une vitesse qui ne varie pas ?** *Une vitesse constante.*
> **Et si la vitesse augmente ou diminue ?** *Accélération ou décélération.*

Exemple de trace écrite :

Une **vitesse** est le rapport entre une **distance** parcourue et la **durée** de ce parcours. Moins on met de temps à réaliser un parcours, plus la vitesse est importante, et inversement.
Les unités de vitesse les plus utilisées sont : **km/h** (kilomètre par heure), **m/s** (mètre par seconde). Mais il en existe bien d'autres comme : m/h, mm/s, mm/h...
On parle de vitesse constante si elle ne varie pas.
Une vitesse peut être variable : si elle augmente, on parle d'**accélération**. Si elle diminue, c'est une **décélération**.

Lexique :

Vitesse : c'est une grandeur qui mesure, pour un mouvement, le rapport de la distance parcourue au temps écoulé.
Accélération : augmentation de la vitesse.
Décélération : diminution de la vitesse.

SÉANCE 5B
Ça tourne ou ça avance ?

DÉROULEMENT DE LA SÉANCE

Connaissances et compétences associées
• *Observer et identifier le mouvement rectiligne ou circulaire d'un objet en précisant le point de vue.*

DURÉE : 1 h environ.

ÉTAPE 1 — LA TRANSMISSION DE MOUVEMENT

DURÉE 30 min
ORGANISATION en individuel
MATÉRIEL • cahier de l'élève p. 18 et 19

1) COMPRENDRE LE PRINCIPE DE LA TRANSMISSION DE MOUVEMENT.

Individuellement, les élèves répondent aux questions 1 et 2 du cahier p. 18.

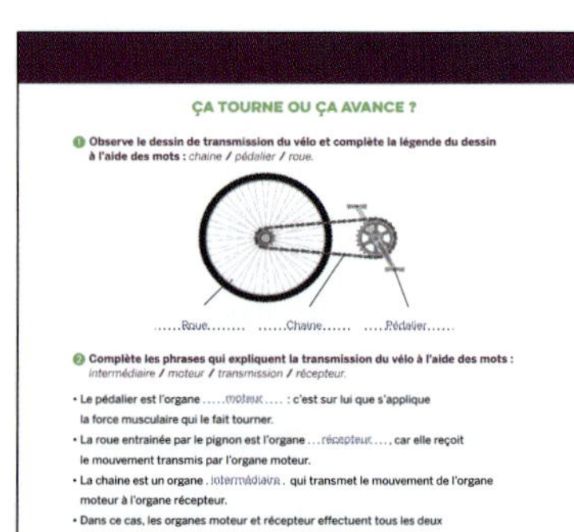
ÇA TOURNE OU ÇA AVANCE ?

1 **Observe le dessin de transmission du vélo et complète la légende du dessin à l'aide des mots :** *chaine / pédalier / roue.*

......Roue........ ......Chaine...... ....Pédalier......

2 **Complète les phrases qui expliquent la transmission du vélo à l'aide des mots :** *intermédiaire / moteur / transmission / récepteur.*

• Le pédalier est l'organe .....moteur..... : c'est sur lui que s'applique la force musculaire qui le fait tourner.
• La roue entrainée par le pignon est l'organe ...récepteur...., car elle reçoit le mouvement transmis par l'organe moteur.
• La chaine est un organe . intermédiaire . qui transmet le mouvement de l'organe moteur à l'organe récepteur.
• Dans ce cas, les organes moteur et récepteur effectuent tous les deux un mouvement circulaire : on parle de ..transmission . de mouvement.

Il s'agit de fixer le vocabulaire utilisé pour décrire des mécanismes. Lors de la mise en commun, s'assurer de la compréhension du vocabulaire utilisé dans le document.
Le résultat sert de trace écrite et peut être utilisé pour la suite de la séance.

2) ÉTUDIER LES MÉCANISMES.

> **Après lecture du document 1 p. 18 du cahier, vous devrez essayer d'en expliquer le contenu.**

Demander des volontaires pour tenter d'expliquer le contenu du document et reformuler si besoin : *Dans un mécanisme, il y a plusieurs mouvements qui s'enchainent. Si les mouvements sont identiques au départ et à l'arrivée, on parle de* ***transmission*** *de mouvements. S'ils sont différents, on parle de* ***transformation*** *de mouvement.*

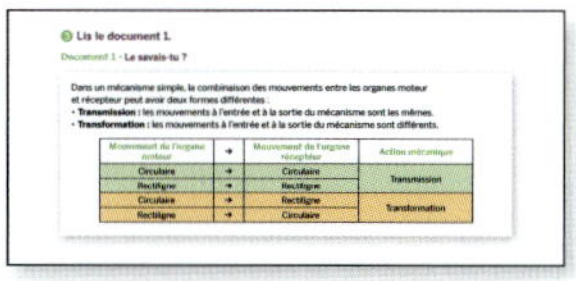

> **Dans le document 2 p. 19 du cahier, on vous propose cinq mécanismes (A, B, C, D et E) qui combinent deux mouvements. Vous allez devoir colorier les organes (moteur et récepteur) de ces mécanismes et indiquer si leur mouvement est circulaire (rotation) ou linéaire (translation).**

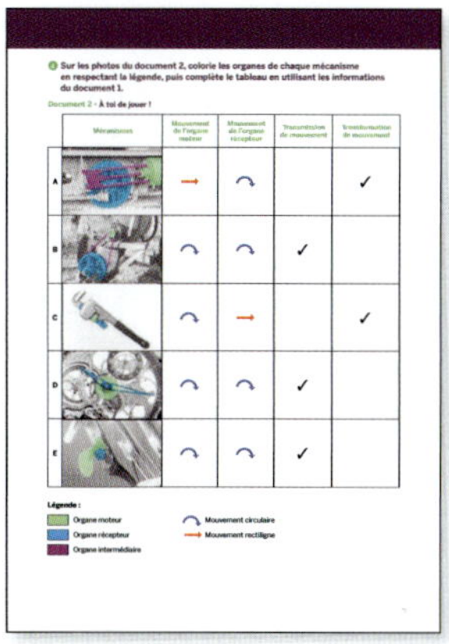

> **Vous cocherez ensuite les cases qui indiquent si le mécanisme transmet ou transforme le mouvement.**

Réaliser collectivement la ligne A concernant l'entrainement d'une roue de train. Une fois la tâche comprise par tous, les élèves terminent l'activité.

3) PROCÉDER À UNE MISE EN COMMUN ORALE COLLECTIVE.

ÉTAPE 2 LES GRANDS SYSTÈMES MÉCANIQUES

DURÉE 15 min
ORGANISATION en individuel
MATÉRIEL • cahier de l'élève p. 19 et 20

1) DÉCOUVRIR LES GRANDS SYSTÈMES MÉCANIQUES.

Demander aux élèves de reprendre le cahier p. 19 rempli à l'étape précédente. Il servira de support pour la nouvelle activité p. 20.

> **Les mécanismes du document 2 illustrent chacun un système mécanique. Vous allez devoir reconnaitre de quel système il s'agit et chercher de nouveaux exemples pour chaque cas.**

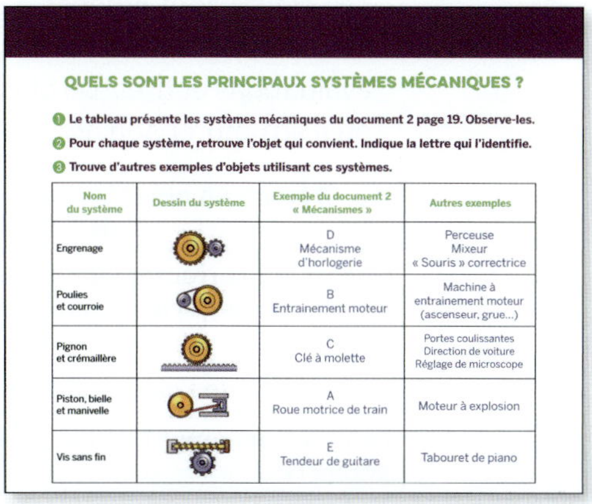

QUELS SONT LES PRINCIPAUX SYSTÈMES MÉCANIQUES ?

1. Le tableau présente les systèmes mécaniques du document 2 page 19. Observe-les.
2. Pour chaque système, retrouve l'objet qui convient. Indique la lettre qui l'identifie.
3. Trouve d'autres exemples d'objets utilisant ces systèmes.

Nom du système	Dessin du système	Exemple du document 2 « Mécanismes »	Autres exemples
Engrenage		D Mécanisme d'horlogerie	Perceuse Mixeur « Souris » correctrice
Poulies et courroie		B Entrainement moteur	Machine à entrainement moteur (ascenseur, grue...)
Pignon et crémaillère		C Clé à molette	Portes coulissantes Direction de voiture Réglage de microscope
Piston, bielle et manivelle		A Roue motrice de train	Moteur à explosion
Vis sans fin		E Tendeur de guitare	Tabouret de piano

2) POSER QUELQUES QUESTIONS À L'ORAL POUR RÉINVESTIR CE QUI A ÉTÉ APPRIS.

> **Pour chaque système, s'agit-il d'une transmission ou d'une transformation de mouvement ?** *Transmission de mouvement pour engrenage, poulies et courroie, vis sans fin. Transformation pour pignon et crémaillère et système bielle-manivelle.*

> **Quels sont les organes intermédiaires rencontrés dans ces systèmes ?** *La courroie et la bielle.*

ÉTAPE 3 SYNTHÈSE

DURÉE 10 min
ORGANISATION en collectif
MATÉRIEL • cahier de l'élève p. 20

Construire collectivement la trace écrite. L'écrire au tableau pour que les élèves la recopient sur leur cahier.

Exemple de trace écrite :

Les objets techniques utilisent des éléments de base tels que les engrenages, poulies, pignons, crémaillères, bielles, manivelles, vis sans fin... Ceux qui créent le mouvement sont appelés « **moteurs** ». Ceux qui le reçoivent sont appelés « **récepteurs** ».
Les courroies ou chaines sont des **organes intermédiaires** qui permettent de transmettre le mouvement de l'organe moteur à l'organe récepteur.
On parle de **transmission du mouvement** quand celui-ci est conservé et de **transformation du mouvement** lorsqu'il est modifié.

Lexique :

Transmission de mouvement : c'est le fait qu'un mouvement passe d'un organe à l'autre d'un mécanisme en restant le même.
Transformation de mouvement : c'est le fait qu'un mouvement passe d'un organe à l'autre d'un mécanisme en changeant de nature.
Organe moteur : c'est la partie du mécanisme qui crée le mouvement.
Organe récepteur : c'est la partie du mécanisme qui reçoit le mouvement de l'organe moteur.
Organe intermédiaire : c'est la partie du mécanisme qui transmet (ou transforme) le mouvement entre l'organe moteur et l'organe récepteur.

ÉVALUATION COMMENT BOUGENT NOS OBJETS MÉCANIQUES ?

MATÉRIEL • Fiche évaluation et son corrigé

ÉVALUATION AU FIL DE L'EAU

Les élèves sont amenés à s'exprimer à l'oral sur le fonctionnement d'un objet. À l'oral, les justifications données par les élèves sont générales, plus complètes et plus riches que lors des évaluations écrites. De plus, par son questionnement, l'enseignant peut aider un élève à préciser ou à structurer son argumentaire.

Décrire un objet technique par un schéma (représentation du fonctionnement de l'objet) et un croquis (ce que l'on observe)		OUI/NON
L'objet est correctement nommé et les éléments qui le composent sont identifiés	*L'élément en mouvement est correctement indiqué.*	
La fonction de l'objet est identifiée	*Le mouvement décrit est le bon.*	
Le fonctionnement de l'objet est compris	*La justification est correcte.*	

ÉVALUATION SOMMATIVE

Proposer la fiche évaluation. Un corrigé est proposé en ressources numériques.

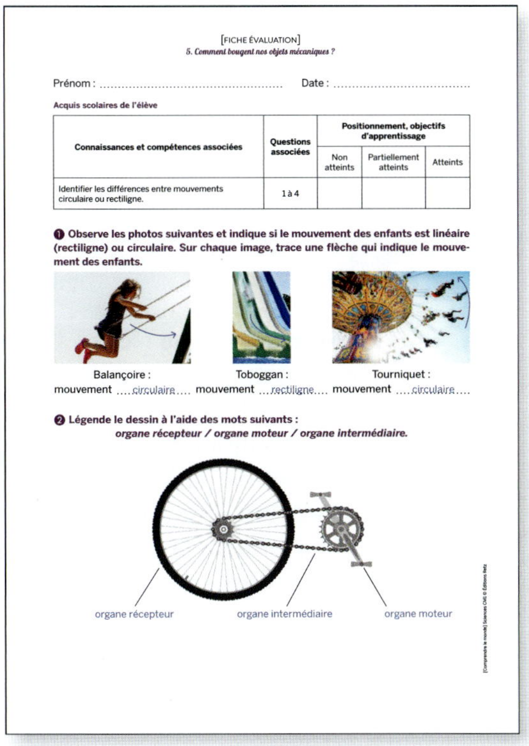

[FICHE ÉVALUATION]

5. Comment bougent nos objets mécaniques ?

Prénom : .... Date : ....

Acquis scolaires de l'élève

Connaissances et compétences associées	Questions associées	Positionnement, objectifs d'apprentissage		
		Non atteints	Partiellement atteints	Atteints
Identifier les différences entre mouvements circulaire ou rectiligne.	1 à 4			

❶ Observe les photos suivantes et indique si le mouvement des enfants est linéaire (rectiligne) ou circulaire. Sur chaque image, trace une flèche qui indique le mouvement des enfants.

Balançoire : mouvement ....circulaire....

Toboggan : mouvement ...rectiligne....

Tourniquet : mouvement ....circulaire....

❷ Légende le dessin à l'aide des mots suivants :
organe récepteur / organe moteur / organe intermédiaire.

organe récepteur — organe intermédiaire — organe moteur

[FICHE ÉVALUATION (suite)]

5. Comment bougent nos objets mécaniques ?

❸ Complète le texte avec les mots suivants :
transformation / récepteur / transmission / moteur / intermédiaires.

.Les organes **intermédiaires**, comme la chaine ou la courroie, permettent de déplacer....... .un mouvement d'un organe **moteur** à un organe **récepteur**. Lorsque le mouvement est..... .conservé, on parle de **transmission**. Lorsqu'il est modifié, on parle de **transformation**......

❹ Observe les mécanismes suivants et classe-les en reportant les lettres dans le tableau.

A B C D E

TRANSMISSION DE MOUVEMENT	TRANSFORMATION DE MOUVEMENT
B, C, D	A, E

SÉANCE 6
Quelle énergie pour s'éclairer ?

L'ESSENTIEL À SAVOIR POUR L'ENSEIGNANT•E

QU'EST-CE QUE L'ÉNERGIE ?

L'énergie est un concept assez abstrait. Il est assez difficile à définir. La définition conventionnelle, mais pas forcément pleinement satisfaisante, consiste à dire qu'il s'agit de la capacité d'un corps à créer du mouvement, de la chaleur, de la lumière, etc.

L'énergie est une grandeur, elle est donc quantifiable. On peut notamment la mesurer en kWh ou en Joules.

1 kWh = 3 600 000 Joules.

L'ÉNERGIE SOUS TOUTES SES FORMES

L'énergie existe sous plusieurs formes, dont voici les principales :

• **Énergie mécanique :** c'est l'énergie liée au mouvement. On dénombre deux types d'énergie mécanique : l'énergie cinétique qui correspond à l'énergie mécanique liée à la vitesse d'un corps, et l'énergie potentielle qui est l'énergie d'un corps lié aux forces extérieures qui s'appliquent à lui (essayez de porter une enclume à bout de bras, vous « sentirez » très vite son énergie potentielle).
• **Énergie thermique ou chaleur :** c'est l'énergie d'un corps liée à sa température.
• **Énergie électrique :** c'est l'énergie portée par le mouvement moyen de charges électriques dans un conducteur. C'est généralement sous cette forme que nous transportons l'énergie destinée à nos appareils domestiques.
• **Énergie électromagnétique :** il s'agit de l'énergie mise en jeu lors des rayonnements électromagnétiques, c'est-à-dire, entre autres, la lumière, les rayons infrarouges, les rayons ultraviolets, les ondes des radars, etc. C'est sous cette forme que le Soleil envoie de l'énergie sur Terre. C'est également sous cette forme que les téléphones portables envoient les informations. Pour la lumière, avec les élèves, on peut se contenter de parler d'**énergie lumineuse**.
• **Énergie chimique :** c'est l'énergie mise en jeu par les atomes lorsqu'ils se lient entre eux pour former des molécules. Une transformation chimique peut libérer de l'énergie (la combustion du pétrole libère de l'énergie thermique lorsqu'elle provoque la « cassure » des molécules qui forment le pétrole).
• **Énergie nucléaire :** c'est l'énergie assurant la liaison entre les particules qui constituent les atomes. Lorsqu'on casse des atomes d'uranium (comme c'est le cas dans le cœur des centrales nucléaires), on libère de l'énergie nucléaire : il s'agit d'une réaction nucléaire de fission (on casse l'atome).

➔ *Il existe aussi une réaction nucléaire de fusion : c'est celle qui a lieu dans le cœur du Soleil (des atomes fusionnent pour former un atome d'hélium). Cette énergie se calcule en utilisant la plus célèbre formule de physique :* $E = mc^2$.

Cette liste n'est pas exhaustive, mais elle permet de cerner les échanges d'énergie qui vont être évoqués ci-contre.

Le langage courant évoque d'autres formes d'énergie qui, en fait, n'en sont pas. L'énergie solaire, par exemple : certes, elle vient du Soleil, mais il s'agit d'**énergie électromagnétique**. L'énergie solaire que nous évoquons concerne surtout le chauffage de l'eau sur les toits (transformation d'énergie électromagnétique en énergie thermique) ou les panneaux photovoltaïques (transformation d'énergie électromagnétique en énergie électrique).

TRANSFORMER L'ÉNERGIE

Les objets que nous utilisons convertissent l'énergie en la transformant d'une forme d'énergie à une autre.

La pompe à fonctionnement photovoltaïque

Ces systèmes sont souvent utilisés lorsque l'on doit utiliser une pompe et que le réseau électrique est loin (champ, désert, voire piscine de jardin).

Énergie électromagnétique →

Énergie électrique →

Énergie mécanique →

LA CONSERVATION DE L'ÉNERGIE

Lors d'une transformation, la quantité d'énergie se conserve. Il arrive qu'une partie de l'énergie ne subisse pas la transformation souhaitée. On parle alors de pertes.

Par exemple, une lampe effectue la transformation d'énergie électrique en énergie électromagnétique (lumière). Cependant, une partie de l'énergie électrique est transformée en énergie thermique (la lampe chauffe).

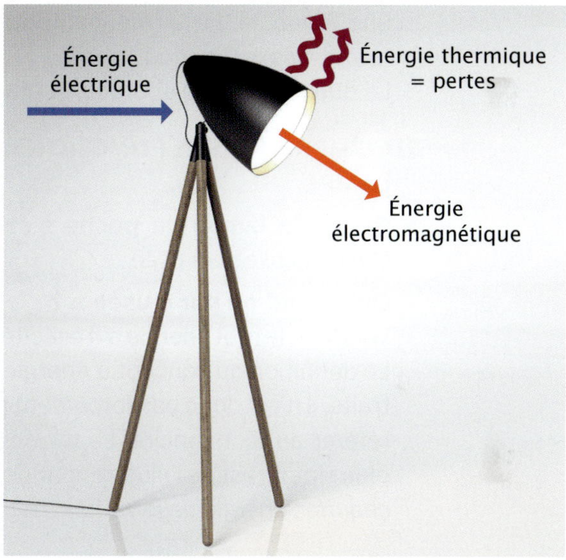

DÉROULEMENT DE LA SÉANCE

Connaissances et compétences associées
- ***Identifier différentes formes d'énergie.***
- ***Réaliser expérimentalement un dispositif de conversion d'énergie.***
- ***Décrire le fonctionnement d'un objet technique.***
- ***Réaliser un circuit électrique.***

DURÉE : 45 min environ.

Conseils pour aborder la séance

L'enjeu de la séance est de construire la notion d'énergie, de connaitre quelques formes d'énergie et sources d'énergie. La conservation d'énergie n'est pas abordée dans cette séance, sauf si les discussions avec les élèves y aboutissent. Par contre, il faut être prudent sur son vocabulaire : la pile **stocke** l'énergie, elle la **transforme** en énergie électrique, mais ne crée pas l'énergie.

ÉTAPE 1 QU'Y A-T-IL DANS UNE LAMPE DE POCHE ?

DURÉE 10 min
ORGANISATION en groupes de 4
MATÉRIEL • lampes de poche à piles apportées par les élèves
• cahier de l'élève p. 21

Remarque : Demander, au préalable, aux élèves d'apporter une lampe de poche. Le but est d'avoir différents modèles à piles pour montrer que, quelle que soit la lampe de poche, le contenu est le même.

1) **METTRE EN PLACE LA PHASE DE MANIPULATION/OBSERVATION.** Placer les élèves par groupes de 4, en s'arrangeant pour que chaque groupe dispose d'une lampe de poche.

2) **DEMANDER DE RÉPONDRE AUX QUESTIONS 1 ET 2 DU CAHIER P. 21.**
Remarque : il est important de nommer les objets par leur appellation réelle : c'est une lampe, pas une ampoule. Le terme « ampoule » désigne la forme, pas la fonction.
La question 3 sera abordée à l'étape 4.

SÉANCE 6 · *Quelle énergie pour s'éclairer ?*

QUELLE SOURCE D'ÉNERGIE, QUELLE TRANSFORMATION ?

1 Qu'y a-t-il dans la lampe de poche ? Ouvre la lampe de poche, écris la liste et représente tout ce qui est nécessaire à son fonctionnement.

Liste de ce qu'il y a dans une lampe de poche
Une pile
Des fils électriques
Une lampe
Un interrupteur

2 À quoi servent les éléments contenus dans la lampe ? Cherche dans le dictionnaire les définitions des mots que tu as trouvés à la question précédente.

La lampe : appareil d'éclairage
La pile : générateur de courant électrique, appareil qui transforme l'énergie au cours d'une réaction chimique en courant électrique
Les fils : conducteurs du courant électrique
L'interrupteur : appareil destiné à interrompre ou à rétablir le passage du courant électrique dans un circuit

2) **COMPRENDRE LE FONCTIONNEMENT DE LA LAMPE.**

> **Quand la lampe de poche s'éteindra-t-elle ?**
Quand la pile sera usée.

> **Qu'entend-on par « usée » ?**
Valoriser le mot *énergie* s'il est cité par les élèves. La définition du concept d'énergie est assez abstraite, il n'est donc pas forcément pertinent de se référer au dictionnaire. Le terme est difficilement définissable pour des élèves de cycle 3. Le plus simple est de l'illustrer par des exemples issus des propositions des élèves (*énergie pour se chauffer, énergie de la voiture, notre énergie si nous sommes en forme, etc.*)

ÉTAPE 2 (facultative) COMMENT FABRIQUER UNE PILE ?

DURÉE 20 min
ORGANISATION en groupes de 4
MATÉRIEL • clou en zinc (ou un morceau de gouttière)
• fil de cuivre
• gobelet
• sel
• de l'eau et des fils électriques
• pinces crocodiles
• écran à cristaux liquides de montre ou un buzzer
• cahier de l'élève p. 22

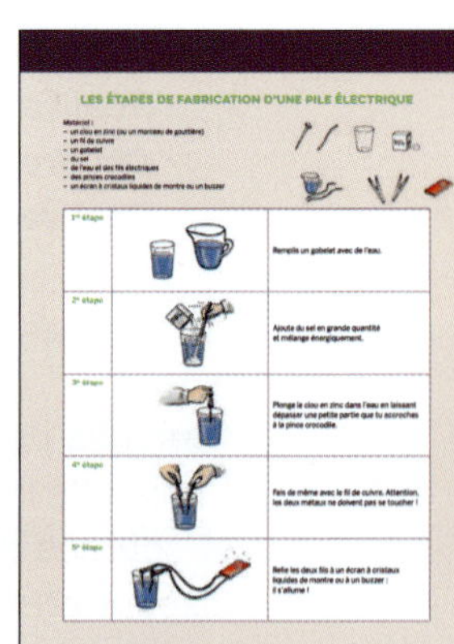
LES ÉTAPES DE FABRICATION D'UNE PILE ÉLECTRIQUE

Note : cette étape a pour but de montrer que l'énergie peut venir d'une réaction chimique, mais n'est pas indispensable dans le déroulement de la séance.

Choisir :
– de faire fabriquer une pile aux élèves en utilisant le cahier p. 22,
– de montrer une pile que l'enseignant aura réalisée préalablement (ou même la réaliser devant les élèves ; si on prend soin de la préparer avant la manipulation, cela peut être rapide).

1) MONTRER LA MANIPULATION À LA CLASSE OU LA FAIRE RÉALISER PAR LES ÉLÈVES EN GROUPE.

S'il n'y a qu'un récepteur et que plusieurs piles sont réalisées, passer dans les rangs pour vérifier le bon fonctionnement de la pile.

Conseils si la pile réalisée ne fonctionne pas :
– vérifier que les métaux utilisés soient bien du cuivre et du zinc ;
– essayer de changer les polarités du récepteur choisi ;
– changer de récepteur qui est peut-être trop gourmand en énergie.

2) ANALYSER LE PROCÉDÉ.

> **Comment ce dispositif peut-il produire de l'énergie électrique ?** *C'est une réaction chimique entre l'eau salée et les métaux qui trempent dedans.*

ÉTAPE 3 COMMENT PEUT-ON S'ÉCLAIRER ?

DURÉE 20 min
ORGANISATION en groupes de 4
MATÉRIEL
- lampes de poche apportées par les élèves
- bougie et de quoi l'allumer
- si possible une lampe de poche à dynamo
- si possible un petit panneau photovoltaïque couplé à un récepteur
- photos de l'activité à afficher
- cahier de l'élève p. 23

1) AFFICHER LES PHOTOS DE CHACUN DES DISPOSITIFS.

> **À quoi servent ces objets ?** *À s'éclairer.*

> **Quelle est la différence entre ces objets ?** Une discussion ouverte peut s'installer entre élèves. L'objectif de cette discussion est de faire émerger la notion d'énergie.

2) COMPLÉTER COLLECTIVEMENT LA PREMIÈRE LIGNE DU TABLEAU, P. 23 DU CAHIER, POUR SERVIR D'EXEMPLE. S'appuyer sur les discussions de l'étape précédente. Bien faire la distinction entre *source* et *forme d'énergie*.

> **D'où vient l'énergie qui alimente le dispositif ?** *Dans le cas de la lampe, la pile fournit de l'énergie.*

> **Quelle est l'énergie qui permet le fonctionnement du dispositif ?** *Une énergie chimique fait fonctionner la pile : elle vient d'une réaction chimique.*

Les élèves complètent le reste du tableau. Si l'on dispose des objets présentés, les faire circuler parmi les élèves qui les manipulent pour répondre.

3) **PROCÉDER À UNE CORRECTION COLLECTIVE À L'ISSUE DU TEMPS DE RÉFLEXION (10 À 15 MIN).** Chaque groupe d'élèves corrige une ligne. Lors de la correction, des discussions peuvent naitre entre les groupes. Orchestrer ces discussions, toujours en insistant sur les notions de *formes d'énergie* et de *sources d'énergie*.

La pile fournit l'énergie chimique à la lampe de poche. Le soleil fournit l'énergie lumineuse au panneau solaire. La personne qui tourne la manivelle fournit l'énergie mécanique à la dynamo. La mèche de la bougie, en brulant, fournit une énergie chimique. Les fils fournissent l'énergie électrique à la lampe.

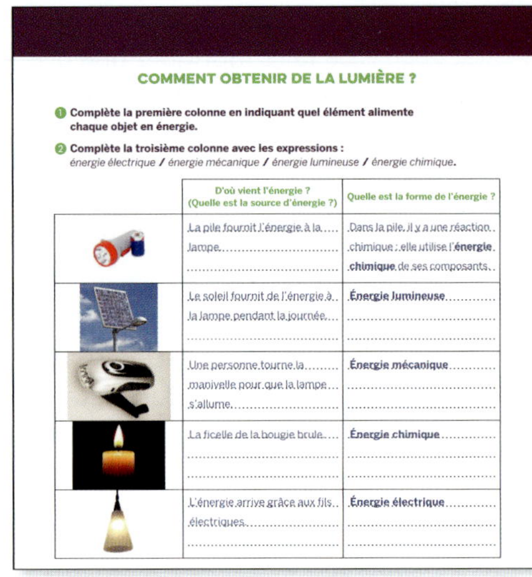

COMMENT OBTENIR DE LA LUMIÈRE ?

❶ **Complète la première colonne en indiquant quel élément alimente chaque objet en énergie.**

❷ **Complète la troisième colonne avec les expressions :** *énergie électrique / énergie mécanique / énergie lumineuse / énergie chimique.*

	D'où vient l'énergie ? (Quelle est la source d'énergie ?)	Quelle est la forme de l'énergie ?
	La pile fournit l'énergie à la lampe.	Dans la pile, il y a une réaction chimique : elle utilise l'**énergie chimique** de ses composants.
	Le soleil fournit de l'énergie à la lampe pendant la journée.	**Énergie lumineuse**
	Une personne tourne la manivelle pour que la lampe s'allume.	**Énergie mécanique**
	La ficelle de la bougie brule.	**Énergie chimique**
	L'énergie arrive grâce aux fils électriques.	**Énergie électrique**

ÉTAPE 4 DESCRIPTION DE LA CHAINE ÉNERGÉTIQUE COMPLÈTE

DURÉE 10 min
ORGANISATION en collectif
MATÉRIEL • cahier de l'élève p. 21

1) **LES ÉLÈVES REPRENNENT LE CAHIER P. 21 PARTIELLEMENT COMPLÉTÉ À L'ÉTAPE 1.**

> **Nous allons maintenant essayer de comprendre quelles transformations d'énergie ont lieu dans une lampe de poche.**

2) **COMPLÉTER LA DESCRIPTION DE LA LAMPE DE POCHE SI NÉCESSAIRE.**
Quelques questions peuvent aider les élèves :

> **Quelle est la source d'énergie de la lampe de poche ?** *C'est la pile.*

> **Sous quelle forme trouve-t-on l'énergie ?** *Dans la pile, il y a des produits chimiques. Ces produits chimiques peuvent générer du courant électrique.*

> **Sous quelle forme est convertie l'énergie ?** *La pile crée du courant électrique, elle fournit donc de l'énergie électrique.*

3) **FAIRE COMPLÉTER LE SCHÉMA DE LA CONVERSION ÉNERGÉTIQUE EFFECTUÉE DANS LA LAMPE DE POCHE SUR LE CAHIER.**

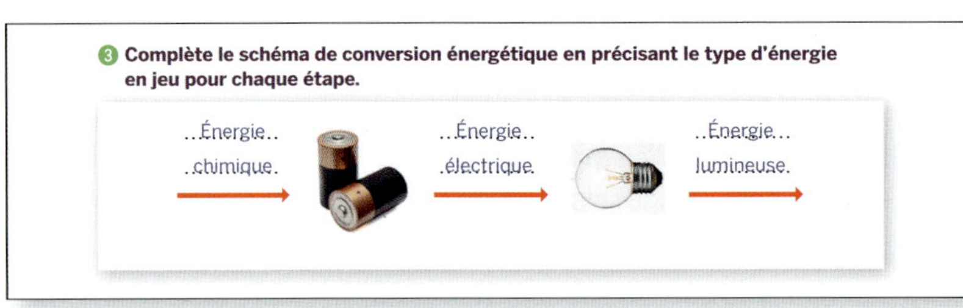

❸ **Complète le schéma de conversion énergétique en précisant le type d'énergie en jeu pour chaque étape.**

4) **CORRIGER LA FICHE COLLECTIVEMENT.**

ÉTAPE 5 SYNTHÈSE

DURÉE 15 min
ORGANISATION en collectif
MATÉRIEL • cahier de l'élève p. 23

CONSTRUIRE COLLECTIVEMENT LA TRACE ÉCRITE. L'écrire au tableau pour que les élèves la recopient sur leur cahier.

Exemple de trace écrite :

Il existe **différentes formes d'énergie** : énergie électrique, énergie mécanique, énergie lumineuse, énergie thermique…
Les appareils, comme les lampes, effectuent des **transformations d'énergie**.
Par exemple, une lampe transforme de l'énergie électrique en énergie lumineuse.

Lexique :

Pile : objet fournissant de l'énergie électrique à partir d'une réserve d'énergie chimique.
Interrupteur : appareil visant à interrompre ou à laisser passer le courant électrique.
Source d'énergie : se dit d'un appareil ou d'un phénomène qui peut fournir de l'énergie (exemple : le vent est une source d'énergie).
Forme d'énergie : l'énergie permet de se chauffer, de s'éclairer, de bouger. Elle existe donc sous différentes formes (thermique, lumineuse, mécanique, etc.).
Conducteur : se dit d'un matériau qui laisse passer le courant électrique (exemple : le fer) par opposition à un matériau isolant qui empêche le passage du courant électrique (exemple : le bois sec).
Dynamo : appareil qui peut générer du courant électrique à partir d'un mouvement.
Circuit électrique : ensemble d'appareils électriques et de fils formant une boucle.

ÉVALUATION QUELLE ÉNERGIE POUR S'ÉCLAIRER ?

MATÉRIEL • Fiche évaluation et son corrigé

ÉVALUATION AU FIL DE L'EAU

Les élèves sont amenés à s'exprimer à l'oral sur le fonctionnement d'un objet. À l'oral, les justifications données par les élèves sont générales, plus complètes et plus riches que lors des évaluations écrites. De plus, par son questionnement, l'enseignant peut aider un élève à préciser ou à structurer son argumentaire.

Décrire un objet technique par un schéma (représentation du fonctionnement de l'objet) et un croquis (ce que l'on observe)		**OUI/NON**
L'objet est correctement nommé et les éléments qui le composent sont identifiés	*Chaque élément de la lampe est listé.*	
La fonction de l'objet est identifiée	*La fonction de chaque élément est donnée correctement.*	
Le fonctionnement de l'objet est compris	*La conversion d'énergie chimique en énergie électrique puis en énergie lumineuse est décrite.*	

Participer à l'élaboration et à la conduite d'un projet / Proposer et/ou suivre un protocole expérimental	OUI/NON
L'espace de travail est propre, le matériel est utilisé avec précaution.	
L'élève respecte sa place dans le groupe et prend en compte le travail des autres.	

Concevoir et réaliser une maquette pour modéliser un objet technique	OUI/NON
Les différentes étapes du protocole de fabrication sont suivies ou décrites.	
La réalisation fonctionne.	
En cas de dysfonctionnement, l'élève est en mesure d'apporter une explication, voire de proposer une amélioration.	

ÉVALUATION SOMMATIVE

Proposer la fiche évaluation. Un corrigé est proposé en ressources numériques.

[FICHE ÉVALUATION]

6. Quelle énergie pour s'éclairer ?

Prénom : .... Date : ....

Acquis scolaires de l'élève

Connaissances et compétences associées	Questions associées	Positionnement, objectifs d'apprentissage		
		Non atteints	Partiellement atteints	Atteints
Identifier les formes d'énergie mises en jeu dans un dispositif de conversions d'énergie	1, 2, 3, 4			
Décrire les fonctions assurées par un objet technique	5			

❶ Relie chaque mot à la forme d'énergie lui correspondant.

Éclairage •	• Énergie thermique
Chauffage •	• Énergie mécanique
Mouvement •	• Énergie électrique
Prise de courant •	• Énergie lumineuse

❷ Vrai ou faux ? (Entoure les réponses correctes.)

– Une réaction chimique peut produire de l'énergie électrique. VRAI / FAUX

– Pour allumer une lampe, il faut ouvrir le circuit électrique. VRAI / FAUX

❸ Observe les deux appareils ci-dessous et complète le tableau en choisissant parmi les mots suivants : *énergie chimique / électrique / thermique / mécanique / lumineuse*.

	LE VENTILATEUR	LE GRILLE-PAIN
Quelle(s) forme(s) d'énergie consomment ces appareils ?	Énergie électrique	Énergie électrique
Quelle(s) forme(s) d'énergie fournissent ces appareils ?	Énergie mécanique	Énergie thermique

[FICHE ÉVALUATION (suite)]

6. Quelle énergie pour s'éclairer ?

❹ Cette expérience montre qu'à l'aide d'un citron, d'un fil de cuivre et d'un fil de zinc, il est possible d'allumer une petite lampe.

a) Quelle est la source d'énergie ?

L'énergie vient du citron.

Pour répondre aux questions suivantes, utilise à chaque fois une seule des expressions suivantes :

énergie lumineuse, mécanique, chimique, thermique, électrique.

b) Quelle est la forme d'énergie contenue dans la source que tu as citée à la question 4a ?

Énergie chimique.

c) Quelle forme d'énergie permet d'alimenter la lampe ?

Énergie électrique.

d) Quelle forme d'énergie fournit la lampe (2 réponses possibles) ?

Énergies lumineuse et thermique (l'ampoule chauffe un peu).

❺ Explique comment fonctionne cette lampe. Pour cela, tu peux utiliser les mots : *mouvement, dynamo, énergie, convertir, électrique, mécanique.*

Pour allumer la lampe, il faut mettre en mouvement la dynamo. Cette dernière convertit l'énergie mécanique en énergie électrique.

DOSSIER INTERDISCIPLINAIRE

Comprendre quelques enjeux liés à la protection de la planète

Connaissances et compétences associées

Thème 1 – Décrire un échantillon de matière à l'aide du vocabulaire scientifique et des grandeurs physiques : masse, volume

> Identifier les différents états physiques de la matière de la matière dans la nature, en particulier ceux de l'eau

Thème 4 – Décrire les conditions de la vie terrestre

> Identifier un risque naturel à partir d'un exemple

Adopter un comportement éthique et responsable

> Relier des connaissances acquises en sciences et technologie à des questions de santé, de sécurité et d'environnement

L'IDÉE GÉNÉRALE

Dans ce dossier, il s'agit de partir d'une conception souvent erronée, qui porte à croire que la fonte de la banquise entraine une augmentation du niveau des océans. Cette croyance est suffisamment ancrée pour justifier l'usage de l'**expérimentation** et de la **modélisation** du réel. Ces modalités d'apprentissage sont d'ailleurs clairement valorisées par les nouveaux programmes.

OBJECTIFS DU DOSSIER

Ce dossier articule des compétences mathématiques et scientifiques et contribue à développer des repères spatiaux et temporels dans un contexte géographique. Il relie des questions scientifiques à des enjeux économiques, sociaux et environnementaux.

Par exemple : Lohachara Island est une ile du delta du Gange qui a été évacuée dans les années 1980, obligeant le déplacement de 6 000 familles vers l'ile voisine, déjà partiellement immergée.

Modéliser des problèmes concrets permet à l'élève d'être acteur d'un raisonnement à la fois complexe et abordable. Pour y parvenir, il s'inscrit dans un raisonnement expérimental lié à une démarche et à des outils mathématiques et numériques.

ÉTAPE 1 — PRODUIRE UN GRAPHIQUE REPRÉSENTANT LA RÉPARTITION DES OCÉANS SUR LA TERRE

Objectif :

Mathématiques :

– **Modéliser :** Reconnaitre des situations réelles pouvant être modélisées.
– **Représenter :** Utiliser des outils pour représenter un problème : dessins, schémas.
– **Comprendre et utiliser des fractions simples.**
– Reconnaitre et **résoudre des problèmes** relevant de la proportionnalité en utilisant une procédure adaptée.

Matériel : globe terrestre, crayons de couleur, cahier de l'élève p. 24.

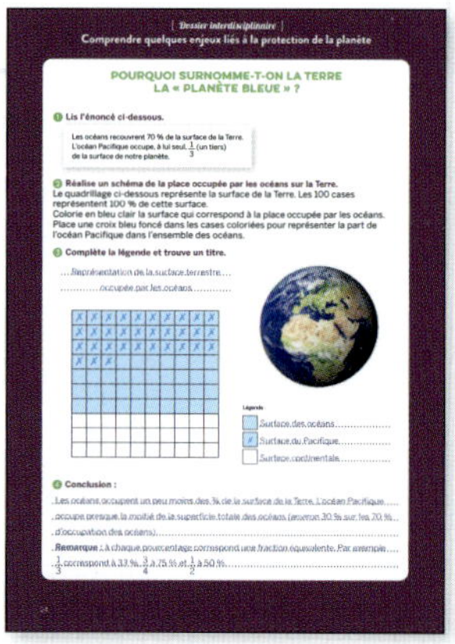
[Dossier interdisciplinaire]
Comprendre quelques enjeux liés à la protection de la planète

POURQUOI SURNOMME-T-ON LA TERRE LA « PLANÈTE BLEUE » ?

1 Lis l'énoncé ci-dessous.

Les océans recouvrent 70 % de la surface de la Terre. L'océan Pacifique occupe, à lui seul, $\frac{1}{3}$ (un tiers) de la surface de notre planète.

2 Réalise un schéma de la place occupée par les océans sur la Terre.
Le quadrillage ci-dessous représente la surface de la Terre. Les 100 cases représentent 100 % de cette surface.
Colorie en bleu clair la surface qui correspond à la place occupée par les océans. Place une croix bleu foncé dans les cases coloriées pour représenter la part de l'océan Pacifique dans l'ensemble des océans.

3 Complète la légende et trouve un titre.

Représentation de la surface terrestre occupée par les océans

4 Conclusion :
Les océans occupent un peu moins des ¾ de la surface de la Terre. L'océan Pacifique occupe presque la moitié de la superficie totale des océans (environ 30 % sur les 70 % d'occupation des océans).
Remarque : À chaque pourcentage correspond une fraction équivalente. Par exemple $\frac{1}{3}$ correspond à 33 %, $\frac{3}{4}$ à 75 % et $\frac{1}{2}$ à 50 %.

1) INTERROGER LES ÉLÈVES.

> **Pourquoi appelle-t-on la Terre « la planète bleue » ?** *Car les mers et océans occupent une place importante sur la planète. Vue de l'espace, la Terre est essentiellement bleue.*

2) REPRÉSENTER LES DONNÉES D'UN ÉNONCÉ MATHÉMATIQUE SOUS FORME DE SCHÉMA EXPLICATIF.

Réaliser l'activité sur le cahier p. 24.

ÉTAPE 2 — COMPRENDRE POURQUOI LE NIVEAU DES OCÉANS S'ÉLÈVE

Objectif : Relier certains phénomènes naturels (tempêtes, inondations, tremblements de terre) à des risques pour les populations.

Sciences :

Phénomènes traduisant l'activité externe de la Terre : phénomènes météorologiques et climatiques ; évènements extrêmes (tempêtes, cyclones, inondations et sècheresses…).

Compétence du socle : Coopérer en développant le travail en groupe et le travail collaboratif.

Matériel : supports documentaires ; bacs transparents, glaçons ; pots en verre avec opercule étanche ; pailles transparentes ; cahier de l'élève p. 25.

POURQUOI LE NIVEAU DES OCÉANS S'ÉLÈVE-T-IL ?

1 Lis le document et observe les photos.

Document · Qu'est-ce qui provoque la montée des eaux ?

Le réchauffement atmosphérique que connait notre planète actuellement fait grimper la température des océans. Or « **l'eau chaude prend toujours plus de place que l'eau froide car les molécules d'eau se séparent** », nous explique Julie Deshayes, chercheuse au CNRS au laboratoire d'océanographie et du climat. Conséquence, le volume des océans se dilate.
Autre élément qui participe à l'augmentation du niveau de nos océans : la fonte des glaces terrestres, formées d'eau douce – les glaciers de montagne et les calottes polaires antarctiques et groenlandaises. Les glaciers de montagne représentent un volume « **plutôt faible** », précise Julie Deshayes. En revanche celui des calottes polaires, notamment l'Antarctique, est conséquent.
Source : Léa Boistault, sur le site de Ouest France, mis en ligne le 31/01/2023

2 D'après le document, cite les deux principales causes de l'augmentation du niveau des océans.
• La fonte des glaciers
• La dilatation des océans due à leur réchauffement

3 Schématise les deux expériences que tu as faites pour montrer l'effet de la fonte des glaces sur les océans.
a. La fonte de la banquise
b. La fonte de la calotte glaciaire
c. Conclusion :
La fonte des glaciers continentaux entraine une élévation du niveau des océans.
Par contre, la fonte de la banquise n'entraine pas d'élévation du niveau des océans.
La fonte de la banquise est plus rapide que celle des glaciers.

1) LECTURE DOCUMENTAIRE SUR LE RÉCHAUFFEMENT CLIMATIQUE (LA MONTÉE DES OCÉANS, LA FONTE DES GLACIERS, ETC.).

Faire lire le document du cahier de l'élève p. 25.

2) QUESTIONNER LA CLASSE : « POURQUOI LE NIVEAU DES OCÉANS MONTE-T-IL ? »

Les propositions de la classe sont notées sur affiche. Les deux principales causes de la montée du niveau des océans sont des résultats du réchauffement climatique :

• La fonte des glaciers (glace continentale).
• La dilatation des océans due à leur réchauffement.

3) POUR FAIRE LE TRI DES PROPOSITIONS DE LA CLASSE, INVITER LES ÉLÈVES, PAR GROUPE, À EFFECTUER DES EXPÉRIENCES.

• **Expérimentation 1** pour montrer que la fonte de la banquise (glace qui flotte) n'entraine pas d'augmentation du niveau des océans. En revanche, la fonte des glaciers (glace posée sur un support continental) entraine une augmentation du niveau des océans.

L'expérience consiste à placer de l'eau dans deux bacs. Cette eau représente les océans.

Dans le premier bac (**test n° 1**), des glaçons sont plongés dans l'eau dont le niveau est clairement repéré (étiquette, ligne tracée…). Après la fonte des glaçons, on observe le niveau de l'eau : il reste inchangé.

Conclusion : La fonte de la banquise n'entraine pas d'élévation significative du niveau des océans.

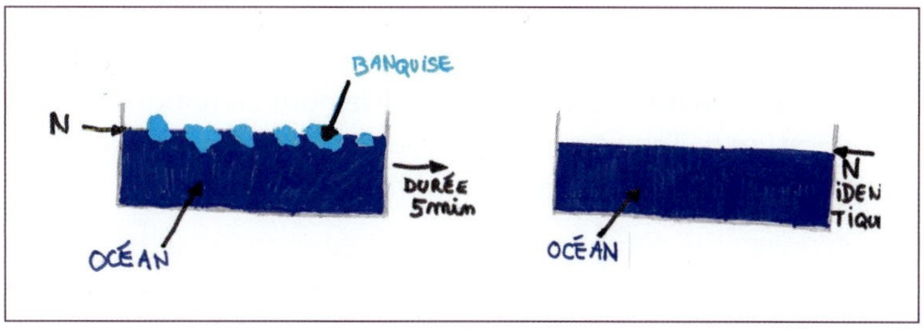

Schéma d'expérience d'un élève.

Dans le second bac (**test n° 2**), les glaçons sont déposés sur un objet reposant sur le fond du bac. Il représente un continent. Comme dans le premier test, on repère le niveau de l'eau en début et en fin d'expérience. Après la fonte des glaçons, on observe que le niveau de l'eau s'est élevé.

Conclusion : La fonte des glaciers entraine une augmentation du niveau des océans.

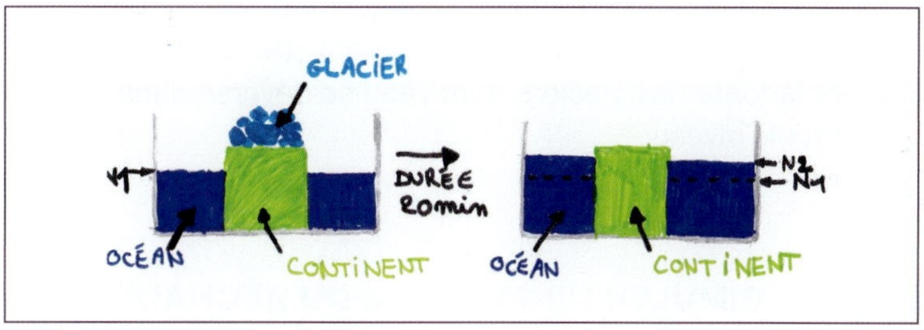

Schéma d'expérience d'un élève.

Les élèves réalisent le schéma de leur expérience sur le cahier et copient la conclusion :

> **Conclusion :** La fonte des glaciers continentaux (glace posée sur un continent) entraine une élévation du niveau des océans.
>
> Par contre, la fonte de la banquise (glace qui flotte dans les océans) n'entraine pas d'élévation du niveau des océans.
>
> La fonte de la banquise est plus rapide que celle des glaciers.

• **Expérimentation 2** pour montrer que l'augmentation de température des océans entraine leur dilatation et par conséquent l'élévation de leur niveau.

Les élèves réalisent l'expérience consistant à réchauffer l'eau contenue dans un flacon en verre totalement rempli. La paille transparente permet d'amplifier le phénomène de dilatation afin de rendre visible l'évolution du niveau de l'eau.

Test n° 1 : le liquide coloré sort du réfrigérateur	**Test n° 2 :** le liquide coloré est laissé à température ambiante	**Test n° 3 :** le liquide coloré est chauffé au bain-marie

Constat : plus la température du liquide est élevée, plus il occupe de place : il « gonfle ».

Conclusion : Lorsque l'on chauffe un liquide, il « gonfle » : cette augmentation de volume s'appelle la **dilatation**. Le réchauffement climatique entraine une augmentation de la température de l'eau des océans. Cette augmentation de température entraine la dilatation qui provoque une élévation de leur niveau.

- Le flacon doit être en verre pour sa rigidité et ses qualités conductrices de la température.
- Le liquide doit occuper tout l'espace du flacon pour que l'effet soit immédiat : s'il renferme de l'air, sa compression retarde la montée du liquide.
- L'étanchéité entre la paille et le couvercle est nécessaire au bon fonctionnement de l'expérience.
- Le niveau du liquide dans la paille symbolise le niveau des océans.

Exemple de trace écrite :

Le réchauffement climatique provoque une augmentation de la température de l'eau des océans qui a pour effet son gonflement (**dilatation**). Ce réchauffement entraine également la fonte des glaciers dont l'eau se déverse dans les océans et contribue à en augmenter le niveau.

ÉTAPE 3 SIMULER L'INFLUENCE DU RÉCHAUFFEMENT CLIMATIQUE SUR L'HABITAT DES HOMMES

Objectif : Familiariser les élèves avec une démarche de questionnement dans les différents champs du savoir.

Numérique éducatif : Les élèves se familiarisent avec différentes sources documentaires, apprennent à chercher des informations dans l'univers numérique.

Matériel : Ordinateur ou tablette connectée à Internet.

Il s'agit de proposer aux élèves une animation multimédia mise en ligne par la fondation *La main à la pâte* (https://fondation-lamap.org/).

1) SUR LA PAGE D'ACCUEIL DU SITE, ALLER DANS L'ONGLET « PRÉPAREZ VOTRE CLASSE », PUIS RECHERCHER LE THÈME « L'OCÉAN, MA PLANÈTE... ET MOI ! »

2) SÉLECTIONNER LE LIEN « RESSOURCES MULTIMÉDIAS », PUIS CHOISIR L'ANIMATION « L'ÉLÉVATION DU NIVEAU DES MERS ».

Les élèves pourront alors visualiser virtuellement différents facteurs dans plusieurs régions (altitude, densité de la population, risque d'inondation, etc.) en comparant l'évolution des prévisionnistes entre aujourd'hui et 2100.

Une fois que les élèves se sont approprié l'outil, leur demander de travailler par groupe sur une région à risque parmi celles proposées dans l'animation : l'État de Louisiane, les Pays-Bas, le delta du Nil, le Bangladesh ou les iles Tuvalu.

ÉTAPE 4 RELEVER UN DÉFI

Objectif : Construire la notion de grandeur et de mesure de la grandeur en résolvant des problèmes faisant appel à différents types de tâches (comparer, estimer, mesurer).

Mathématiques :

Relier les unités de volume et de contenance / Estimer la mesure d'un volume par différentes procédures.

Socle commun :

– **Chercher :** S'engager dans une démarche, observer, questionner, manipuler, expérimenter, émettre des hypothèses, en mobilisant des outils ou des procédures mathématiques déjà rencontrées, en élaborant un raisonnement adapté à une situation nouvelle / Tester, essayer plusieurs pistes de résolution.
– **Modéliser :** Utiliser les mathématiques pour résoudre quelques problèmes issus de situations de la vie quotidienne.
– **Raisonner :** Progresser collectivement dans une investigation en sachant prendre en compte le point de vue d'autrui / Justifier ses affirmations et rechercher la validité des informations dont on dispose.

Matériel : Glaçons, verre doseur (gradué en ml), ruban adhésif ou étiquettes autocollantes, balles de golf.

Dans l'étape 2, le test n° 1 de l'expérience de modélisation de la fonte de la banquise a montré que la glace qui flotte dans l'eau, lorsqu'elle passe à l'état liquide, n'a aucune influence sur le niveau de ce liquide. On va induire le réinvestissement de cet apport empirique en proposant aux élèves de relever un défi.

1) METTRE LES ÉLÈVES AU DÉFI.

> ***Seriez-vous capables de mesurer le volume d'eau contenue dans des glaçons avant qu'ils aient fondu ?***

2) DEMANDER AUX ÉLÈVES, PAR GROUPES DE QUATRE, D'IMAGINER LE PROTOCOLE EXPÉRIMENTAL leur permettant de relever le défi.

Leur présenter le matériel disponible : verre gradué, glaçons, eau, ruban adhésif ou étiquette autocollante.

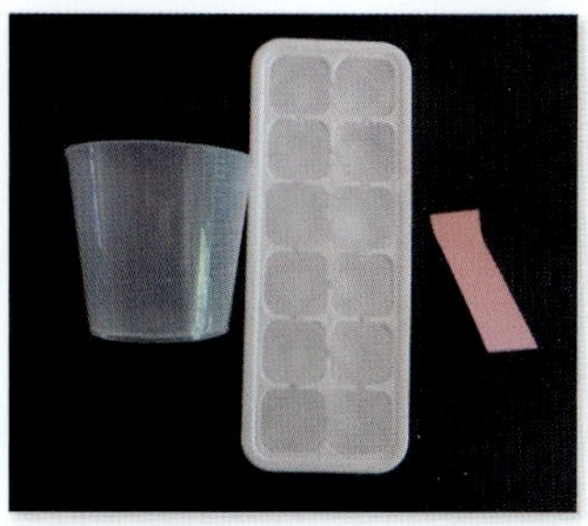

Matériel disponible pour chaque groupe.

Suivant la taille des glaçons, leur volume (d'eau) varie entre 10 et 20 ml. Dans l'expérience photographiée, deux glaçons contiennent 20 ml d'eau.

Le nombre de glaçons à déposer dans le verre dépend de la précision de ce dernier. Dans le cas ci-dessous, 2 glaçons suffisent. Par contre, si le verre est gradué avec une précision de 50 ml, il faudra déposer 3 à 5 glaçons, suivant leur taille.

3) AIDER LES GROUPES QUI N'ARRIVENT PAS À ENTRER DANS L'ACTIVITÉ

> **Utilisez ce que vous avez appris dans le test n° 1 de l'expérience 1 (fonte de la banquise).**

En fin d'expérience, demander de vérifier si le niveau indique toujours le même volume après fonte totale des glaçons.

DÉBUT DE L'EXPÉRIENCE	FIN DE L'EXPÉRIENCE
Verser une certaine quantité d'eau dans le verre gradué. Repérer la graduation pour cette quantité. 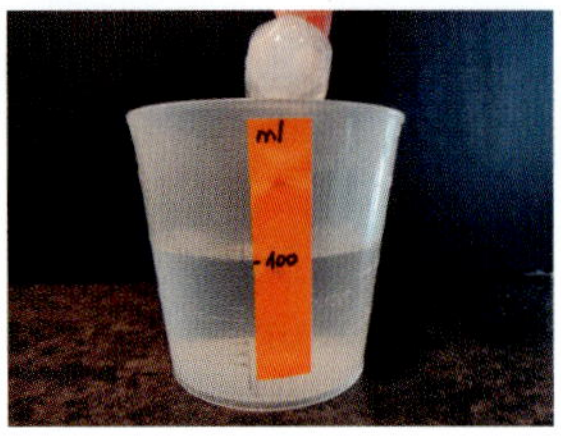 100 ml d'eau.	Déposer les glaçons dans l'eau. Relever le nouveau volume indiqué. La différence de volume indique le volume d'eau contenu dans les glaçons. 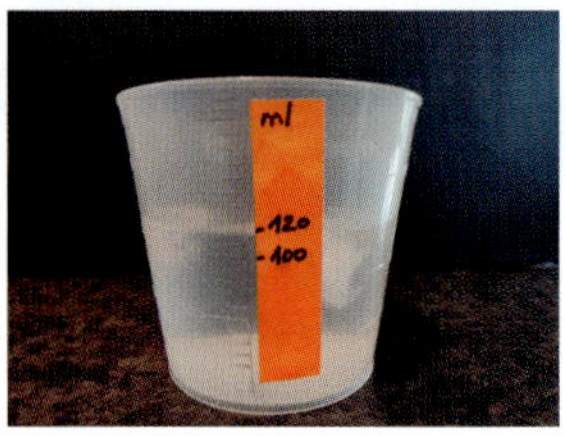 100 ml d'eau + 2 glaçons = 120 ml. Le volume d'eau contenu dans ces deux glaçons est de 20 ml : 120 – 100 = 20.

Exemple de trace écrite :

Comme la fonte d'un glaçon flottant n'a pas d'influence sur le niveau du liquide dans lequel il est plongé, on peut mesurer le volume de l'eau qu'il contient en relevant l'augmentation du niveau de l'eau dans laquelle on le plonge.

4) PROLONGEMENT

Proposez cette nouvelle consigne aux élèves en leur montrant un objet dont on veut mesurer le volume (ici, une balle de golf).

> **Proposez un schéma d'expérience pour mesurer le volume de cet objet.**

Nous attendons que les élèves réinvestissent le travail précédent.

Points de vigilance : choisir un objet coulant (plus dense que l'eau) dont le volume est compatible avec la précision des graduations du verre mesureur afin d'en faciliter la lecture.

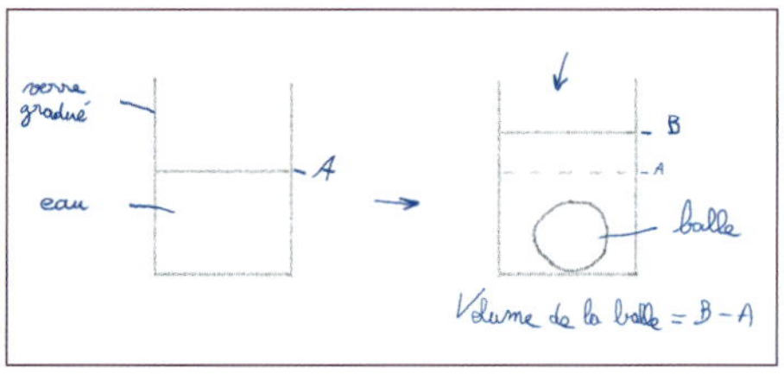

Exemple de proposition attendue

Mettre en commun les propositions des élèves. Ce travail peut être facilité par l'utilisation d'un visualiseur permettant de projeter quelques productions choisies, représentatives des propositions de la classe. Inviter les élèves à critiquer ces schémas en argumentant.

L'hypothèse retenue par le groupe comme étant la plus efficace est testée, pour validation.

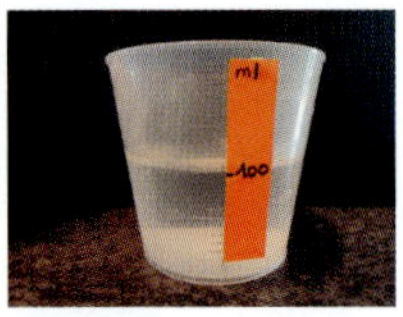

Étape 1 : Le verre gradué est rempli d'une quantité suffisante d'eau en vue de contenir entièrement l'objet. Le niveau d'eau et son volume sont notés.

Étape 2 : L'objet est immergé dans le verre.

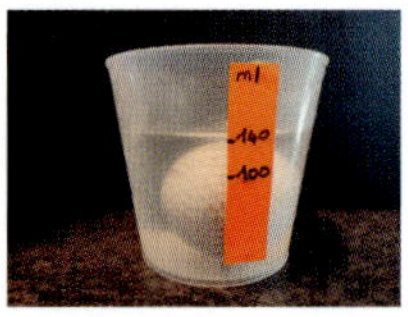

Étape 3 : Le nouveau niveau de l'eau contenant l'objet est noté.

Conclusion : Le volume de l'objet est calculé en faisant la différence entre le volume initial et le volume final. Il s'agit du volume d'eau déplacé après immersion de l'objet, ici 40 ml (140 – 100).

Des liens avec le socle commun et les autres domaines disciplinaires :

Classification d'espèces animales vivant dans les océans. Relation entre les espèces : parenté (SVT).

LE VIVANT,
SA DIVERSITÉ ET LES FONCTIONS QUI LE CARACTÉRISENT

SÉANCE 7

Qui se ressemble s'assemble ?

L'ESSENTIEL À SAVOIR POUR L'ENSEIGNANT•E

LE MONDE VIVANT

Le monde vivant se caractérise à la fois par son unité et par sa diversité. L'unité témoigne d'une origine évolutive commune et s'exprime par le partage de caractères aux différents niveaux du vivant. Tous les êtres vivants sont constitués de cellules et présentent une composition chimique voisine associant matière minérale et matière organique. Pour fabriquer cette matière et ainsi assurer leur survie, les êtres vivants ont besoin d'énergie qu'ils tirent de la nutrition. Par ailleurs, ils se reproduisent – ce qui garantit la pérennité des espèces – et interagissent avec leur environnement. Pour finir, ils évoluent à l'échelle de temps des individus en passant par une succession d'étapes, depuis la naissance jusqu'à la mort. Ils évoluent également à l'échelle des temps géologiques au travers de l'évolution des espèces.

LA CLASSIFICATION – LA PARENTÉ

Classer le vivant est une préoccupation ancienne qui remonte à l'Antiquité. Elle résulte d'une nécessité, celle de mettre de l'ordre dans l'extraordinaire diversité du monde vivant de façon à s'y repérer. La classification actuelle repose sur l'observation des ressemblances entre espèces. Ces ressemblances portent exclusivement sur ce que les espèces ont, et pas sur ce qu'elles n'ont pas, ni sur ce qu'elles font ou comment elles se déplacent, dans quel milieu elles vivent, etc. Les ressemblances héritées d'un ancêtre commun sont appelées **homologies**. La classification construite à partir de l'identification de ces homologies traduit ainsi l'évolution des espèces.

À noter

L'homologie peut être révélée :

– par l'observation d'un plan d'organisation commun

Les membres antérieurs du renard, du dauphin et d'un oiseau ont la même organisation anatomique générale. Les os sont connectés entre eux et avec le reste de l'organisme de la même façon. On peut donc dire que ces membres sont homologues.

– par la mise en évidence de ressemblances dans le déroulement et les stades du développement embryonnaire

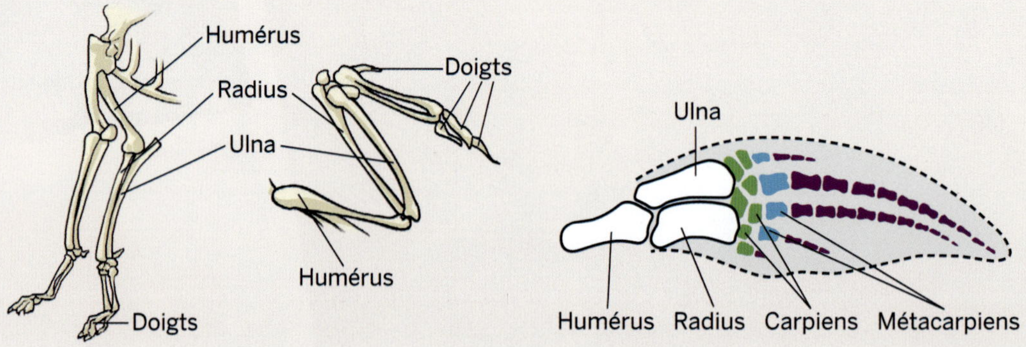

Squelette des membres antérieurs du renard, d'un oiseau et du dauphin

L'ÉVOLUTION : ADAPTATION À SON MILIEU

Il peut arriver qu'au cours de l'évolution des caractères ressemblants apparaissent indépendamment chez des organismes différents. Dans ce cas, on ne peut pas trouver d'ancêtre commun exclusif à ces organismes chez lequel seraient apparues ces ressemblances pour la première fois. Ces ressemblances sont alors appelées **convergences évolutives**.

Le plus souvent, ces convergences évolutives sont le reflet d'une évolution adaptative à des contraintes environnementales identiques. Par exemple, la forme allongée du corps observée chez les dauphins et chez les poissons est une adaptation à la vie en milieu aquatique et ne traduit pas une parenté entre eux. De façon générale, la forme hydrodynamique et la présence de « nageoires », palettes aplaties facilitant le déplacement dans l'eau, sont apparues indépendamment chez de nombreux animaux (poissons, tortues marines, oiseaux manchots, cétacés...). Ces caractéristiques morphologiques sont une réponse adaptative à la contrainte hydromécanique exercée par l'eau sur les corps en mouvement, la forme fuselée étant la moins soumise à ces contraintes.

De la même façon, en milieu terrestre, la forme aérodynamique et les ailes sont apparues de manière indépendante dans différents groupes (oiseaux, insectes, chauvesouris) et sont des adaptations au vol.

Autres exemples de convergences évolutives :

- *le bec de la tortue et le bec du pigeon ;*
- *les yeux et les narines sur le sommet du crâne chez les hippopotames et les crocodiles, une même réponse adaptative pour voir et respirer alors que la majeure partie du corps reste dans l'eau ;*
- *la cécité, l'absence d'oreille, le corps plat et allongé et les pattes puissantes et griffues de la taupe commune et de la taupe d'Australie. La première est apparentée au hérisson alors que la seconde est plus proche du kangourou. La « forme taupe » commune est une adaptation à la vie fouisseuse souterraine ;*
- *l'allure des plantes aquatiques les faisant ressembler à des algues.*

DÉROULEMENT DE LA SÉANCE

Connaissances et compétences associées
- ***Mettre en évidence des liens de parenté entre espèces***

DURÉE : 1 h 40 environ.

ÉTAPE 1 DES ADAPTATIONS MORPHOLOGIQUES AU VOL

DURÉE 30 min environ
ORGANISATION en collectif, en groupe ou en individuel
MATÉRIEL • cahier de l'élève p. 28-29
• photos de l'activité à afficher

1) **OBSERVER TROIS ESPÈCES DISTINCTES.** Afficher les 3 photos.

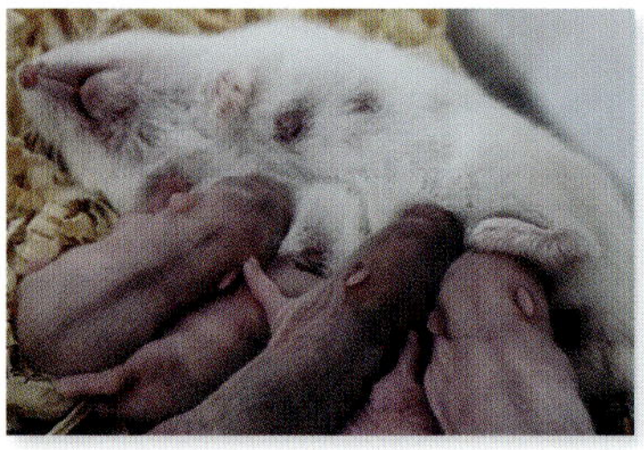

Les élèves reconnaissent une chauvesouris, un hibou et une souris allaitant ses petits.

> **D'après vous, la chauvesouris est-elle plus proche parente du hibou ou de la souris ?**
Laisser les élèves exprimer leurs idées.

2) **OBSERVER ET PRÉLEVER DES INFORMATIONS DANS DES DOCUMENTS.** Inviter les élèves à compléter le tableau du cahier p. 29 en s'aidant de l'observation des photos et des informations contenues dans les documents p. 28-29.

3) **CONCLURE SUR LA PARENTÉ DE LA CHAUVESOURIS.** Une correction est effectuée collectivement.

2 Complète le tableau ci-dessous en t'aidant de l'observation des photos et des informations contenues dans les documents 1 à 3.

	Chauvesouris	Hiboux petit-duc et grand-duc	Souris
De quoi est recouvert le corps ?	De poils	De plumes	De poils
Présence d'oreilles bien visibles ?	Oui	Non	Oui
Présence d'ailes ?	Oui	Oui	Non
Présence de mamelles ?	Oui	Non	Oui

La chauvesouris possède des ailes comme les hiboux petit-duc et grand-duc et est capable de voler. Mais elle possède plus de caractères communs avec la souris – la présence de poils, d'oreilles bien développées et de mamelles. La chauvesouris est donc plus proche parente de la souris que du hibou. Comme la souris, il s'agit d'un mammifère. Le hibou est un oiseau.

ÉTAPE 2 IL Y A AILES ET AILES

DURÉE 30 min environ
ORGANISATION en collectif, en groupe ou en individuel
MATÉRIEL • cahier de l'élève p. 30
• photos d'ailes d'insectes à afficher

1) FAIRE OUVRIR LE CAHIER P. 30 ET OBSERVER LE SCHÉMA DES 2 SQUELETTES PRÉSENTÉS.
Faire remarquer que la chauvesouris et le hibou possèdent des ailes qui leur permettent de se déplacer en volant.

> **Ces ailes sont-elles organisées de la même façon ?**

2) RELEVER, DANS LE TABLEAU, LES POINTS COMMUNS ET LES DIFFÉRENCES EN S'APPUYANT SUR LES SCHÉMAS.

1 Observe les schémas et complète le tableau.

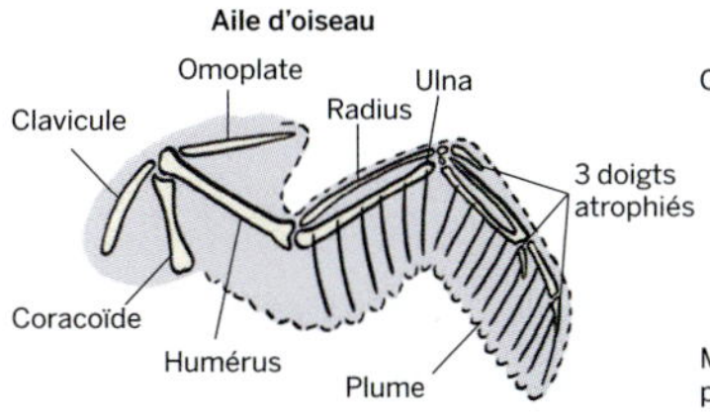

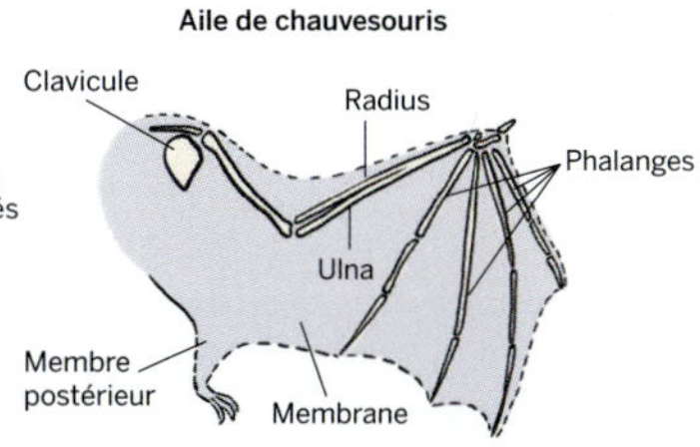

Points communs	Différences
Un squelette interne avec les mêmes os.	• Une membrane reliant les os de l'aile jusqu'à la cheville chez la chauvesouris. • Des plumes accrochées aux os chez les oiseaux.

> **Connaissez-vous d'autres animaux que les oiseaux et les chauvesouris qui possèdent des ailes ?** *Des insectes.*

> **Les ailes des insectes possèdent-elles un squelette interne ?** *Non. Ajouter que généralement, elles sont membraneuses, parfois recouvertes d'écailles, comme chez les papillons. Parfois, elles sont rigides comme les ailes antérieures de la coccinelle. Compléter, si possible, en montrant des photos ( ).*

> **En quoi la forme des ailes favorise-t-elle le vol ?** *Quand elles sont déployées, elles permettent de prendre appui sur l'air.*

La conclusion suivante sera établie et reportée sur le cahier p. 30 :

> Les ailes des animaux ne sont pas toutes organisées exactement de la même façon mais elles ont en commun le fait de présenter une grande surface plane qui permet de prendre appui sur l'air et donc de se déplacer. Elles constituent ainsi des structures adaptées au vol.

Faire remarquer pour finir que tous les animaux qui volent ont des ailes mais tous ceux qui ont des ailes ne se déplacent pas forcément en volant. C'est le cas de certains oiseaux (manchots, autruches, émeus...) ou encore de certains insectes (ténébrion, scarabées...).

ÉTAPE 3 — DES ADAPTATIONS MORPHOLOGIQUES À LA VIE EN MILIEU AQUATIQUE

DURÉE 30 min environ
ORGANISATION en collectif, en groupe ou en individuel
MATÉRIEL • cahier de l'élève p. 31-32
• photos de l'activité à afficher

1) OBSERVER ET SE QUESTIONNER. Afficher les 2 photos.

Les élèves reconnaissent des dauphins et un requin.

> D'après vous, les dauphins et les requins sont-ils proches parents ?
Il est vraisemblable que les élèves soulignent la ressemblance d'allure et le fait qu'ils vivent tous deux en milieu aquatique.

2) OBSERVER ET PRÉLEVER DES INFORMATIONS DANS DES DOCUMENTS. Les élèves sont invités à compléter le tableau du cahier p. 32 en s'aidant de l'observation des photos et des informations contenues dans les documents p. 31-32.

3) CONCLURE SUR LA PARENTÉ ENTRE DAUPHIN ET REQUIN. Une correction est effectuée collectivement.

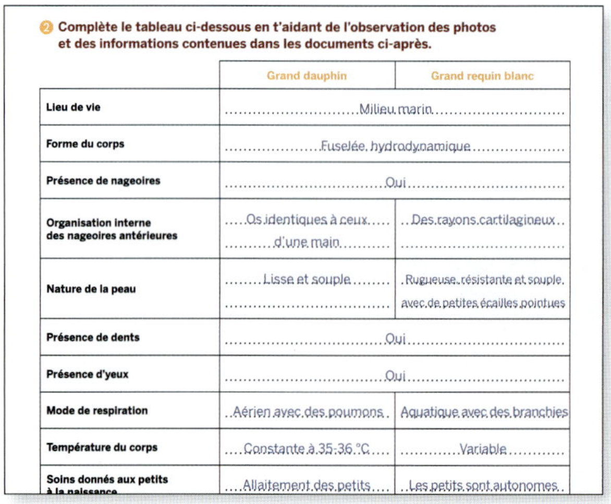

2 Complète le tableau ci-dessous en t'aidant de l'observation des photos et des informations contenues dans les documents ci-après.

	Grand dauphin	Grand requin blanc
Lieu de vie	Milieu marin	
Forme du corps	Fuselée, hydrodynamique	
Présence de nageoires	Oui	
Organisation interne des nageoires antérieures	Os identiques à ceux d'une main	Des rayons cartilagineux
Nature de la peau	Lisse et souple	Rugueuse, résistante et souple, avec de petites écailles pointues
Présence de dents	Oui	
Présence d'yeux	Oui	
Mode de respiration	Aérien avec des poumons	Aquatique avec des branchies
Température du corps	Constante à 35-36 °C	Variable
Soins donnés aux petits à la naissance	Allaitement des petits	Les petits sont autonomes

> **Qu'est-ce qui permet au dauphin et au requin de se déplacer avec rapidité dans l'eau ?**
Leurs corps en forme de fusée et la présence de nageoires bien développées.
Ajouter que ces caractéristiques, partagées avec de nombreux autres animaux marins ou d'eau douce, sont une adaptation à la vie en milieu aquatique.

> **Quels caractères spécifiques les dauphins possèdent-ils par rapport aux requins ?**
La présence d'os dans les nageoires, la présence de poumons pour respirer dans l'air, une température corporelle constante et l'allaitement des petits.

> **Avec quels animaux les dauphins pourraient-ils partager ces caractéristiques ?**
Les élèves proposeront vraisemblablement des exemples d'animaux marins comme les baleines ou encore les orques. Le terme ***mammifère*** pourra être énoncé. Si des élèves s'étonnent de l'absence de poils et de pattes postérieures et de la présence de nageoires chez le dauphin, contrairement aux mammifères terrestres, expliquer que les poils et les pattes postérieures ont disparu au cours de l'évolution et que les nageoires sont en fait des pattes transformées pour se déplacer plus facilement dans l'eau.

Établir la conclusion suivante :

Les dauphins et les requins se ressemblent par la forme de leur corps et la présence de nageoires, ce qui en fait des organismes **adaptés à la vie en milieu marin**. Toutefois, ils diffèrent aussi par de nombreux caractères. Ainsi, les requins sont des **poissons à squelette cartilagineux** (comme la raie ou la roussette) alors que les dauphins sont des **mammifères**.

ÉTAPE 4 SYNTHÈSE

DURÉE 10 min environ
ORGANISATION en collectif
MATÉRIEL • cahier de l'élève p. 32

CONSTRUIRE COLLECTIVEMENT LA TRACE ÉCRITE. L'écrire au tableau pour que les élèves la recopient sur leur cahier.

Exemple de trace écrite :

Les animaux qui se ressemblent sont-ils forcément proches parents ? Pas toujours. Si la chauvesouris ressemble au hibou, elle est pourtant plus proche parente de la souris. Si le dauphin ressemble au requin, il est pourtant plus proche parent de la baleine. Des animaux peuvent ainsi se ressembler parce qu'ils vivent dans le même milieu et ont développé les mêmes caractéristiques physiques pour s'y adapter (des ailes pour se déplacer dans l'air ou un corps fuselé et des nageoires pour se déplacer dans l'eau).

Lexique :

Parenté (relation de) : deux espèces sont considérées comme proches parentes si leurs ressemblances sont héritées au cours de l'évolution d'un ancêtre commun.
Espèce : ensemble des êtres vivants pouvant se reproduire entre eux et dont les descendants peuvent se reproduire également entre eux.
Évolution : correspond aux phénomènes impliqués dans la transformation des espèces au cours du temps.
Adaptation : une espèce est adaptée à son environnement de vie si ses caractéristiques physiques et biologiques lui permettent de survivre dans cet environnement et d'avoir une descendance.

ÉVALUATION QUI SE RESSEMBLE S'ASSEMBLE ?

MATÉRIEL • Fiche évaluation et son corrigé

ÉVALUATION AU FIL DE L'EAU

La séance s'appuie sur l'exploitation de documents intégrant photos et/ou textes et schémas. Elle valorise l'observation et l'extraction d'informations en vue de répondre à une question.

Ces compétences sont travaillées à chacune des étapes et peuvent faire l'objet d'une évaluation formative et s'intégrer dans un suivi des acquis des élèves tout au long de l'année, voire du cycle. Le tableau ci-dessous propose des indicateurs ou critères observables qui permettront à l'enseignant d'évaluer simplement et rapidement le niveau de maitrise de la compétence : « Exploiter un document constitué de divers supports (texte, schéma, graphique, tableau, algorithme simple, carte heuristique) ». Tous les élèves ne seront peut-être pas évalués pendant une séance mais pourront l'être sur différentes séances mettant en jeu cette compétence.

	Maitrise insuffisante	**Maitrise fragile**	**Maitrise satisfaisante**	**Maitrise très satisfaisante**
Exploiter un document constitué de divers supports (texte, schéma, graphique, tableau, algorithme simple, carte heuristique)	*Aucune information n'a été trouvée dans les documents et/ou l'élève propose une réponse sans prendre en compte les documents.*	*Des informations ont été trouvées dans les documents mais beaucoup manquent. La réponse de l'élève est très incomplète.*	*Pratiquement toutes les informations utiles ont été trouvées pour répondre à la question.*	*Toutes les informations utiles ont été identifiées et mises en relation pour répondre à la question.*

ÉVALUATION SOMMATIVE

Distribuer la fiche évaluation. Un corrigé est proposé en ressources numériques.

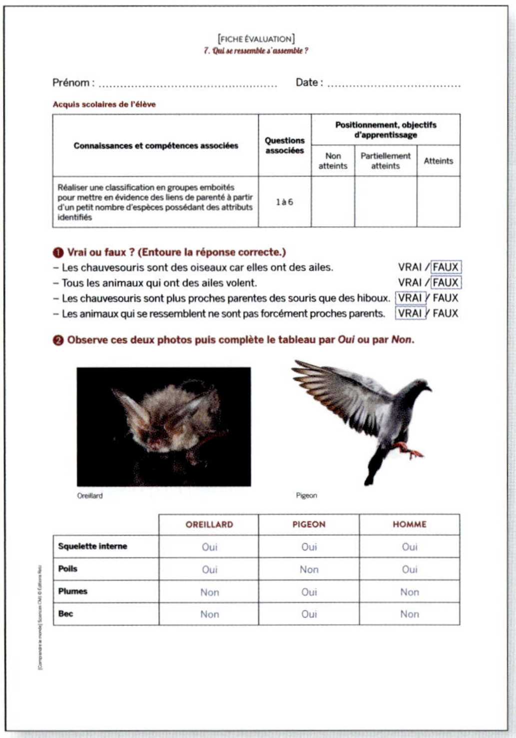

[FICHE ÉVALUATION]

7. Qui se ressemble s'assemble ?

Prénom : .... Date : ....

Acquis scolaires de l'élève

Connaissances et compétences associées	Questions associées	Positionnement, objectifs d'apprentissage		
		Non atteints	Partiellement atteints	Atteints
Réaliser une classification en groupes emboités pour mettre en évidence des liens de parenté à partir d'un petit nombre d'espèces possédant des attributs identifiés	1 à 6			

❶ Vrai ou faux ? (Entoure la réponse correcte.)

– Les chauvesouris sont des oiseaux car elles ont des ailes. VRAI / [FAUX]
– Tous les animaux qui ont des ailes volent. VRAI / [FAUX]
– Les chauvesouris sont plus proches parentes des souris que des hiboux. [VRAI] / FAUX
– Les animaux qui se ressemblent ne sont pas forcément proches parents. [VRAI] / FAUX

❷ Observe ces deux photos puis complète le tableau par *Oui* ou par *Non*.

Oreillard

Pigeon

	OREILLARD	PIGEON	HOMME
Squelette interne	Oui	Oui	Oui
Poils	Oui	Non	Oui
Plumes	Non	Oui	Non
Bec	Non	Oui	Non

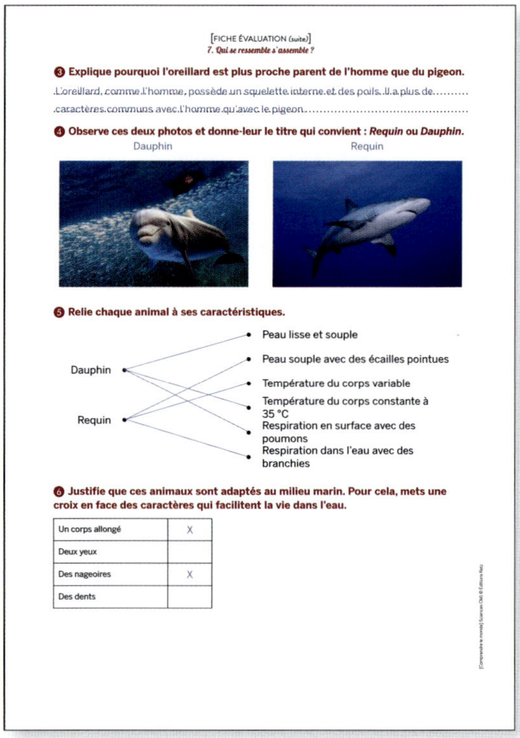

[FICHE ÉVALUATION (suite)]

7. Qui se ressemble s'assemble ?

❸ Explique pourquoi l'oreillard est plus proche parent de l'homme que du pigeon.

L'oreillard, comme l'homme, possède un squelette interne et des poils. Il a plus de caractères communs avec l'homme qu'avec le pigeon.

❹ Observe ces deux photos et donne-leur le titre qui convient : *Requin* ou *Dauphin*.

Dauphin — Requin

❺ Relie chaque animal à ses caractéristiques.

Dauphin • — • Peau lisse et souple
Requin • — • Peau souple avec des écailles pointues
• Température du corps variable
• Température du corps constante à 35 °C
• Respiration en surface avec des poumons
• Respiration dans l'eau avec des branchies

❻ Justifie que ces animaux sont adaptés au milieu marin. Pour cela, mets une croix en face des caractères qui facilitent la vie dans l'eau.

Un corps allongé	X
Deux yeux	
Des nageoires	X
Des dents	

SÉANCE 8

Comment adapter notre alimentation à nos besoins ?

L'ESSENTIEL À SAVOIR POUR L'ENSEIGNANT•E

Se nourrir est une fonction importante du vivant car elle permet de satisfaire les besoins de l'organisme. Chez l'être humain, l'acte de se nourrir revêt en outre une dimension sociale, plus ou moins marquée en fonction des cultures, dans laquelle le plaisir peut y trouver une place. Plaisir des sens qui sont sollicités (vue, odorat, goût, éventuellement toucher), mais aussi plaisir de partager des plats dans un moment de convivialité.

LES BESOINS DE L'ORGANISME

Fondamentalement, l'acte alimentaire est un acte de survie qui vise à apporter à l'organisme les matières premières dont il a besoin. Ces besoins concernent l'édification de l'organisme (notamment pendant la période de croissance), mais aussi le renouvèlement et la réparation des tissus (processus de cicatrisation). Pour assurer son fonctionnement (mouvements divers, activités cardiaque, respiratoire, cérébrale...), l'organisme a également besoin d'énergie. La couverture de ces besoins est fonction des aliments ingérés, leur valeur énergétique dépendant en effet de leur composition. On distingue classiquement deux catégories de constituants alimentaires : les constituants minéraux – eau et sels minéraux (calcium, fer, magnésium, potassium, phosphore, sodium, fluor, iode, zinc,...) – et les constituants organiques – **lipides** (ou graisses), **glucides** (ou sucres), **protides** (ou protéines) et **vitamines**. Seul le **métabolisme** des constituants organiques lipides, glucides et protides fournit de l'énergie. Celle-ci est exprimée en kilojoules (unité internationale) ou en kilocalories (unité courante ; 1 kcal = 4,18 kJ). 1 g de lipides fournit ainsi 9 kcal alors que 1 g de glucides ou 1 g de protides fournit 4 kcal.

> **➔ Le métabolisme**
> *C'est l'ensemble des réactions chimiques qui permettent d'assurer le bon fonctionnement de l'organisme.*

LES BESOINS ÉNERGÉTIQUES

Des besoins qui varient en fonction des âges de la vie

VARIATION DES BESOINS ÉNERGÉTIQUES EN KCAL/JOUR		
Enfants		
De 1 à 3 ans De 4 à 6 ans De 7 à 9 ans	1 364 1 818 2 201	
Adolescents	**Garçons**	**Filles**
De 10 à 12 ans De 13 à 15 ans De 16 à 19 ans	2 608 2 895 3 062	2 344 2 488 2 321
Adultes	**Hommes**	**Femmes**
De 20 à 40 ans	2 700	2 200
De 41 à 75 ans	2 500	2 000

Tableau 1 • Variation des besoins énergétiques journaliers en fonction des âges de la vie.

Au cours de sa première année de vie, les besoins énergétiques du bébé progressent fortement en relation avec sa croissance. Son poids triple et sa taille augmente de plus de 50 % par rapport à celle de la naissance. Entre 4 et 9 ans, la croissance se réalise à un rythme moins soutenu. Les enfants grandissent en moyenne de 5 à 6 cm et prennent 3 kg par an. La puberté est marquée par une forte poussée de croissance se manifestant entre 11 et 15 ans chez les filles et plus tardivement, entre 13 et 16 ans, chez les garçons. Chez l'adulte, les besoins ne sont plus aussi importants qu'à l'adolescence et ils diminuent avec l'âge.

Des différences filles/garçons particulièrement marquées à l'adolescence

À l'adolescence, les besoins énergétiques des jeunes filles sont très importants en relation avec le déclenchement des menstruations. Une réserve de masse de graisse (tissu adipeux) se met en place (en moyenne 7,5 kg contre 3 kg chez les garçons), s'accumulant au niveau des hanches, des fesses, des bras et de la poitrine. Elle joue un rôle important dans la production des hormones sexuelles féminines (œstrogènes). Chez les garçons, la puberté se caractérise davantage, comparativement aux filles, par un gain de masse maigre liée au développement musculaire, en moyenne de 31 kg contre 15 kg chez les filles. La masse maigre ayant un métabolisme plus élevé (dépenses énergétiques plus fortes) que la masse grasse, ceci explique le fait que les adolescents aient des besoins énergétiques moyens plus importants que ceux des adolescentes.

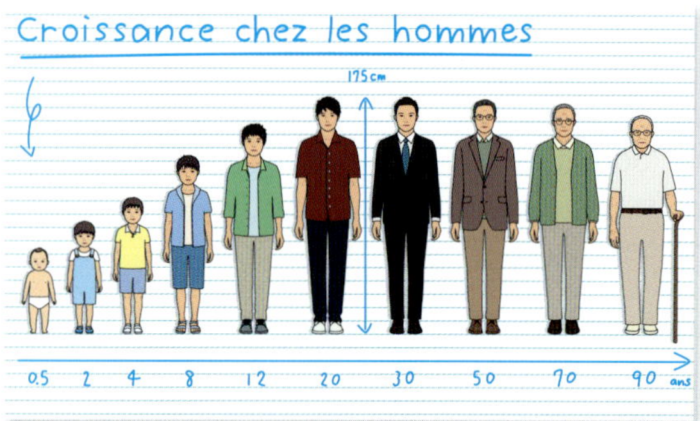

Des besoins énergétiques qui varient en fonction du niveau d'activité

VARIATION DES BESOINS ÉNERGÉTIQUES EN KCAL/J		
Adultes entre 20 et 40 ans	**Hommes**	**Femmes**
Activité physique réduite	2 105	1 794
Activité physique moyenne	2 703	2 010
Activité physique importante	2 990	2 201

Tableau 2 • Variation des besoins énergétiques journaliers en fonction du niveau d'activité.

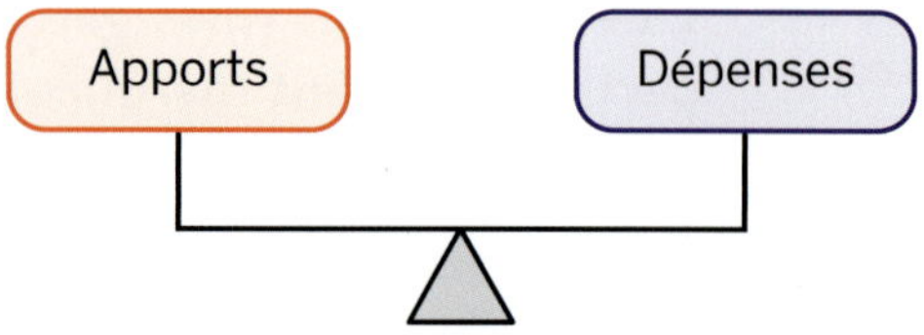

Bilan énergétique équilibré

Lorsque le niveau d'activité augmente, les dépenses de l'organisme augmentent également. L'alimentation doit compenser ces dépenses supplémentaires et permettre un retour à l'équilibre.

AUTRES BESOINS SPÉCIFIQUES DURANT LA PÉRIODE DE CROISSANCE ET LA PUBERTÉ

À partir de 10 ans et pendant toute la période de l'adolescence, les apports en calcium, magnésium, fer et vitamines doivent être particulièrement surveillés.

Le **calcium** contribue en effet à la formation du squelette et des dents et au maintien de leur intégrité. Il joue également un rôle dans le fonctionnement du système nerveux, la coagulation du sang ou encore l'activation de nombreuses réactions biochimiques de l'organisme. L'apport conseillé est de l'ordre de 1 200 mg par jour. Pour atteindre cette valeur, il est recommandé de consommer 4 produits laitiers quotidiennement. D'autres aliments sont sources de calcium, comme certaines eaux minérales, certains fruits secs (amandes, noisettes, pistaches, figues, dattes…), certains légumes verts (épinards, brocolis, bettes, radis noir cru…), mais aussi les sardines et les anchois en conserve. Or on constate, notamment chez les adolescentes, une consommation insuffisante de calcium, ce qui risque de favoriser une fragilisation de leur squelette, voire une ostéoporose précoce.

La **vitamine D** est également importante car elle intervient dans la fixation du calcium par les os. Elle est naturellement produite dans la peau sous l'action des rayonnements du soleil. Certains aliments sont également source de vitamine D, notamment les poissons gras

L'ostéoporose

C'est une diminution de la densité minérale osseuse. Cette maladie touche plus fréquemment les femmes après 50 ans et suite à la ménopause. Contrairement à une idée répandue, l'insuffisance en calcium n'est pas la première cause de cette pathologie. Ce serait le manque d'activité physique limitant le retour veineux et la minéralisation des os. D'autres facteurs seraient impliqués comme l'hérédité, la maigreur, une ossature fine, le tabac, l'alcool, le manque de vitamine K ou de vitamine D, certains traitements.

(maquereau, sardine, saumon, hareng), les œufs, les fromages, les laits et laitages enrichis. Des études chez les jeunes de 10 à 17 ans ont mis en évidence, pendant l'hiver où l'ensoleillement est faible, des taux de vitamine D dans le sang inférieurs à la normale, justifiant qu'une supplémentation soit proposée par le médecin.

La **vitamine C** quant à elle est impliquée dans le fonctionnement du système immunitaire. Présente dans les fruits et légumes, elle peut faire défaut chez certains adolescents qui se détournent de ce type d'aliments. Un apport quotidien d'environ 110 mg est recommandé.

Le **magnésium** contribue au bon fonctionnement des muscles et du système nerveux. Il est très présent dans les fruits de mer, les fruits et légumes secs et les céréales complètes, aliments qui ne sont pas toujours consommés par les adolescents.

Les apports en **fer** sont aussi à surveiller car s'ils sont insuffisants, ils peuvent être à l'origine d'une anémie. L'adolescence est particulièrement concernée par cette carence en raison de la forte augmentation de la masse musculaire et du volume sanguin chez tous et de l'apparition des règles chez les filles. En effet, le fer est l'un des constituants de l'hémoglobine, molécule de transport du dioxygène dans le sang et de la myoglobine, son équivalent dans les muscles, d'où des besoins plus importants à cette période. Les sources de fer dans notre alimentation sont les viandes, abats, poissons et fruits de mer, légumes secs (lentilles, haricots blancs, pois chiches...) et céréales complètes.

Le saviez-vous ?

Les épinards, les lentilles, le persil sont connus pour être des aliments riches en fer, toutefois le fer qu'ils contiennent, comme celui d'autres aliments d'origine végétale, est moins bien assimilé par l'organisme que le fer d'origine animale. La consommation au cours du même repas de vitamine C améliore toutefois cette absorption alors que celle de thé la diminue.

DÉROULEMENT DE LA SÉANCE

Connaissances et compétences associées

• ***Exploiter les données pour expliquer la variation des besoins alimentaires au cours de la croissance et selon l'activité physique.***

• ***Citer quelques comportements alimentaires et règles d'hygiène favorables à la santé (équilibre alimentaire, qualité sanitaire des aliments, brossage des dents, etc.).***

DURÉE : 1 h 30 environ.

Remarque : Au cycle 2, les élèves ont découvert quelques règles d'hygiène de vie, notamment au niveau alimentaire. Ils savent que les différentes catégories d'aliments existent et que chacune a des apports spécifiques. Une première approche sur la notion d'équilibre alimentaire a été proposée.

ÉTAPE 1 — RESTITUER ET RÉINVESTIR SES CONNAISSANCES SUR L'ÉQUILIBRE ALIMENTAIRE

DURÉE 20 min
ORGANISATION collective et individuelle
MATÉRIEL • photo « Conduites alimentaires »
• cahier de l'élève p. 33-34

1) INTRODUIRE LE QUESTIONNEMENT EN AFFICHANT LA PHOTO.

> **Que représente cette photo ?** *Une route qui se sépare en deux et aboutit à des aliments différents. D'un côté, des aliments typiques de la restauration rapide (hamburger, frites, soda), de l'autre des fruits et légumes, symboles d'une alimentation plus saine.*

> **Pensez-vous qu'il faille s'interdire de manger des hamburgers ?**
Convenir, avec les élèves, qu'il est important de se faire plaisir mais à la condition d'équilibrer son alimentation.

> **Que signifie « manger équilibré » ?**
Laisser les élèves exprimer leurs idées puis faire ouvrir le cahier p. 33 correspondant aux objectifs du Programme national nutrition santé (PNNS).

2) OBSERVER LE DOCUMENT DU CAHIER P. 33.

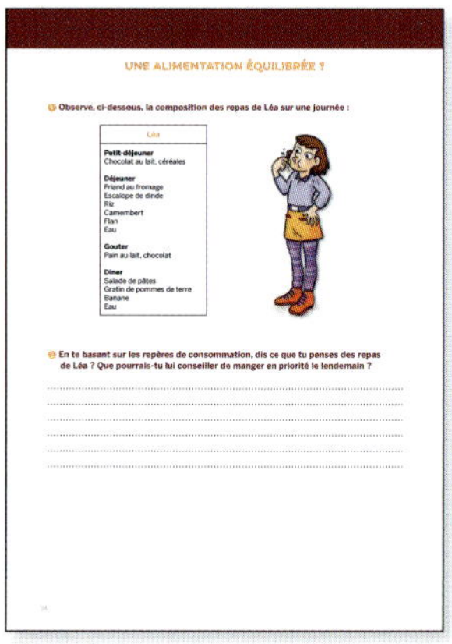

> **Quelles informations apporte ce document ?** *Des conseils pour bien se nourrir.*
Proposer alors de mettre en application ces conseils sur un exemple concret avec le cahier p. 34.

2) LAISSER LES ÉLÈVES RÉPONDRE AUX QUESTIONS. Les repères de consommation sont à leur disposition et/ou projetés au tableau.

3) FAIRE UNE SYNTHÈSE COLLECTIVE.
Léa mange trop peu de fruits et aucun légume vert sur la journée. Il est nécessaire qu'elle en consomme le lendemain. Elle doit faire aussi attention aux excès de graisses (friand au fromage, camembert…).

ÉTAPE 2 DÉCOUVRIR QUE LES BESOINS ALIMENTAIRES VARIENT ET DOIVENT ÊTRE PRIS EN COMPTE POUR ÉQUILIBRER L'ALIMENTATION

DURÉE 20 min
ORGANISATION collective puis en groupes de 4 ou 5
MATÉRIEL • cahier de l'élève p. 35 à 39

1) INTRODUIRE LA SITUATION. Proposer aux élèves de jouer les conseillers nutritionnistes auprès d'une famille composée de deux enfants (Juliette, 7 ans et Hugo, 16 ans), des parents (Céline, 45 ans et Marc, 46 ans) et d'une grand-mère (Maryse, 70 ans). Le portrait de chacun des membres de la famille est projeté ainsi que les informations sur leur mode de vie.

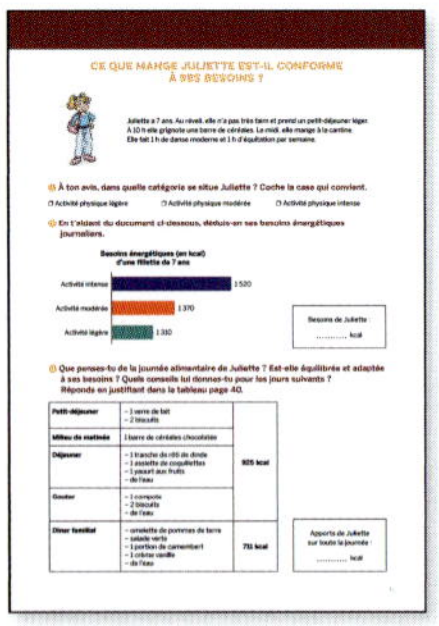
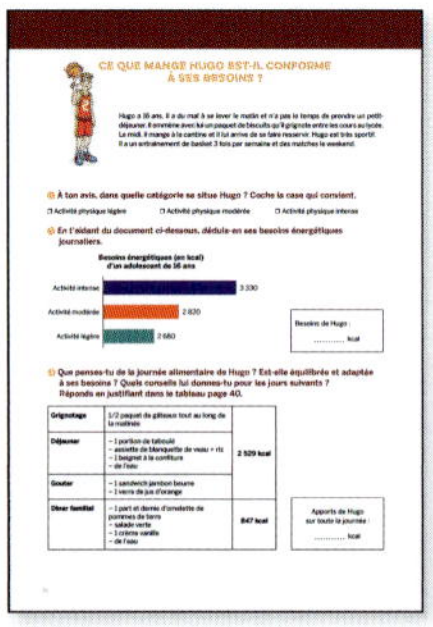
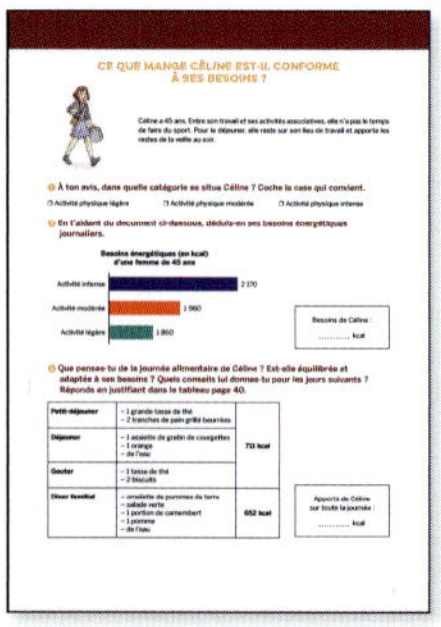
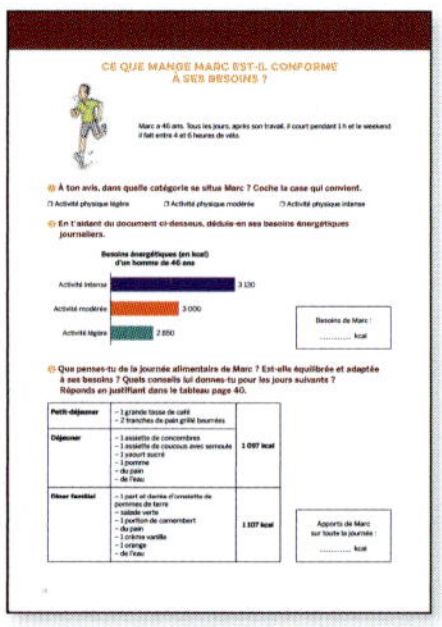
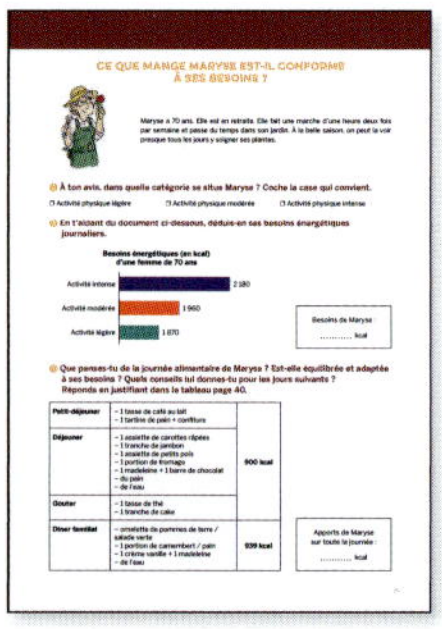

Chacun prend son petit-déjeuner, déjeuner et gouter de son côté, mais la famille se retrouve autour du diner. Les conseillers devront s'assurer que les besoins de chacun sont couverts et que l'équilibre alimentaire est satisfaisant.

> **D'après vous, les membres de cette famille ont-ils les mêmes besoins ?** *Hugo et Marc sont très sportifs. Ils doivent surement avoir des besoins plus importants car il faut beaucoup d'énergie pour faire fonctionner les muscles.*

2) RÉPARTIR LES ÉLÈVES EN CINQ GROUPES POUR FAIRE L'ÉTUDE DE LA JOURNÉE ALIMENTAIRE DE L'UN DES MEMBRES DE LA FAMILLE.

Si besoin, guider les élèves en leur posant une série de questions pour qu'ils identifient la démarche à suivre.

> **Comment allez-vous voir si l'alimentation fournit à chacun suffisamment d'énergie ?** *Il faut commencer par déterminer leurs besoins.*

> **Comment allez-vous vous y prendre ?** *En fonction du mode de vie de chacun, on peut en déduire si son activité est légère, modérée ou intense et ainsi connaitre les besoins.*

> **Quelle est l'unité utilisée pour les besoins ?** *La kilocalorie.*

> **Une fois les besoins identifiés, que faites-vous pour savoir s'ils sont satisfaits ?** *On compare avec l'énergie fournie par les aliments. Pour ça, il faut faire le total sur la journée. Si le total est inférieur aux besoins, l'alimentation n'est pas assez riche. S'il est égal ou supérieur, l'alimentation est assez riche.*

3) FAIRE LA MISE EN COMMUN. Chaque groupe présente successivement son analyse. Au fur et à mesure, les résultats sont reportés au tableau.

	JULIETTE 7 ANS	**HUGO 16 ANS**	**CÉLINE 45 ANS**	**MARC 46 ANS**	**MARYSE 70 ANS**
Activité	modérée	intense	légère	intense	modérée
Besoins en énergie	1 370 kcal	3 330 kcal	1 860 kcal	3 130 kcal	1 960 kcal
Apports alimentation	1 636 kcal	3 376 kcal	1 363 kcal	2 204 kcal	1 839 kcal
Suffisants/besoins ?	Oui	Oui	Non (manque 497)	Non (manque 1 126)	Non (manque 121)

ÉTAPE 3 ÉVALUER L'ÉQUILIBRE ALIMENTAIRE DE LA FAMILLE

DURÉE 20 min
ORGANISATION en collectif puis en groupes de 4 ou 5
MATÉRIEL • cahier de l'élève p. 40 et 41

1) INTRODUIRE L'ACTIVITÉ.

> **À votre avis, est-il possible qu'une personne ait une alimentation suffisante en énergie mais que celle-ci ne soit pas équilibrée ?** Les élèves donnent leurs idées.

> **Comment pouvez-vous vérifier que l'alimentation de chacun des membres de la famille est équilibrée ?** *En nous aidant des « Repères de consommation ».*
Proposer en outre de prendre en compte les « Besoins nutritifs spécifiques en minéraux et vitamines » et présenter le cahier p. 41.

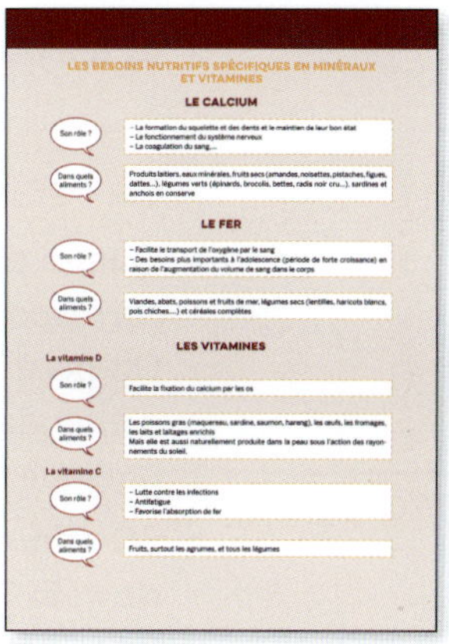
LES BESOINS NUTRITIFS SPÉCIFIQUES EN MINÉRAUX ET VITAMINES

LE CALCIUM

Son rôle ?
- La formation du squelette et des dents et le maintien de leur bon état
- Le fonctionnement du système nerveux
- La coagulation du sang…

Dans quels aliments ?
Produits laitiers, eaux minérales, fruits secs (amandes, noisettes, pistaches, figues, dattes…), légumes verts (épinards, brocolis, bettes, radis noir cru…), sardines et anchois en conserve

LE FER

Son rôle ?
- Facilite le transport de l'oxygène par le sang
- Des besoins plus importants à l'adolescence (période de forte croissance) en raison de l'augmentation du volume de sang dans le corps

Dans quels aliments ?
Viandes, abats, poissons et fruits de mer, légumes secs (lentilles, haricots blancs, pois chiches…) et céréales complètes

LES VITAMINES

La vitamine D

Son rôle ?
Facilite la fixation du calcium par les os

Dans quels aliments ?
Les poissons gras (maquereau, sardine, saumon, hareng), les œufs, les fromages, les laits et laitages enrichis
Mais elle est aussi naturellement produite dans la peau sous l'action des rayonnements du soleil.

La vitamine C

Son rôle ?
- Lutte contre les infections
- Antifatigue
- Favorise l'absorption de fer

Dans quels aliments ?
Fruits, surtout les agrumes, et tous les légumes

2) **FAIRE OUVRIR LE CAHIER P. 40.** Les élèves complètent le bilan pour le membre de la famille étudié en notant les éventuels manques et/ou excès dans sa journée puis en recommandant des aliments pour les jours suivants.

3) **FAIRE LA MISE EN COMMUN.** Chaque groupe expose ses conclusions et ses propositions pour le membre étudié et complète le tableau pour les autres membres.

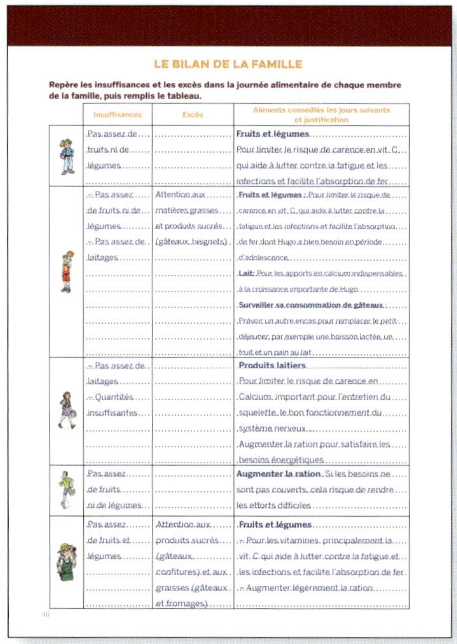

LE BILAN DE LA FAMILLE

Repère les insuffisances et les excès dans la journée alimentaire de chaque membre de la famille, puis remplis le tableau.

	Insuffisances	Excès	Aliments conseillés les jours suivants et justification
	Pas assez de fruits ni de légumes		**Fruits et légumes** Pour limiter le risque de carence en vit. C, qui aide à lutter contre la fatigue et les infections et facilite l'absorption de fer
	– Pas assez de fruits ni de légumes – Pas assez de laitages	Attention aux matières grasses et produits sucrés (gâteaux, beignets)	**Fruits et légumes** : Pour limiter le risque de carence en vit. C, qui aide à lutter contre la fatigue et les infections et facilite l'absorption de fer dont Hugo a bien besoin en période d'adolescence. **Lait** : Pour les apports en calcium indispensables à la croissance importante de Hugo. **Surveiller sa consommation de gâteaux** : Prévoir un autre encas pour remplacer le petit-déjeuner, par exemple une boisson lactée, un fruit et un pain au lait.
	– Pas assez de laitages – Quantités insuffisantes		**Produits laitiers** Pour limiter le risque de carence en Calcium, important pour l'entretien du squelette, le bon fonctionnement du système nerveux... Augmenter la ration pour satisfaire les besoins énergétiques
	Pas assez de fruits ni de légumes		**Augmenter la ration.** Si les besoins ne sont pas couverts, cela risque de rendre les efforts difficiles
	Pas assez de fruits et légumes	Attention aux produits sucrés (gâteaux, confitures) et aux graisses (gâteaux et fromages)	**Fruits et légumes** – Pour les vitamines, principalement la vit. C qui aide à lutter contre la fatigue et les infections et facilite l'absorption de fer. – Augmenter légèrement la ration.

40

ÉTAPE 4 SYNTHÈSE

DURÉE 20 min.
ORGANISATION collective.
MATÉRIEL • cahier de l'élève p. 42
• poster « Des besoins liés à l'âge et à l'activité »

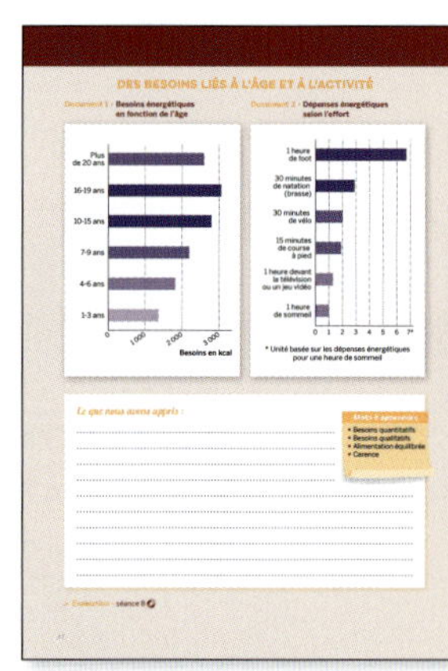

1) **AFFICHER LE GRAPHE MONTRANT LA VARIATION DES BESOINS ÉNERGÉTIQUES SELON L'ÂGE P. 42 DU CAHIER.**
Expliquer comment le lire.

> **Pour quelle tranche d'âge les besoins sont-ils les plus importants ?** *Pour les 16-19 ans.*

> **Comment évoluent les besoins de l'enfant entre 1 et 10 ans ?** *Ils augmentent.*

> **Et les besoins des adultes ?** *Ils diminuent avec la vieillesse.*

2) **AFFICHER LE GRAPHE MONTRANT LA VARIATION DES BESOINS ÉNERGÉTIQUES SELON L'ACTIVITÉ PHYSIQUE.**

> **Quelle est l'activité qui entraine la plus forte dépense énergétique ?** *1 heure de foot car ça correspond à la « barre » la plus longue.*
On peut faire remarquer aux élèves qu'une heure de foot consomme presque sept fois plus d'énergie qu'une heure de sommeil (la longueur de la barre pour une heure de foot est en effet presque sept fois plus longue que celle pour une heure de sommeil).

> **30 minutes de natation conduisent-elles à la même dépense énergétique que 30 minutes de vélo ?** *Non, la dépense est plus forte lorsqu'on nage que lorsqu'on fait du vélo.*
Conclure qu'une heure de foot consomme sept fois plus d'énergie qu'une heure de sommeil.

3) CONSTRUIRE COLLECTIVEMENT LA TRACE ÉCRITE. L'écrire au tableau pour que les élèves la recopient sur leur cahier.

Exemple de trace écrite :

L'alimentation doit couvrir les besoins en quantité et en qualité.

– Les besoins augmentent avec **l'âge**. Ils sont les plus importants au moment de l'adolescence, qui correspond à la période de plus forte **croissance**. Puis ils diminuent à l'âge adulte.
– Les besoins varient aussi en fonction de **l'activité physique**. Plus celle-ci est intense, plus les besoins sont importants.
– **L'organisme** a des **besoins qualitatifs** notamment en **calcium**, **fer** et **vitamines** pour sa croissance, pour la lutte contre les infections ou encore le fonctionnement du système nerveux. Ces éléments doivent être présents dans l'alimentation tout au long de la vie, mais particulièrement à **l'adolescence** où la croissance est très forte.

Lexique :

Besoins quantitatifs : besoins en énergie de l'organisme.
Besoins qualitatifs : besoins en vitamines, calcium, fer… permettant le fonctionnement, l'entretien et la croissance de l'organisme.
Alimentation équilibrée : alimentation qui permet de couvrir les besoins en énergie et en nutriments de l'organisme.
Carence : absence ou présence en quantité insuffisante d'un nutriment dans l'alimentation.

ÉVALUATION COMMENT ADAPTER NOTRE ALIMENTATION À NOS BESOINS ?

MATÉRIEL • Fiche évaluation et son corrigé

ÉVALUATION AU FIL DE L'EAU

La séance s'appuie sur l'exploitation de documents intégrant photos et/ou textes et schémas. Elle valorise l'extraction d'informations en vue de répondre à une question.
Ces compétences sont travaillées à chacune des étapes et peuvent faire l'objet d'une évaluation formative et s'intégrer dans un suivi des acquis des élèves tout au long de l'année, voire du cycle. Le tableau ci-dessous propose des indicateurs ou critères observables qui permettront à l'enseignant d'évaluer simplement et rapidement le niveau de maitrise de la compétence : « Exploiter un document constitué de divers supports (texte, schéma, graphique, tableau, algorithme simple, carte heuristique) ». Tous les élèves ne seront peut-être pas évalués pendant une séance mais pourront l'être sur différentes séances mettant en jeu cette compétence.

	Maitrise insuffisante	Maitrise fragile	Maitrise satisfaisante	Maitrise très satisfaisante
Exploiter un document constitué de divers supports (texte, schéma, graphique, tableau, algorithme simple, carte heuristique)	*Aucune information n'a été trouvée dans les documents et/ou l'élève propose une réponse sans prendre en compte les documents.*	*Des informations ont été trouvées dans les documents mais beaucoup manquent. La réponse de l'élève est très incomplète.*	*Pratiquement toutes les informations utiles ont été trouvées pour répondre à la question.*	*Toutes les informations utiles ont été identifiées et mises en relation pour répondre à la question.*

ÉVALUATION SOMMATIVE

Distribuer la fiche évaluation. Un corrigé est proposé en ressources numériques.

[FICHE ÉVALUATION]

8. Comment adapter notre alimentation à nos besoins ?

Prénom : .... Date : ....

Acquis scolaires de l'élève

Connaissances et compétences associées	Questions associées	Positionnement, objectifs d'apprentissage		
		Non atteints	Partiellement atteints	Atteints
Citer quelques comportements alimentaires et règles d'hygiène favorables à la santé	1, 5			
Exploiter des données pour expliquer la variation des besoins alimentaires au cours de la croissance et selon l'activité physique.	2 à 5			

❶ Vrai ou faux ? (Entoure les réponses correctes.)

Pour une bonne hygiène alimentaire, il faut :
- consommer au moins 5 fruits et/ou légumes par jour — VRAI / FAUX
- éliminer les matières grasses de son alimentation — VRAI / FAUX
- consommer des produits laitiers 3 fois par jour — VRAI / FAUX
- éviter les boissons sucrées entre et pendant les repas — VRAI / FAUX
- limiter la consommation de gâteaux — VRAI / FAUX
- manger des féculents à chaque repas — VRAI / FAUX
- pratiquer une activité physique régulière — VRAI / FAUX

❷ Jules, Théo et Léa sont trois enfants de 7, 11 et 12 ans. D'après le tableau ci-dessous, quels sont leurs besoins énergétiques journaliers ?

ÂGE	BESOINS ÉNERGÉTIQUES EN KILOCALORIES JOURNALIERS
1 à 3 ans	1 400
7 à 10 ans	2 200
Adolescent (de 10 à 19 ans)	2 800
Adolescente (de 10 à 19 ans)	2 400

Jules (7 ans)	2 200 kcal
Théo (11 ans)	2 800 kcal
Léa (12 ans)	2 400 kcal

❸ Explique pourquoi les besoins de Théo et Léa sont plus importants que ceux de Jules.

Les besoins de Théo et Léa sont plus importants que ceux de Jules car ils sont en pleine adolescence, période où la croissance est la plus importante.

[FICHE ÉVALUATION (suite)]

8. Comment adapter notre alimentation à nos besoins ?

❹ Léa a décidé en début d'année scolaire de s'inscrire à plusieurs activités sportives : natation synchronisée, tennis et judo pour un total de 5 heures par semaine.
Comment doit-elle adapter son alimentation ?

> Coche la bonne réponse.

❑ Léa ne doit rien changer à son alimentation.
☑ Léa doit choisir une alimentation plus riche.
❑ Léa doit réduire sa consommation de pâtes.

❺ Observe ci-dessous la composition des repas de Jules, Théo et Léa sur une journée. Quels conseils voudrais-tu leur donner pour les repas des jours suivants ?

Tu peux t'aider de la fiche document 1 : « Repères de consommation des aliments ».

JULES (7 ans)	THÉO (11 ans)	LÉA (12 ans)
Petit-déjeuner Céréales, jus d'orange **Déjeuner** Quiche lorraine Poisson pané Haricots verts Poire Eau, pain **Gouter** Compote, pain, chocolat **Diner** Pâté, salade verte Soufflé de potiron Orange Eau, pain	**Petit-déjeuner** Chocolat au lait, céréales **Déjeuner** Friand au fromage Escalope de dinde Riz Camembert Flan Eau **Gouter** Pain au lait, chocolat **Diner** Salade de pâtes Gratin de pommes de terre Banane Eau	**Petit-déjeuner** Chocolat au lait, pain, beurre **Déjeuner** Carottes râpées Filets de cabillaud aux tomates Riz Yaourt Pomme Eau, pain **Gouter** Une barre de céréales **Diner** Pâtes bolognaises Salade verte Petit-suisse Tarte aux abricots Eau, pain
Tes conseils pour chacun :		
Jules n'a pas consommé de produits laitiers. Il devra en introduire dans son alimentation les jours suivants.	Trop peu de fruits et aucun légume vert sur la journée. Il est nécessaire d'en consommer le lendemain. Attention également à un excès de graisses (friand au fromage, camembert…).	La composition des repas est conforme aux recommandations. Il faut poursuivre dans cette voie.

SÉANCE 9

Comment fabriquer du beurre ?

L'ESSENTIEL À SAVOIR POUR L'ENSEIGNANT•E

LE BEURRE, QU'EST-CE QUE C'EST ?

Le beurre est un aliment 100 % naturel, fabriqué à partir de la crème extraite du lait entier de vache. L'appellation « beurre » est une dénomination juridiquement protégée : le beurre doit être composé d'au moins 80 % de matières grasses laitières.

Il faut 22 litres de lait entier pour fabriquer 1 kg de beurre.

> **Le saviez-vous ?**
> *Le beurre est un aliment des plus anciens : il a fait son apparition il y a plus de 5 000 ans, avec la domestication des vaches !*

LES GRANDES ÉTAPES DE LA FABRICATION DU BEURRE

Du lait à la crème

Pour extraire les matières grasses du lait, il faut dans un premier temps écrémer le lait, autrement dit séparer la crème du lait. Ce processus naturel se fait spontanément car l'eau et les lipides ont tendance à se séparer (on le voit bien quand on tente de mélanger de l'eau et de l'huile !). Si on laisse simplement reposer du lait entier pendant 24 à 48 heures, on peut recueillir régulièrement la crème crue qui remonte à la surface. L'industrie laitière, pour obtenir un écrémage rapide et efficace, utilise une machine

Le beurre est issu du lait, mais ce n'est pas un produit laitier car il rejoint la catégorie alimentaire « Matières grasses ».

Lait → Crème → Beurre

Les composants du lait

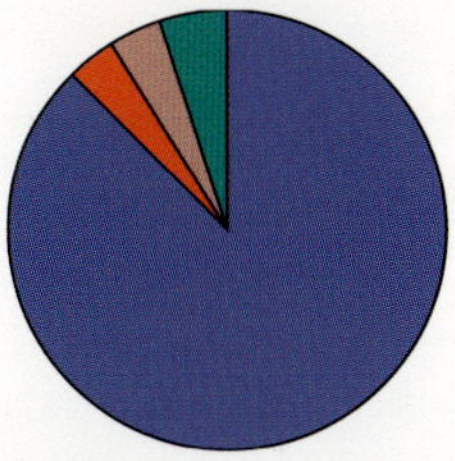

- Eau
- Matières grasses
- Éléments non gras (protéines, sels minéraux)
- Sucres

Les composants de la crème

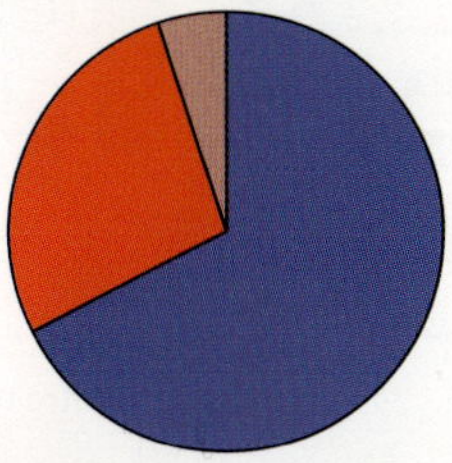

- Eau
- Matières grasses
- Éléments non gras (Protéines, lactose et sels minéraux)

Les composants du beurre

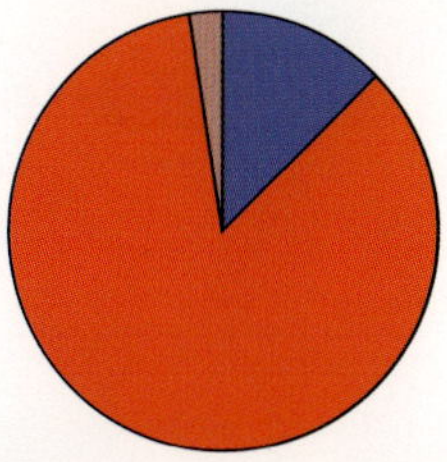

- Eau
- Matières grasses
- Éléments non gras

appelée écrémeuse-centrifugeuse. Celle-ci fait tourner le lait à très grande vitesse. Deux produits sortent alors de l'écrémeuse : la crème en haut, le lait écrémé en bas. La quasi-totalité de la matière grasse du lait passe ainsi dans la crème.

De la crème au beurre

Pour fabriquer du beurre, on utilise le procédé du barattage. Cette opération consiste à agiter énergiquement la crème afin d'en séparer la matière grasse. Peu à peu, les globules gras s'agglutinent pour former des grains de beurre. La phase liquide restante appelée babeurre est éliminée.

➔ Le saviez-vous ?

La couleur et le gout du beurre dépendent de l'alimentation des vaches qui produisent le lait. Par exemple au printemps, lorsque les vaches pâturent, le beurre apparait plus coloré à cause des colorants naturels (notamment le béta-carotène) contenus dans l'herbe consommée.

➔ Quelques chiffres clés

C'est l'Inde qui produit le plus de beurre dans le monde.
La France est le 2e producteur européen de lait et de beurre après l'Allemagne.
Les Français sont les plus gros consommateurs de beurre au monde !

Source : World dairy situation, 2013.

Il ne reste plus qu'à achever la confection du beurre en le lavant et en le malaxant pour lui faire rendre toute son eau et lui conférer une texture onctueuse.

COMMENT ÇA MARCHE ?

D'un point de vue physico-chimique, la crème et le beurre sont des émulsions, c'est-à-dire des dispersions, sous forme de gouttelettes, de deux liquides non miscibles entre eux : l'eau (ou phase aqueuse) et le gras (ou phase lipidique).

Quand on observe la crème au microscope, on constate des gouttelettes de matière grasse dispersées dans l'eau, alors que dans le beurre, c'est l'inverse. Ce sont les gouttelettes d'eau qui sont dispersées dans les gouttelettes de matière grasse.

Le fait de secouer la crème permet d'obtenir ce qu'on appelle une « inversion de phase », car le mouvement rapproche les globules de matière grasse et leur permet de s'agglomérer.

Procédé de fabrication du beurre

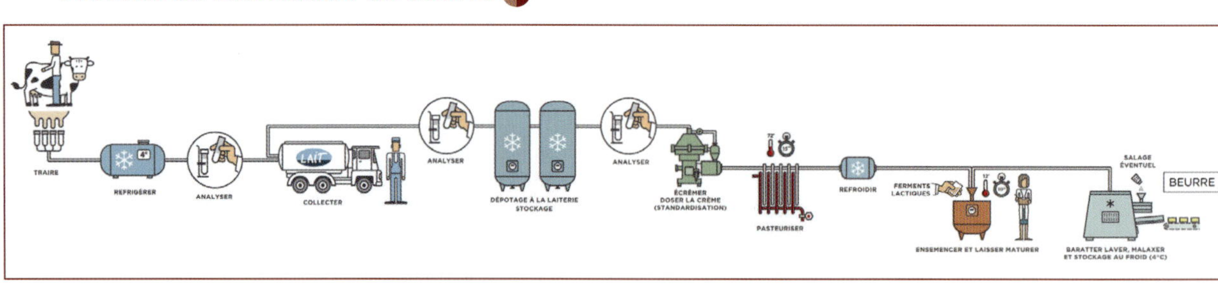

Source : Centre national interprofessionnel de l'économie laitière, CNIEL, Maison du lait

DÉROULEMENT DE LA SÉANCE

Connaissances et compétences associées
- *Comprendre l'origine d'un aliment fréquemment consommé : le beurre.*
- *Réaliser une transformation alimentaire et identifier son origine biologique.*
- *Choisir ou utiliser le matériel adapté pour réaliser une production.*
- *Organiser seul ou en groupe un espace de réalisation expérimentale.*
- *Relier des connaissances acquises en sciences et technologies à des questions de santé (nutrition).*

DURÉE : 2 h environ.

ÉTAPE 1 L'ALIMENT « BEURRE »

DURÉE 5 min
ORGANISATION en collectif
MATÉRIEL
- une plaquette de beurre, éventuellement plusieurs emballages de différents beurres
- cahier de l'élève p. 46

1) MONTRER LA PLAQUETTE DE BEURRE.
Faire nommer cet aliment.

2) IDENTIFIER SA CATÉGORIE ALIMENTAIRE « MATIÈRES GRASSES ». Faire compléter les grands groupes d'aliments (rappel des notions sur l'alimentation de la fin du cycle 2) sur le cahier p. 46.

3) SONDER CE QUE LES ÉLÈVES CONNAISSENT DE CET ALIMENT.

> Connaissez-vous quelques exemples d'utilisation de cet aliment ?
– *consommation directe, par exemple sur une tartine de pain,*
– *apport de matière grasse pour cuire d'autres aliments ou pour confectionner des sauces ou des préparations comme des pâtes à gâteaux…*

Faire conclure que le beurre est un aliment qui fait partie de nos habitudes alimentaires, fréquemment utilisé dans notre gastronomie.
Préciser aux élèves que les Français sont les premiers consommateurs de beurre au monde. En moyenne, un Français consomme 7,4 kilogrammes de beurre/an, soit environ 30 plaquettes.

4) ANNONCER AUX ÉLÈVES QUE L'OBJECTIF DE CETTE SÉANCE EST DE FABRIQUER DU BEURRE EN CLASSE, en vue de mieux comprendre l'origine d'un aliment qui est très utilisé dans notre alimentation.

ÉTAPE 2 QUELLE EST L'ORIGINE DU BEURRE ?

DURÉE 10 min
ORGANISATION en collectif
MATÉRIEL • emballage de beurre doux et salé (ou photos à afficher)
• extrait du documentaire *C'est pas sorcier* : « Du lait à la crème »
• cahier de l'élève p. 43

1) DÉTERMINER L'ALIMENT D'ORIGINE DU BEURRE.

> **Nous souhaitons fabriquer du beurre. De quoi avons-nous besoin ? Autrement dit, à partir de quoi le beurre est-il fabriqué ?**

Interroger successivement les élèves, noter éventuellement au tableau les différentes propositions (exemples souvent cités : huile, jaunes d'œuf, lait, farine…). Demander aux élèves s'ils savent où trouver la réponse à cette question : comment faire pour connaitre la composition du beurre ?

2) MONTRER LA PLAQUETTE DE BEURRE ET FAIRE VENIR UN ÉLÈVE POUR LIRE LA COMPOSITION SUR L'ÉTIQUETTE D'EMBALLAGE

(faire lire plusieurs étiquettes de différents beurres permettra de montrer que la composition du beurre ne dépend pas de la marque ou du producteur…)

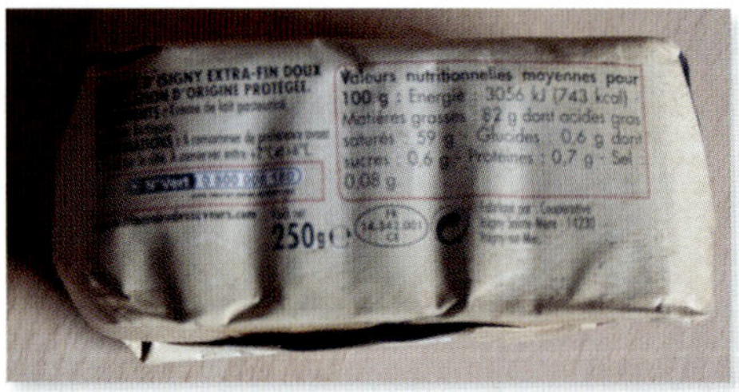

Remarque : S'ils apparaissent sur les étiquettes, définir simplement et sans détailler les termes suivants :

– **« pasteurisé » :** la pasteurisation est un procédé qui vise à chauffer un aliment pour éliminer les microbes qu'il contient ;

– **« ferments »** : minuscules éléments naturels qui permettent de donner davantage de gout au beurre et de mieux le conserver. (Ces deux procédés feront l'objet d'une étude plus approfondie en classe de sixième.)

3) FAIRE CONCLURE QUE LE BEURRE PROVIENT DE LA CRÈME DE LAIT, LE NOTER AU TABLEAU.

S'assurer que les élèves connaissent bien la provenance de la crème (extraite du lait entier de vache : elle contient la partie grasse du lait).

Visionner la vidéo *C'est pas sorcier* : « Du lait à la crème » et/ou observer les 3 premières photos du cahier p. 43 et leur légende.

SÉANCE 9 • *Comment fabriquer du beurre ?*

DU LAIT AU BEURRE

Document 1 • **Du lait à la crème**

❶ Le lait est passé dans une **écrémeuse-centrifugeuse** où il tourne autour d'un axe, dans une grande cuve.
L'eau, qui est plus lourde, est éjectée sur les parois de la cuve alors que la crème (matière grasse du lait) reste autour de l'axe.

❷ La crème est ensuite stockée dans le réservoir où elle « **mature** » pendant une nuit entière.

❸ Pour finir, la crème est mise en pot.

Document 2 • **De la crème au beurre**

❹ La crème est battue dans une **baratte** par de grandes pales.

❺ Dans la baratte, le **babeurre**, la partie liquide de la crème, est éliminé. **La matière grasse** de la crème s'est regroupée en grains.

❻ Les grains doivent être lavés, égouttés et malaxés pour obtenir une pâte homogène : **c'est du beurre !**

ÉTAPE 3 — COMMENT OBTIENT-ON DU BEURRE ?

DURÉE 10 min
ORGANISATION en collectif et en individuel
MATÉRIEL
- cahier de recherches individuel
- extrait du documentaire *C'est pas sorcier* : « Fabrication du beurre »
- cahier de l'élève p. 43
- affiche A2 vierge

1) INTERROGER LES ÉLÈVES.

> Comment est fabriqué le beurre à partir de la crème ? (son procédé de fabrication).
Interroger successivement les élèves, faire ressortir les différentes propositions (Exemples de réponses envisagées par les élèves : *Mettre la crème au froid, mélanger la crème avec des jaunes d'œufs, battre la crème…).*
Puis visionner un extrait vidéo montrant la fabrication de beurre dans une **laiterie** et/ou observer les photos 4 à 6 du cahier p. 43 et leur légende.

2) APRÈS VISIONNAGE DE LA VIDÉO, FAIRE RELIRE À VOIX HAUTE LES PROPOSITIONS

initialement envisagées par les élèves et faire préciser celles qui sont validées/invalidées.

3) INTERROGER ORALEMENT DES ÉLÈVES.

> Quelles sont les différentes étapes de fabrication du beurre ?
Interroger successivement les élèves, faire ressortir les différentes propositions. Faire valider par le groupe-classe, en visionnant de nouveau, si nécessaire, des extraits de la vidéo.
Sur une affiche, écrire les informations principales :

> **Le beurre s'obtient à partir de crème de lait.**
> Les étapes de fabrication sont :
> Crème « secouée » dans la baratte → Obtention du beurre + babeurre → Élimination du babeurre → Lavages → Égouttages → Malaxage → Moulage en plaquettes.

ÉTAPE 4 — FABRIQUER DU BEURRE EN CLASSE

DURÉE 20 min
ORGANISATION en groupes de 2 ou 3
MATÉRIEL
- **Pour la classe :** un plateau, l'affiche réalisée à l'étape 2
- **Par groupe :**
  – 2 cuillères à soupe de crème fraiche **<u>entière</u>** à température ambiante
  – un petit pot transparent qui ferme bien (petit pot de bébé, pot de confiture…)
  – un torchon ou du papier absorbant
  – un moule de type emporte-pièce de pâte à modeler
  – cuillère, couteau
  – une montre ou un chronomètre
  – éventuellement : un set de table plastifié pour protéger les tables ou nappe plastique, une petite éponge
  – cahier de l'élève p. 44

Attention ! Pour obtenir du beurre, quelques précautions sont à prendre :
La crème doit être liquide, **entière** et à température ambiante.
Le temps de barattage (temps de secouage) doit être au moins de 6 minutes.

1) RAPPELER AUX ÉLÈVES QUE NOUS SOUHAITONS MAINTENANT FABRIQUER DU BEURRE EN CLASSE.

> **De quoi avons-nous besoin et comment allons-nous procéder ?** Après un échange, montrer le matériel préparé pour l'étape de fabrication, le faire nommer et identifier sa fonction : *crème entière liquide qui est l'aliment de base, petit pot qui ferme hermétiquement pour jouer le rôle de « la baratte », linge et eau pour laver le beurre, petits moules pour lui donner une forme.*

2) RÉPARTIR LES ÉLÈVES EN GROUPES.

3) EXPLIQUER AUX ÉLÈVES QU'ILS DOIVENT CONFECTIONNER DU BEURRE.

4) RÉPARTIR LE MATÉRIEL : un élève responsable du matériel dans chaque groupe vient chercher le matériel disposé au fond de la classe.

5) INDIQUER AUX ÉLÈVES DE BIEN SUIVRE CHAQUE ÉTAPE DE FABRICATION, leur rappeler que les grandes étapes sont affichées au tableau (*cf.* affiche réalisée à l'étape 2).

6) FAIRE PLACER LES BEURRES AU FRAIS ET FAIRE RANGER LE MATÉRIEL.

7) À LA FIN DE LA MANIPULATION, LAISSER LES ÉLÈVES COMPLÉTER LES LÉGENDES SUR LE CAHIER P. 44.

Étape 1 : barattage de la crème / étape 2 : Obtention de beurre et de babeurre / étape 3 : Lavage à l'eau / étape 4 : Élimination du babeurre / étape 5 : Séchage et malaxage / étape 6 : moulage du beurre.

ÉTAPE 5 QUELS SONT LES APPORTS ALIMENTAIRES DU BEURRE ?

DURÉE 20 min
ORGANISATION lecture individuelle puis collectif oral
MATÉRIEL • cahier de l'élève p. 45
• fiche activité complémentaire

Remarque : Cette étape pourra s'effectuer pendant que les beurres se consolident au froid, avant la dégustation.

1) FAIRE LIRE SILENCIEUSEMENT LE TEXTE DOCUMENTAIRE DE LA FICHE DOCUMENTS 3.

2) INTERROGER ORALEMENT LES ÉLÈVES ET FAIRE RESSORTIR LES PRINCIPAUX APPORTS D'UNE CONSOMMATION DE BEURRE.

> **Pourquoi dit-on que le beurre est un aliment vitaminé ?** *Présence de vitamines, dont la A.*

> **Qu'apporte le beurre au corps quand il est consommé ?** *Des acides gras essentiels, vitamines dont A, énergie.*

> **Que peut provoquer un manque de vitamine A ?** *Le manque de vitamine A peut rendre aveugle et empêche les jeunes enfants de bien se défendre contre les maladies.*

> **Pourquoi doit-on consommer le beurre avec modération ?** *Risque de développer des maladies cardiovasculaires.*

> **À quelle catégorie alimentaire appartient le beurre ?** *Matières grasses et non produit laitier.*

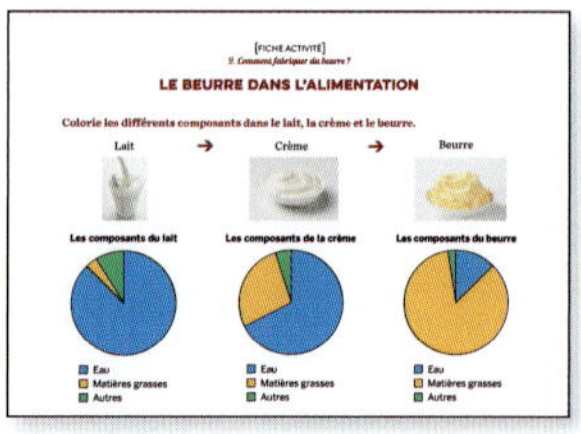

3) PROPOSER LA FICHE ACTIVITÉ COMPLÉMENTAIRE. Elle permet aux élèves de se confronter à une représentation en graphique avant de traiter l'évaluation.

ÉTAPE 6 TRACE ÉCRITE

DURÉE 10 min
ORGANISATION en collectif, à l'oral ou en individuel, à l'écrit.
MATÉRIEL • cahier de l'élève p. 46

1) À L'ORAL, DEMANDER AUX ÉLÈVES CE QU'IL FAUT RETENIR DE CETTE SÉANCE.

2) ÉCRIRE AU TABLEAU LES IDÉES PRINCIPALES.

AFFICHER LA TRACE ÉCRITE, les élèves la copient sur leur cahier.

Exemple de trace écrite :

Quelle est l'origine du beurre et comment est-il fabriqué ?

Le beurre est fabriqué à partir de crème, elle-même provenant du lait de vache.
C'est un aliment d'origine laitière, mais ce n'est pas un produit laitier car il contient plus de 80 % de matières grasses.
Pour fabriquer du beurre, il faut secouer (ou baratter) longuement de la crème, puis laver et presser le beurre avant de le mouler.
Le beurre est un aliment entièrement naturel. Il est énergétique et vitaminé. Consommé avec modération, il a sa place dans une alimentation saine et équilibrée.

Lexique :

Barattage : procédé qui consiste à agiter de la crème pour récupérer sa matière grasse.
Babeurre (ou « lait de baratte ») : liquide blanc qui reste après avoir battu le beurre.
Matières grasses : huiles ou graisses présentes dans l'alimentation.
Produit laitier : lait ou aliments transformés à partir de laits (vache, brebis, chèvre...) : yaourts, fromages, laits.
Vitamines : substances nécessaires au bon fonctionnement de l'organisme, présentes dans certains aliments.
Acides gras : principaux constituants de la matière grasse. Il en existe une quarantaine. Certains jouent un rôle très important dans le fonctionnement de l'organisme : on dit qu'ils sont essentiels.
Calories : unité de mesure qui détermine la valeur énergétique d'un aliment, en calories (cal) ou kilocalories (kcal).
Valeurs nutritives : éléments d'information nutritionnelle sur les étiquettes alimentaires (nombre de calories, liste des vitamines) importants pour la santé...

PROLONGEMENT EXPLIQUER LA FABRICATION DU BEURRE AUX PLUS JEUNES

Dans le cadre d'un échange entre classes, demander aux élèves de CM1 de présenter la fabrication du beurre à des élèves plus jeunes de cycle 2 : ils valorisent et communiquent ainsi leurs recherches. En retour, les élèves de cycle 2 peuvent effectuer et présenter des recherches sur l'objet *la baratte*, notamment en retraçant l'évolution de cet objet en lien avec le programme de « Questionner le monde », parties « Sciences » et « Temps ».

ÉVALUATION ▸ COMMENT FABRIQUER DU BEURRE ?

MATÉRIEL • Fiche évaluation et son corrigé

ÉVALUATION AU FIL DE L'EAU

Lors de cette séance, les élèves sont amenés à fabriquer du beurre par petits groupes. Ils doivent donc s'organiser à partir du matériel à disposition et respecter un procédé de fabrication. S'agissant d'un travail collectif, ils doivent aussi coopérer pour organiser leur espace de travail.

Les tableaux ci-dessous proposent des indicateurs de réussite permettant une évaluation en cours de pratique pour ces deux compétences.

Proposer et/ou suivre un protocole expérimental Utiliser des instruments d'observation, de mesure, des techniques de préparation, de collecte	**OUI/NON**
Les différentes étapes du procédé de fabrication sont respectées.	
Le matériel est correctement utilisé et manipulé avec précaution.	

Proposer et/ou suivre un protocole expérimental. Participer à l'élaboration et à la conduite d'un projet.	**OUI/NON**
Le matériel reste regroupé et l'espace de travail est rangé à la fin de la production.	
L'élève respecte sa place dans le groupe et prend en compte le travail des autres.	

ÉVALUATION SOMMATIVE

Distribuer la fiche évaluation. Un corrigé est proposé en ressources numériques.

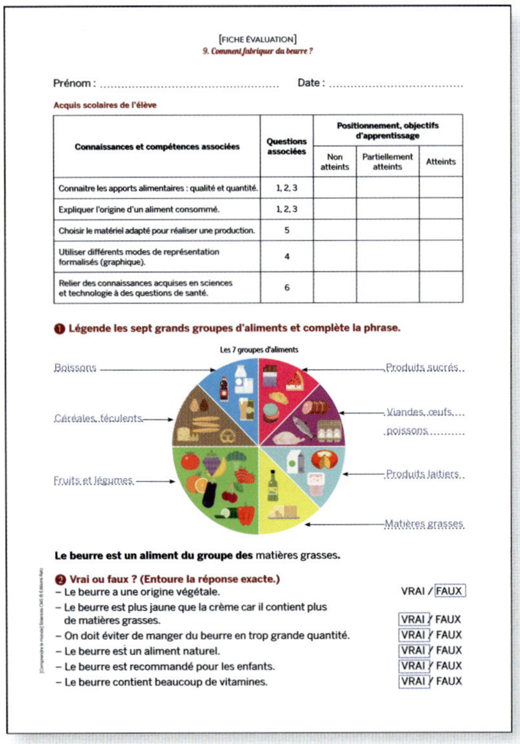

[FICHE ÉVALUATION]
9. Comment fabriquer du beurre ?

Prénom : .... Date : ....

Acquis scolaires de l'élève

Connaissances et compétences associées	Questions associées	Positionnement, objectifs d'apprentissage		
		Non atteints	Partiellement atteints	Atteints
Connaitre les apports alimentaires : qualité et quantité.	1, 2, 3			
Expliquer l'origine d'un aliment consommé.	1, 2, 3			
Choisir le matériel adapté pour réaliser une production.	5			
Utiliser différents modes de représentation formalisés (graphique).	4			
Relier des connaissances acquises en sciences et technologie à des questions de santé.	6			

❶ Légende les sept grands groupes d'aliments et complète la phrase.

Le beurre est un aliment du groupe des matières grasses.

❷ Vrai ou faux ? (Entoure la réponse exacte.)
- Le beurre a une origine végétale. VRAI / [FAUX]
- Le beurre est plus jaune que la crème car il contient plus de matières grasses. [VRAI] / FAUX
- On doit éviter de manger du beurre en trop grande quantité. [VRAI] / FAUX
- Le beurre est un aliment naturel. [VRAI] / FAUX
- Le beurre est recommandé pour les enfants. [VRAI] / FAUX
- Le beurre contient beaucoup de vitamines. [VRAI] / FAUX

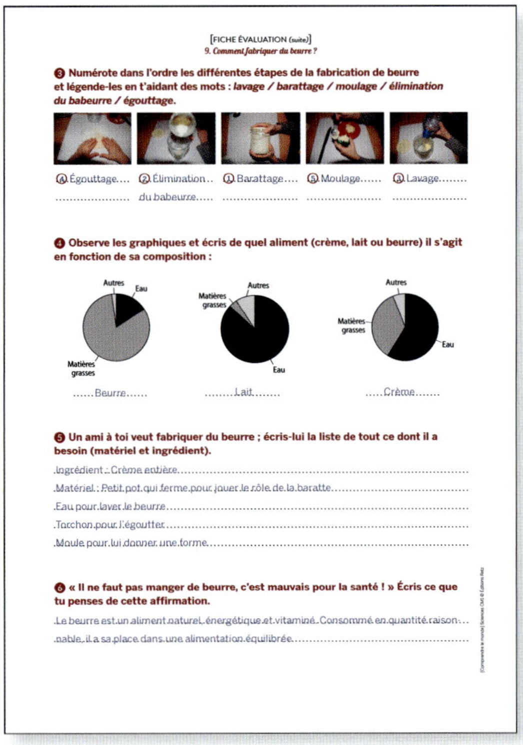

[FICHE ÉVALUATION (suite)]
9. Comment fabriquer du beurre ?

❸ Numérote dans l'ordre les différentes étapes de la fabrication de beurre et légende-les en t'aidant des mots : *lavage / barattage / moulage / élimination du babeurre / égouttage.*

❹ Observe les graphiques et écris de quel aliment (crème, lait ou beurre) il s'agit en fonction de sa composition :

❺ Un ami à toi veut fabriquer du beurre ; écris-lui la liste de tout ce dont il a besoin (matériel et ingrédient).

Ingrédient : Crème entière
Matériel : Petit pot qui ferme pour jouer le rôle de la baratte
Eau pour laver le beurre
Torchon pour l'égoutter
Moule pour lui donner une forme

❻ « Il ne faut pas manger de beurre, c'est mauvais pour la santé ! » Écris ce que tu penses de cette affirmation.

Le beurre est un aliment naturel, énergétique et vitaminé. Consommé en quantité raisonnable, il a sa place dans une alimentation équilibrée.

SÉANCE 10

Quel est le cycle de vie du ver de farine ?

L'ESSENTIEL À SAVOIR POUR L'ENSEIGNANT•E

Le ver de farine est la larve du ténébrion meunier, un insecte appartenant à l'ordre des coléoptères.

Comme tout insecte, l'adulte se caractérise par un corps divisé en trois parties – la tête, le thorax et l'abdomen – et la présence de trois paires de pattes. Il possède en outre deux paires d'ailes. Les ailes antérieures appelées élytres sont rigides, striées longitudinalement et forment un étui (*koleos* en grec) caractéristique des coléoptères. Elles protègent les ailes postérieures qui, elles, sont membraneuses.

> **➲ Le saviez-vous ?**
>
> *Les ténébrions meuniers sont surtout connus pour leurs larves vendues sous le nom de « vers de farine » dans les animaleries et les magasins de pêche, comme appâts ou nourriture vivante pour différents animaux (poissons, oiseaux insectivores, reptiles, batraciens). Malgré cette appellation, les larves ne sont pas des vers. Elles possèdent un corps en trois parties (tête, thorax et abdomen) et 3 paires de pattes caractéristiques des insectes.*

CYCLE DE VIE

TÉNÉBRION ADULTE	CYCLE DE VIE
	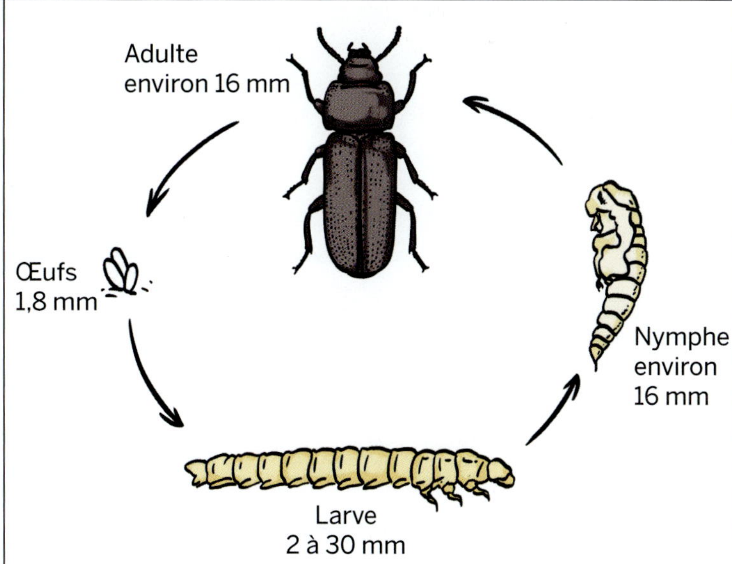

Cet insecte, jadis très courant dans les boulangeries, minoteries (ou meuneries, d'où son nom d'espèce « meunier »), les greniers à blé ou les entrepôts de stockage de grains de céréales, est désormais retrouvé autour de nids d'oiseaux, de terriers de lapins et autres lieux où il y a de la matière en décomposition. Dans les conditions naturelles, les adultes sortent au début de l'été. Après accouplement, la femelle pond entre 400 et 500 œufs blancs et luisants qui éclosent au bout de 4 à 18 jours selon les conditions de température. Les larves qui en sortent mesurent moins de 2 millimètres. Celles-ci sont blanches, mais deviennent jaune

Mue de la larve.

doré au cours de leur croissance. La **croissance** est **discontinue**, c'est-à-dire qu'elle se fait par **mues** successives (entre 10 et 16), l'animal devant se débarrasser de sa peau rigide, la cuticule (encore appelée exosquelette ou exuvie), devenue trop étroite.

Dans un environnement tempéré (pas trop chaud), le développement larvaire peut durer entre six et neuf mois, voire une année. C'est sous cette forme que l'animal passe l'hiver. Lorsque les températures remontent, la larve de dernier stade, longue d'environ 30 millimètres, se transforme en nymphe et subit une **métamorphose**. L'adulte ailé qui en émerge deux à trois semaines plus tard est très différent morphologiquement de la larve. C'est pourquoi la métamorphose est dite **complète**. D'abord blanchâtre et molle, sa cuticule durcit peu à peu et prend une teinte marron avant de devenir totalement noire. Selon les conditions du milieu (température, humidité, disponibilité en nourriture), le cycle complet de développement du ténébrion meunier peut durer entre quatre mois et deux ans et l'adulte peut vivre jusqu'à trois mois.

Une définition

Chez le ténébrion meunier, l'éclosion conduit à une larve qui ne ressemble pas du tout à l'adulte et qui devra subir une **métamorphose complète au stade nymphal**. Ce type de développement est qualifié de **développement indirect**. On l'observe chez d'autres insectes comme les papillons, les mouches, les moustiques ou les coccinelles.

Larve

Nymphe

Adulte

ÉLEVAGE EN CLASSE

L'élevage du ténébrion meunier est l'un des plus faciles à réaliser en classe. Il nécessite peu de soins et ne dégage aucune odeur désagréable.

OÙ S'EN PROCURER ET SOUS QUELLE FORME ?

Dans des animaleries, des magasins spécialisés, voire même certaines grandes surfaces disposant d'un rayon dédié à la vente d'articles de pêche ou auprès de l'OPIE (Office pour les insectes et leur environnement, renseignements sur le site Internet https://www.insectes.org). La forme larvaire « vers de farine » est la forme la plus fréquente à la vente.

COMMENT LES INSTALLER ?

Dans un terrarium ou un bac en plastique, dans lequel on dépose une couche de 2 à 3 cm d'épaisseur de son et de flocons d'avoine. Il est également possible d'ajouter de la farine. Le ténébrion meunier préfère les endroits peu éclairés (d'où le nom ténébrion / ténèbres) et chauds.

Il est donc recommandé de placer le terrarium à proximité d'un radiateur et de le recouvrir d'un tissu opaque mais amovible pour faciliter les observations des élèves. La présence d'un couvercle sur le terrarium n'est pas obligatoire : les larves ne s'échappent pas, ni les adultes qui, bien qu'ayant des ailes, ne volent pas.

COMMENT LES NOURRIR ?

Dans la nature, la larve comme l'adulte se nourrissent de graines de céréales, de débris végétaux en décomposition, mais aussi de restes d'insectes. En élevage, on peut les nourrir avec du son, de la farine, des flocons d'avoine et des morceaux de pain. Il n'est pas nécessaire de donner à boire, mais il faut de temps en temps apporter des morceaux de légumes (pomme de terre, carotte, laitue...) ou de fruits (pomme de préférence) pour que les larves et les adultes puissent s'hydrater. Si la densité de population dans l'élevage est trop importante, du cannibalisme peut être observé.

COMMENT LES FAIRE SE REPRODUIRE ?

Pour obtenir des pontes, il est important de maintenir une humidité suffisante dans le terrarium. Pour cela, il est possible d'enfouir un chiffon humide dans le son dont il faudra ajuster régulièrement le degré d'humidité.

Le saviez-vous ?

Les nymphes (présentes chez tous les insectes à métamorphose complète) ne s'alimentent pas. En apparence peu actives (leurs déplacements sont limités car elles ne possèdent pas de pattes), elles se caractérisent par d'importantes transformations internes conduisant à des changements morphologiques majeurs comme l'apparition d'ailes et souvent à des changements de mode de vie (larve aquatique et adulte terrestre chez le moustique).

Bon à savoir

– Les sexes sont séparés chez le ténébrion, mais mâles et femelles sont difficiles à distinguer car les différences concernent des détails de l'organisation des pièces génitales externes.

– Les œufs du ténébrion meunier sont difficiles à observer tant ils sont petits. Une astuce pour les isoler consiste à préparer un terrarium spécifique dans lequel on dépose une fine couche de farine, que l'on recouvre d'un grillage fin. On dépose ensuite plusieurs adultes dessus, pour augmenter la probabilité d'accouplements. Les femelles pondront au travers du grillage et les œufs seront, par la suite, isolés en tamisant la farine avec un tamis fin ou un bas nylon.

COMMENT AVOIR SIMULTANÉMENT TOUS LES STADES DE DÉVELOPPEMENT DANS UN MÊME TERRARIUM ?

La température joue fortement sur la durée du développement du ténébrion meunier. En élevage, à 20 °C, le cycle de vie (de l'œuf à l'adulte) est de l'ordre de 6 mois, alors qu'à 30 °C il est de l'ordre de 4 mois et demi. Plus la température est élevée, plus le développement est rapide.

Pour obtenir, dans un même terrarium, différents stades de développement, il est nécessaire de faire des lots de larves et de les soumettre à des conditions de températures différentes : par exemple un lot à 20 °C, un lot placé au frigo à 4 °C pendant une semaine, pour ralentir le développement, et un lot placé près d'un radiateur à 25 °C pour un développement accéléré. Les différents lots sont ensuite regroupés dans un même terrarium pour une observation simultanée des différents stades.

Pour obtenir ce résultat, il est nécessaire de s'organiser 3 à 4 mois avant la mise en place des activités avec les élèves.

Bon à savoir

À 27-30 °C, la durée totale du développement de l'œuf à l'adulte est d'environ 4,5 mois et comprend :

– Incubation de l'œuf (développement embryonnaire) : environ 10 jours
– Développement larvaire : 2,5 à 3,5 mois
– Nymphe : environ 20 jours
– Adulte : 1 à 6 mois

DÉROULEMENT DE LA SÉANCE

Connaissances et compétences associées
• Exploiter des observations issues de cultures ou d'élevages pour identifier les différentes étapes d'un cycle de vie et les formes associées.
• Formuler des hypothèses fondées qui peuvent être éprouvées.
• Concevoir et mettre en œuvre des expériences ou d'autres stratégies de résolution pour tester ces hypothèses.

DURÉE : 1 h 30 environ. Pour les besoins de l'observation de l'élevage, cette séance est à prévoir en deux temps (étapes 1 à 3, puis étapes 4 et 5) espacés d'environ trois semaines.

ÉTAPE 1 — REPÉRER LES PETITES BÊTES PRÉSENTES DANS LA FARINE

DURÉE 15 min
ORGANISATION en collectif puis en groupes de 4
MATÉRIEL • une boite d'élevage par groupe de 4 élèves contenant un mélange de son et de flocons d'avoine ou de farine, plusieurs ténébrions aux différents stades : deux adultes dont au moins un vivant, une ou deux nymphes, des larves de différentes tailles, des mues (ou exuvies)
• une feuille A3 par groupe
• des pinces souples (au moins deux par groupe)

1) DISTRIBUER UNE BOITE D'ÉLEVAGE PAR GROUPE.

> Que trouve-t-on à l'intérieur des boites ?
Des petites bêtes, des scarabées, des insectes, des asticots, des vers…

> Pourriez-vous faire l'inventaire du contenu de chaque boite ?
Pour cela, les élèves renversent le contenu de leur boite sur une feuille A3 et classent en fonction des ressemblances.

2) OBSERVER LIBREMENT PUIS FAIRE UNE SYNTHÈSE ORALEMENT.

Dans les boites, nous avons trouvé des « insectes noirs », des « vers fins » de couleur jaune de différentes longueurs, des « vers plus gros » blancs qui « ne bougent pas », mais « si on les attrape avec une pince, ils remuent » et des « peaux jaunes transparentes ».

ÉTAPE 2 — OBSERVER LES PETITES BÊTES À L'AIDE D'UNE LOUPE

DURÉE 20 min
ORGANISATION en groupes de 4, puis en individuel
MATÉRIEL • ténébrions : adultes, nymphes, larves de différentes tailles
• des pinces souples
• des loupes à main ou des boites loupes (au moins une pour 2 élèves)
• cahier de l'élève p. 47

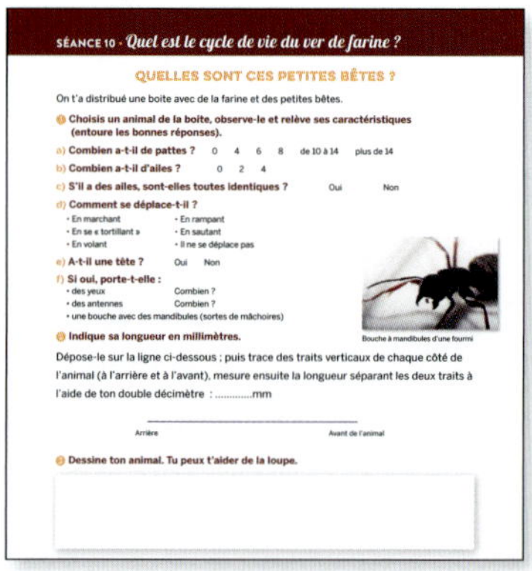
SÉANCE 10 · Quel est le cycle de vie du ver de farine ?

QUELLES SONT CES PETITES BÊTES ?

On t'a distribué une boite avec de la farine et des petites bêtes.

Choisis un animal de la boite, observe-le et relève ses caractéristiques (entoure les bonnes réponses).

a) **Combien a-t-il de pattes ?** 0 4 6 8 de 10 à 14 plus de 14
b) **Combien a-t-il d'ailes ?** 0 2 4
c) **S'il a des ailes, sont-elles toutes identiques ?** Oui Non
d) **Comment se déplace-t-il ?**
• En marchant • En rampant
• En se « tortillant » • En sautant
• En volant • Il ne se déplace pas
e) **A-t-il une tête ?** Oui Non
f) **Si oui, porte-t-elle :**
• des yeux Combien ?
• des antennes Combien ?
• une bouche avec des mandibules (sortes de mâchoires)

Bouche à mandibules d'une fourmi

Indique sa longueur en millimètres.
Dépose-le sur la ligne ci-dessous ; puis trace des traits verticaux de chaque côté de l'animal (à l'arrière et à l'avant), mesure ensuite la longueur séparant les deux traits à l'aide de ton double décimètre : ....mm

Arrière Avant de l'animal

Dessine ton animal. Tu peux t'aider de la loupe.

1) OBSERVER UNE PETITE BÊTE À LA LOUPE.
Chaque élève choisit l'une des bêtes présentes dans sa boite pour l'observation. L'enseignant veillera à ce que, dans chaque groupe, les différents stades (adulte, nymphe, larve) soient observés.

2) **LAISSER LES ÉLÈVES COMPLÉTER LEUR CAHIER P. 47.** L'animal et la loupe doivent rester à disposition de l'élève pendant qu'il remplit sa fiche.

3) **FAIRE UNE SYNTHÈSE DES OBSERVATIONS AU TABLEAU.** Une version corrigée de la fiche peut être affichée.

	PATTES	AILES	TÊTE	YEUX	ANTENNES	BOUCHE AVEC MANDIBULES	LONGUEUR
INSECTES NOIRS	6	2 noires 2 transparentes	Oui	Oui	2	Oui	De 15 à 18 mm
VERS FINS	6	0	Oui	Non	2	Oui	De 2 à 30 mm
GROS VERS BLANCS	6 repliées le long du corps	0	Oui	Oui	2 repliées le long du corps	Non	De 15 à 18 mm

Remarque : si les élèves n'ont pas repéré les ailes ou n'ont repéré que les élytres (ailes antérieures), leur montrer sur un spécimen.

L'enseignant pourra indiquer que les « vers fins » (larves) possèdent des yeux rudimentaires encore appelés **ocelles**.
Les « vers fins » possèdent 6 pattes et des antennes, ce qui en fait aussi des insectes.
Sur les « gros vers blancs », les pattes, les yeux et les antennes ne sont pas faciles à voir en tout début de stade.

ÉTAPE 3 — DÉCRIRE LES PETITES BÊTES ET SE QUESTIONNER

DURÉE 10 min
ORGANISATION en collectif puis en groupes de 4
MATÉRIEL • cahier de l'élève p. 47 rempli
• 3 pots par groupe (par exemple pots de crème fraiche ou grands gobelets plastiques) contenant une épaisseur de 3 cm de son et de flocons d'avoine

1) **QUESTIONNER LES ÉLÈVES SUR LEURS OBSERVATIONS ET CE QU'ILS EN TIRENT COMME HYPOTHÈSES.**

> **Les animaux que vous avez observés présentent de nombreuses différences. À votre avis, s'agit-il d'espèces différentes ?** Certains élèves peuvent émettre l'hypothèse qu'il s'agit du même animal qui se transforme.

> **Quels indices permettent de formuler cette hypothèse ?** *Les « peaux » retrouvées dans les boites d'élevage et dont peut-être les animaux se sont débarrassés avant de changer de forme.*

> **Dans ce cas, quel serait l'ordre des étapes de transformation ?** *D'abord les petits vers fins, puis des vers fins plus longs, puis les gros vers blancs, puis l'insecte noir.*

> **Comment le vérifier ?** *Il faut isoler les différentes catégories et les observer plus tard pour constater d'éventuelles transformations.*

Remarque : si tous les élèves pensent qu'il s'agit d'espèces différentes, ne pas les contredire. Isoler les différentes formes et les leur faire observer plus tard (étape 4).

S'il n'est pas proposé par les élèves, il n'est pas utile à ce stade d'introduire le vocabulaire scientifique *larve*, *nymphe*, *adulte* puisque les élèves sont dans la phase de découverte et de questionnement. De la même façon, la recherche du nom de l'animal ne sera faite que lorsque tous seront convaincus qu'il s'agit bel et bien du même animal.

2) **RÉPARTIR LES DIFFÉRENTES FORMES DANS DES POTS DISTINCTS PRÉALABLEMENT REMPLIS DE SON ET DE FLOCONS D'AVOINE ET NOTER SUR LEUR POT CE QU'IL CONTIENT.** Ainsi, chaque élève reprendra son pot pour l'étape 4 et pourra observer les transformations de ses animaux.

ÉTAPE 4 CONCLURE SUR LES TRANSFORMATIONS DES PETITES BÊTES DE LA FARINE

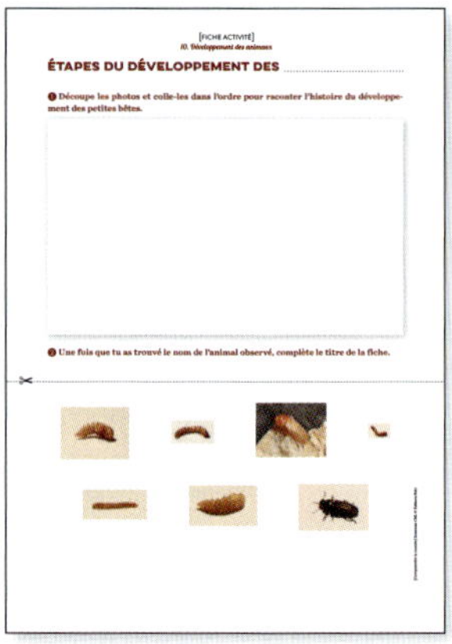

Cette étape intervient environ 3 semaines après la précédente. ***S'assurer auparavant que les changements de stade ont bien eu lieu.***

DURÉE 30 min
ORGANISATION en groupes de 4, en individuel, puis en collectif
MATÉRIEL
- les pots contenant les petites bêtes séparées précédemment
- des pinces souples (au moins deux par groupe)
- des loupes à main ou des boites loupes (au moins une par groupe)
- planche de photos de coléoptères
- fiche activité « Les étapes de développement des... » et son corrigé

Remarque : La fiche activité n'est pas proposée dans le cahier pour ne pas orienter l'observation des élèves lors des étapes précédentes.

1) OBSERVER LES TRANSFORMATIONS dans chaque pot et noter les évolutions sur un cahier de brouillon.

> **Quelles transformations avez-vous observées ?** *Les petits vers fins ont donné des vers plus longs. Des « peaux » sont observées. Les vers fins et longs se sont transformés en gros vers blancs et ces derniers se sont transformés en insectes noirs.*

2) EN S'APPUYANT SUR LES OBSERVATIONS PRÉCÉDENTES, RÉALISER LA FICHE ACTIVITÉ.
Puis faire une synthèse collective en projetant les photos des stades de développement du ténébrion meunier.

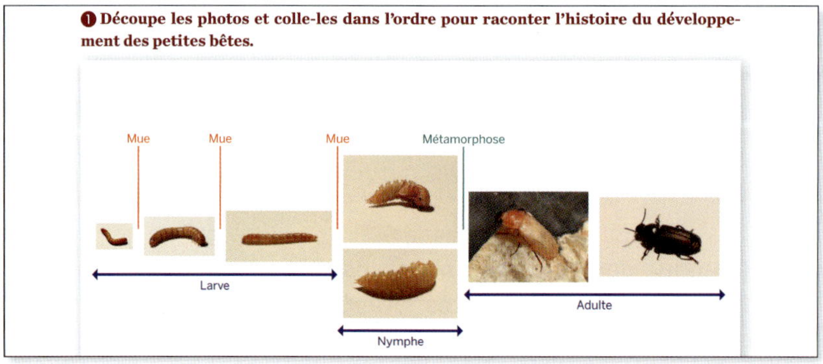

> **Quel est le nom de cette espèce d'insecte ? Comment faire pour le savoir ?** *Il faut regarder dans des livres.*
Afficher alors la planche de photos de coléoptères.

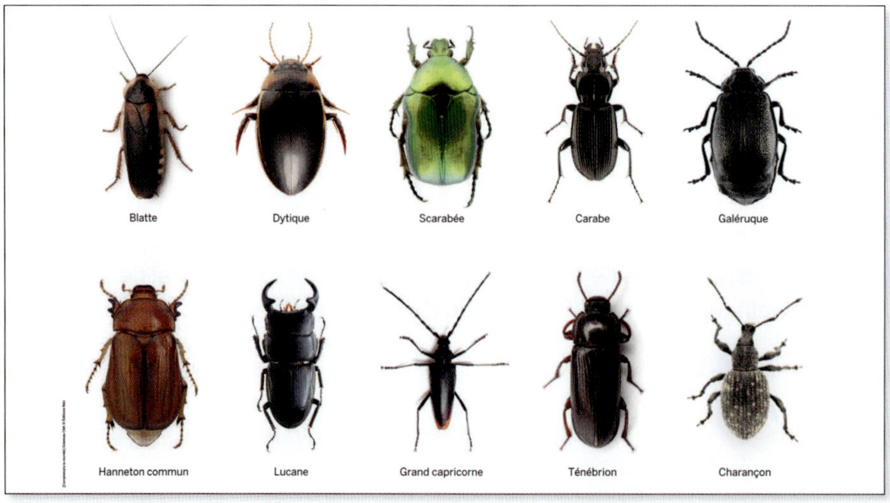

> **Quels sont les points communs entre ces insectes ?** *La présence d'ailes antérieures noires ou fortement colorées recouvrant le corps de l'animal.*
L'enseignant pourra ajouter que ces ailes sont rigides et protègent, telle une carapace, les ailes postérieures, membraneuses et qui ne sont pas visibles sur les photos. Ces ailes antérieures s'appellent des **élytres** et sont caractéristiques du groupe des coléoptères.

> **Parmi ces coléoptères, lequel correspond à celui que nous avons élevé en classe ?** *En comparant les adultes dans les pots avec les photos affichées, on identifie le ténébrion meunier.*

> **À votre avis, pourquoi l'appelle-t-on « meunier » ?** *Parce qu'il se nourrit de farine.*

Remarque : si les élèves ne trouvent pas, les encourager à chercher la définition dans un dictionnaire.

ÉTAPE 5 SYNTHÈSE

DURÉE 10 min
ORGANISATION en collectif
MATÉRIEL • cahier de l'élève p. 47

LES ÉLÈVES LA COPIENT SUR LEUR CAHIER.

Exemple de trace écrite :

La **larve** est recouverte d'une peau rigide dont elle doit se débarrasser pour grandir. Cela se produit lors d'une **mue**. À la dernière mue, la larve se transforme en **nymphe**. Celle-ci a une vie ralentie. Elle ne se nourrit pas et ses mouvements sont très limités. Pour finir, la nymphe se métamorphose en adulte. Celui-ci ne grandit plus.

ÉVALUATION COMMENT SE DÉVELOPPE LE VER DE FARINE ?

MATÉRIEL • Fiche évaluation et son corrigé

ÉVALUATION AU FIL DE L'EAU

La séance repose essentiellement sur l'observation de « matériel » concret vivant et vise l'acquisition d'un vocabulaire descriptif adapté. Elle met donc en jeu la capacité des élèves à rendre compte aussi précisément que possible de leurs observations. Cette compétence peut faire l'objet d'une évaluation formative individuelle s'appuyant sur les activités des étapes 2 et 4.
Le tableau ci-dessous propose des indicateurs de réussite pour chaque étape.

	activités en utilisant un vocabulaire précis et des formes langagières spécifiques des sciences et des techniques	**OUI/NON**
Étape 2	*L'animal observé est correctement décrit. Le vocabulaire de description est compris.*	
Étape 4	*Les photos représentant les stades du développement du ver de farine sont mises dans le bon ordre.*	
	Le nom de l'animal est correctement déduit de l'observation de la planche de photos de coléoptères.	

ÉVALUATION SOMMATIVE

Distribuer la fiche évaluation. Un corrigé est proposé en ressources numériques.

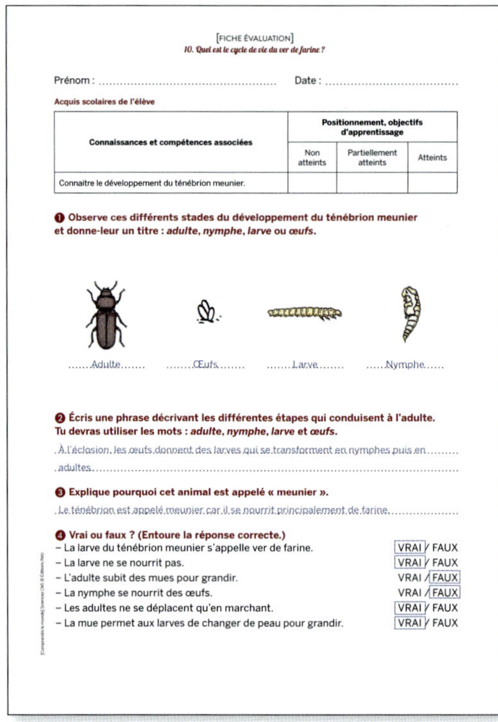

[FICHE ÉVALUATION]

10. Quel est le cycle de vie du ver de farine ?

Prénom : .... Date : ....

Acquis scolaires de l'élève

Connaissances et compétences associées	Positionnement, objectifs d'apprentissage		
	Non atteints	Partiellement atteints	Atteints
Connaitre le développement du ténébrion meunier.			

❶ Observe ces différents stades du développement du ténébrion meunier et donne-leur un titre : *adulte*, *nymphe*, *larve* ou *œufs*.

......Adulte....... ....Œufs....... ....Larve....... .....Nymphe.....

❷ Écris une phrase décrivant les différentes étapes qui conduisent à l'adulte. Tu devras utiliser les mots : *adulte*, *nymphe*, *larve* et *œufs*.

.À l'éclosion, les œufs donnent des larves qui se transforment en nymphes puis en ....
.adultes..

❸ Explique pourquoi cet animal est appelé « meunier ».

.Le ténébrion est appelé meunier car il se nourrit principalement de farine...................

❹ Vrai ou faux ? (Entoure la réponse correcte.)

- La larve du ténébrion meunier s'appelle ver de farine. [VRAI] / FAUX
- La larve ne se nourrit pas. [VRAI] / FAUX
- L'adulte subit des mues pour grandir. VRAI / [FAUX]
- La nymphe se nourrit des œufs. VRAI / [FAUX]
- Les adultes ne se déplacent qu'en marchant. [VRAI] / FAUX
- La mue permet aux larves de changer de peau pour grandir. [VRAI] / FAUX

SÉANCE 11

Comment les êtres vivants se reproduisent-ils ?

L'ESSENTIEL À SAVOIR POUR L'ENSEIGNANT•E

LA FÉCONDATION

Pour assurer la pérennité de l'espèce, les animaux se reproduisent souvent de manière **sexuée**, reproduction caractérisée par une **fécondation**. Celle-ci résulte de la rencontre entre un gamète mâle ou spermatozoïde et un gamète femelle ou ovule, et conduit à la formation d'une cellule-œuf qui évoluera en embryon. Elle nécessite donc la présence d'un mâle et d'une femelle. Chez la plupart des espèces animales, les sexes sont séparés. Des types morphologiques différents peuvent être observés entre mâles et femelles de la même espèce. On parle dans ce cas de **dimorphisme sexuel**.

➲ Le saviez-vous ?

Chez les animaux, on peut observer deux autres modes de reproduction que le mode principal : la reproduction sexuée.

La reproduction asexuée *ne fait pas intervenir de gamète. Elle peut se faire par bourgeonnement, par exemple chez les coraux.*

La parthénogenèse *se réalise à partir d'un ovule sans fécondation. Elle peut être observée chez des insectes (phasmes, pucerons, abeilles...), des crustacés, certains lézards...*

La rencontre des mâles et des femelles conduit ou pas à un **accouplement**.

Lorsque l'accouplement se produit, le plus souvent, le mâle dépose du sperme dans l'organisme femelle et il s'ensuit une fécondation à l'intérieur des voies génitales de celle-ci. On parle alors de **fécondation interne**.

➲ Des cas particuliers

Certaines espèces s'accouplent mais leur fécondation est externe. Ceci peut être observé chez le crapaud où l'étreinte exercée par le mâle lors de l'accouplement a pour fonction de stimuler la libération d'ovules par la femelle.

Certains animaux se reproduisent de manière sexuée mais les individus sont à la fois mâles et femelles. On dit qu'ils sont hermaphrodites. Toutefois, un accouplement est nécessaire. Il permet un échange de sperme puis des fécondations et une ponte d'œufs par les deux individus. Ceci peut être observé chez l'escargot et le ver de terre.

Dimorphisme sexuel marqué :
un cerf reconnaissable à ses bois et une biche.

Pas de dimorphisme sexuel marqué chez les flamants roses.

En milieu aquatique, les gamètes sont plus fréquemment libérés dans l'eau et la fécondation se produit en dehors de l'organisme femelle. Dans ce cas, la **fécondation** est dite **externe**.

LE DÉVELOPPEMENT EMBRYONNAIRE ET LA NAISSANCE

Après la fécondation, la cellule-œuf donne un embryon. Deux modalités de développement sont alors possibles.

• Soit l'embryon est entouré de protections (enveloppe, coquille) et de réserves suffisantes pour son développement, l'espèce est dite **ovipare**. Le plus souvent les œufs sont pondus hors de l'organisme maternel. Certains animaux ovipares nécessitent une **incubation** des œufs ou **couvaison**, qui peut être réalisée par la femelle ou par le mâle et qui permet de maintenir une température suffisante au développement embryonnaire.

• Soit l'embryon n'a pas de réserves propres. Il doit donc être alimenté par sa mère pour réaliser son développement. Celui-ci se déroule à l'intérieur des voies génitales femelles jusqu'à la **naissance** ou **mise bas**. Dans ce cas, l'espèce est dite **vivipare**.

➲ Une modalité intermédiaire !

Certaines espèces (poissons guppy, certains lézards), bien que possédant des œufs avec des réserves suffisantes, les maintiennent dans l'organisme femelle jusqu'à l'éclosion puis la naissance hors de l'organisme maternel. Dans ce cas intermédiaire, l'espèce est qualifiée ***d'ovovivipare****.*

LE SOIN AUX PETITS

Après la naissance, les petits sont soit autonomes, soit dépendants des parents qui leur apportent protection et ressources nutritives. Chez les mammifères, les petits sont allaités par la mère. Chez les oiseaux, les soins apportés aux jeunes dépendent fortement des espèces. Ainsi les petits des **espèces nidifuges** (littéralement jeunes « qui quittent le nid »), encore appelés **poussins**, sont rapidement très autonomes. À l'inverse, les petits des **espèces nidicoles**, appelés **oisillons**, restent plusieurs semaines dans le nid et doivent être nourris par leurs parents.

DÉROULEMENT DE LA SÉANCE

Connaissances et compétences associées

• Exploiter des observations pour identifier les différentes étapes de cycle de vie et les formes associées
• Formuler des hypothèses fondées qui peuvent être éprouvées
• Interpréter des résultats de façon raisonnée et en tirer des conclusions en mobilisant des arguments scientifiques
• Rendre compte de ses activités en utilisant un vocabulaire précis et des formes langagières spécifiques des sciences.
• Utiliser différents modes de représentation

DURÉE : 1 h 40.

ÉTAPE 1 SE QUESTIONNER SUR L'ORIGINE DES POUSSINS CHEZ LA POULE

DURÉE 30 min
ORGANISATION en collectif et en individuel
MATÉRIEL • une boite d'œufs de poule achetée en supermarché
• cahier de l'élève p. 48-49

1) INTRODUIRE LA SITUATION EN MONTRANT LA BOITE D'ŒUFS.

> **Ces œufs que j'ai achetés en supermarché donneront-ils des poussins ?** *Oui si on les garde longtemps… mais il faut les couver. / Non, parce que les poussins s'achètent dans une ferme.*

2) FAIRE OUVRIR LE CAHIER P. 48 ET 49 qui présentent une expérience faite pour déterminer les conditions nécessaires à la naissance de poussins de poule. Guider les élèves dans la lecture du tableau en observant d'abord le résultat 1, puis le résultat 2.

	Poulailler 1		Poulailler 2	
Composition	Poules seules		Poules en présence de coqs	
Résultat 1	Œufs		Œufs	
Traitement des œufs	Non couvés	Couvés	Non couvés	Couvés
Résultat 2	Pas de poussin	Pas de poussin	Pas de poussin	Poussins

3) CORRIGER COLLECTIVEMENT LES QUESTIONS 1 À 4 :

❶ **Dans quel poulailler les œufs donnent-ils des poussins ?** *Seul le poulailler 2 contient des œufs à poussins.*

❷ **Pour obtenir des poussins, les œufs doivent-ils être couvés ou pas ?** *Il est nécessaire que les œufs soient couvés pour obtenir des poussins.*

❸ **Des différences entre les œufs**
a) Observe la photo des œufs A et B et complète le tableau.

	ŒUF A	ŒUF B
Ce qui est commun	La présence de jaune et de blanc	
Ce qui est différent	Pas d'embryon sur le jaune	Un embryon sur le jaune

b) Observe l'évolution de l'œuf B qui donnera un poussin et décris ce que tu vois.
• **Œuf B après 4 jours de couvaison :** *on observe une tache rouge, l'embryon sur le dessus du jaune et des vaisseaux sanguins reliant l'embryon au jaune.*
• **Œuf B après 18 jours de couvaison :** *on observe un poussin qui occupe tout l'espace ; il n'y a plus de jaune ni de blanc visibles.*
c) À ton avis, comment le poussin s'est-il nourri pour grandir dans l'œuf ? *Le poussin s'est nourri du jaune et du blanc.*
d) À ton avis, à quoi sert la couvaison ? *La couvaison sert à réchauffer l'embryon car il a besoin de chaleur pour se développer.*
Ajouter que la **couvaison** ou **incubation** dure 21 jours chez la poule.

❹ **Pour conclure, quelles sont les deux conditions pour que les œufs pondus par la poule donnent des poussins ?** *Il faut la présence de coqs dans le poulailler et que les œufs soient couvés.*
L'enseignant peut ajouter, en montrant une photo, que l'accouplement entre une poule et un coq est nécessaire pour que les œufs pondus donnent des poussins.

ÉTAPE 2 OBSERVER LA NAISSANCE DE POUSSINS

DURÉE 10 min
ORGANISATION en collectif
MATÉRIEL • photos de naissance de poussins de poule, de foulque macroule et naissance d'un oisillon de moineau
• photo de plumes

1) AFFICHER LES PHOTOS.

> **Que représentent ces photos ?** *La naissance d'oiseaux, poussins, oisillons* (termes utilisés indifféremment par les élèves).

> **Quel terme scientifique utilise-t-on pour ces naissances ?** *Ce terme figure dans le titre des photos. Il s'agit de l'éclosion.*

> **Comment se passe l'éclosion ?** *Le poussin ou l'oisillon brise la coquille avec son bec jusqu'à sortir de l'œuf.*

> **Comment sont les petits après l'éclosion ?** *Ils paraissent tout mouillés. Ils n'ont pas de plumes mais sont recouverts de « sortes de poils » chez la foulque macroule et la poule.*
Préciser qu'il ne s'agit pas de poils mais de plumes de **duvet**.
Chez le moineau, les petits ont la peau nue, pas de plumes ni de plumes de duvet. Ils ont les yeux complètement fermés.

Plume (à gauche) et plume de duvet (à droite)

2) INTRODUIRE LA NOTION D'OVIPARITÉ.

Les animaux qui naissent après **éclosion** d'un œuf sont des animaux **ovipares**.

ÉTAPE 3 OBSERVER LA NAISSANCE D'UN POULAIN

DURÉE 10 min
ORGANISATION en collectif
MATÉRIEL • photo d'un poulinage

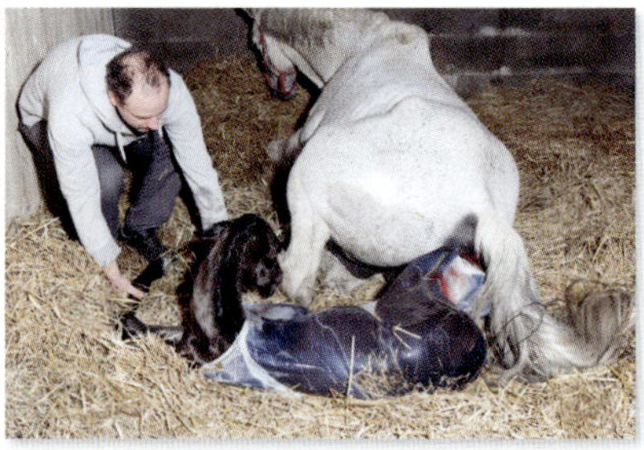

1) AFFICHER LA PHOTO DE POULINAGE.

> **Que représente cette photo ?** *La naissance d'un poulain.*

> **Quels indices permettent de faire cette hypothèse ?** *Le poulain est couché au sol. À l'arrière de la mère est accrochée une sorte de poche blanche transparente recouverte de sang. Il semble sorti de cette poche.*
L'enseignant pourra attirer l'attention des élèves sur le titre de la photo, et le terme « poulinage » sera recherché dans un dictionnaire.

> **Comment est le poil du poulain ?** *Il est comme mouillé.*

> **Où était-il avant de naitre ? Comment expliquer qu'il soit mouillé ?** *Il était dans le ventre de sa mère, dans une poche remplie d'un liquide qui s'est déchirée à la naissance. Le liquide s'est alors répandu sur le sol.*

> **Par où est-il sorti ?** *Les élèves peuvent penser à l'anus. L'enseignant précisera qu'il est sorti par un autre orifice situé juste en dessous, l'orifice génital.*

2) INTRODUIRE LA NOTION DE VIVIPARITÉ.

Les animaux qui, comme le poulain, naissent après développement dans le ventre maternel sont des animaux **vivipares**. La naissance est aussi appelée **mise bas**.

ÉTAPE 4 S'INTERROGER ET S'INFORMER SUR LA NAISSANCE D'AUTRES ANIMAUX

DURÉE 20 min
ORGANISATION en collectif et en individuel
MATÉRIEL • cahier de l'élève p. 50-51
• affiche vierge A2

1) PROPOSER UNE LISTE D'ANIMAUX : crocodile, grenouille, girafe, papillon, couleuvre, chevreuil, tortue marine, pingouin. Les élèves peuvent proposer d'autres animaux.

> **À votre avis, comment ces animaux naissent-ils ? Sortent-ils d'un œuf ou du ventre de leur mère ?**
Les élèves donnent leurs idées. L'enseignant les encourage ensuite à faire des recherches. Ce travail peut être réalisé en BCD et/ou mobiliser des ressources informatiques (recherche Internet). Si l'enseignant dispose de peu de temps, il met à disposition les documents présélectionnés dans le cahier p. 50-51.

2) SUR L'AFFICHE, CONSTRUIRE COLLECTIVEMENT UN TABLEAU DU TYPE :

NOM DE L'ANIMAL	LES PETITS SORTENT D'UN ŒUF : CE SONT DES OVIPARES		LES PETITS SORTENT DU VENTRE DE LA MÈRE : CE SONT DES VIVIPARES	
	OUI (mettre une croix)	**Durée du développement**	**OUI (mettre une croix)**	**Durée du développement**
Crocodile	X	80 jours		
Grenouille rousse	X	1 à 3 semaines		
Girafe			X	15 mois
Papillon	X	Quelques jours à plusieurs semaines		
Couleuvre	X	2 mois		
Chevreuil			X	9 mois et demi
Tortue marine	X	2 à 3 mois		
Petit pingouin	X	26 à 37 jours		
...				

Ce tableau peut ensuite être affiché dans la classe et complété au cours de l'année en fonction de recherches et découvertes réalisées par les élèves.
Faire remarquer que la durée du développement est très variable selon les espèces.

ÉTAPE 5 SE DEMANDER COMMENT VIVENT LES PETITS APRÈS LEUR NAISSANCE

DURÉE 30 min
ORGANISATION en individuel
MATÉRIEL • cahier de l'élève p. 52 à 54
• photo d'un ornithorynque

1) **FAIRE OUVRIR LE CAHIER P. 54.** Les élèves complètent le tableau en s'aidant des documents pages 52 et 53 du cahier.

2) **CORRIGER COLLECTIVEMENT.**

	Les petits peuvent-ils se déplacer seuls ? oui/non	Les petits peuvent-ils se nourrir seuls ?	
		OUI	NON Que mangent-ils ?
Chiot	Reste couché au début		Lait. Ils tètent leur mère.
Agneau	OUI, dans les 15 min qui suivent sa naissance		Lait. Ils tètent leur mère.
Porcelet	OUI		Lait. Ils tètent leur mère.
Veau	OUI		Lait. Ils tètent leur mère.
Chardonneret	NON, reste dans le nid.		Becquée d'insectes et de graines par les parents
Merle d'Amérique	NON, reste dans le nid.		Becquée d'insectes et de petits fruits par les parents
Cigogne	NON, reste dans le nid.		Picore les régurgitations des parents dans le nid
Tortue marine	OUI	OUI	
Poule	OUI	OUI	
Canard	OUI	OUI	
Coccinelle	OUI	OUI	

3) **POUR FINIR, PROPOSER D'EXAMINER LE LIEN ENTRE LE TYPE DE NAISSANCE (OVIPARITÉ/VIVIPARITÉ) ET LES SOINS APPORTÉS AUX PETITS.**

> **Les vivipares étudiés ici peuvent-ils vivre sans leurs parents à la naissance ?** *Non, ils ont besoin de leur mère pour se nourrir. Celle-ci les allaite grâce à ses mamelles.*

Ornithorynque

L'enseignant pourra ajouter que la présence de mamelles est une caractéristique des **mammifères**. Pour autant, tous les mammifères ne sont pas vivipares et ne possèdent pas des mamelles. Par exemple l'ornithorynque, mammifère vivant en Australie et en Tasmanie, possède un bec et pond des œufs. La femelle allaite ses petits mais n'a pas de mamelle. Le lait s'écoule par des petits orifices le long des poils que les petits lèchent.

Il existe aussi des animaux vivipares (des lézards, des poissons guppys…) qui, contrairement aux mammifères, ne s'occupent pas de leurs petits après la naissance. De façon plus précise, ces animaux sont qualifiés **d'ovovivipares** car l'embryon se développe dans un œuf mais celui-ci éclot dans l'organisme maternel un peu avant la naissance.

> **Qu'en est-il des ovipares étudiés ici ? Peuvent-ils vivre sans leurs parents à la naissance ?**
Pas tous. Certains, comme la tortue marine, la poule, le canard, la coccinelle, sont capables de se déplacer seuls et de rechercher leur nourriture. D'autres, comme le chardonneret, le merle d'Amérique et la cigogne, sont des oiseaux incapables de quitter le nid.
Introduire la notion d'oiseaux nidicoles : qui reçoivent leur nourriture de leurs parents. À ce stade, préciser la différence entre les termes « poussin » et « oisillon » : le **poussin** est un jeune oiseau très rapidement autonome capable de marcher et de se nourrir seul au bout de quelques heures. Son corps est couvert de plumes de duvet à la naissance : les petits de la poule ou de la cane, par exemple. L'**oisillon,** quant à lui, est un jeune oiseau incapable de marcher ou de se nourrir seul (il reçoit la becquée de ses parents) qui vit dans le nid pendant plusieurs jours. Il a généralement les yeux fermés et le corps nu (pas de duvet) à la naissance : les petits du chardonneret, du merle d'Amérique, du moineau ou de la cigogne par exemple.

4) CONCLURE :

Certains petits, après leur naissance, font l'objet de soins de la part de leurs parents (apport de nourriture, protection) alors que d'autres doivent se débrouiller seuls dès leur naissance pour survivre.

ÉTAPE 6 TRACE ÉCRITE

DURÉE 5 min
ORGANISATION en collectif
MATÉRIEL • cahier de l'élève p. 54

ÉLABORER COLLECTIVEMENT LA TRACE ÉCRITE. Les élèves la copient sur leur cahier.

Exemple de trace écrite :

Mâle et femelle sont indispensables à la reproduction chez la plupart des animaux.
On distingue les animaux **vivipares,** qui naissent après développement dans le ventre maternel, des animaux **ovipares**, qui naissent après éclosion d'un œuf.
Certains petits, après leur naissance, doivent être nourris et protégés par leurs parents alors que d'autres sont immédiatement autonomes.

Lexique :

Vivipare : animal qui nait après développement dans le ventre maternel.
Ovipare : animal qui nait après développement dans un œuf à l'extérieur de l'organisme maternel.
Ovovivipare : animal qui nait après développement dans un œuf à l'intérieur de l'organisme maternel.
Éclosion : naissance d'un ovipare.
Mise bas : naissance d'un vivipare

ÉVALUATION COMMENT LES ANIMAUX SE REPRODUISENT-ILS ?

MATÉRIEL • Fiche évaluation et son corrigé

ÉVALUATION AU FIL DE L'EAU

Dans cette séance, des expériences pour comprendre le rôle du mâle dans la reproduction de la poule sont proposées à l'analyse. Le tableau ci-dessous propose des indicateurs d'évaluation de la compétence : « Interpréter des résultats de façon raisonnée et en tirer des conclusions en mobilisant des arguments scientifiques ».

Interpréter des résultats de façon raisonnée et en tirer des conclusions en mobilisant des arguments scientifiques	OUI/NON
L'élève est capable de formuler le résultat obtenu.	
L'élève est capable d'en déduire la conclusion de l'expérience.	

La séance permet de travailler la compétence C3-5 « Extraire les informations pertinentes d'un document et les mettre en relation pour répondre à une question ». Les élèves doivent en effet, en étapes 4 et 5, obtenir des informations sur la naissance et sur l'autonomie des jeunes juste après leur naissance à partir de photos et textes. L'enseignant peut évaluer leur degré d'acquisition de la compétence à l'aide du tableau des indicateurs des séances 7 et 8.

ÉVALUATION SOMMATIVE

Distribuer la fiche évaluation. Un corrigé est proposé en ressources numériques.

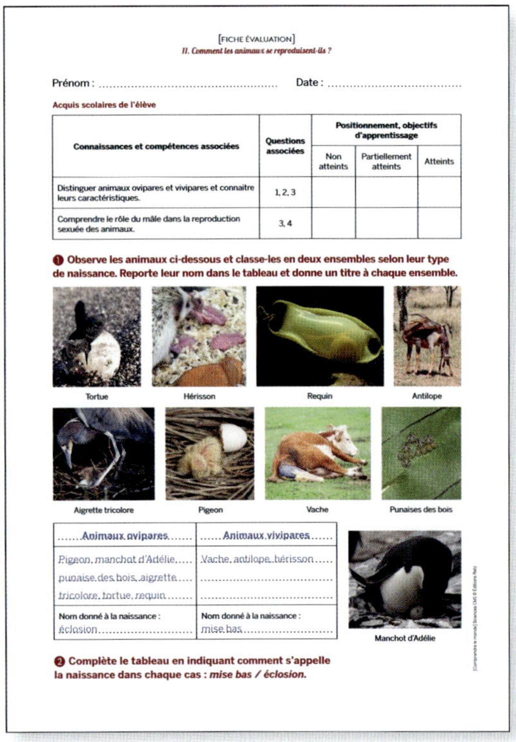
[FICHE ÉVALUATION]
11. Comment les animaux se reproduisent-ils ?

Prénom : .... Date : ....

Acquis scolaires de l'élève

Connaissances et compétences associées	Questions associées	Positionnement, objectifs d'apprentissage		
		Non atteints	Partiellement atteints	Atteints
Distinguer animaux ovipares et vivipares et connaitre leurs caractéristiques.	1, 2, 3			
Comprendre le rôle du mâle dans la reproduction sexuée des animaux.	3, 4			

❶ Observe les animaux ci-dessous et classe-les en deux ensembles selon leur type de naissance. Reporte leur nom dans le tableau et donne un titre à chaque ensemble.

Animaux ovipares	Animaux vivipares
Pigeon, manchot d'Adélie, punaise des bois, aigrette tricolore, tortue, requin	Vache, antilope, hérisson
Nom donné à la naissance : éclosion	Nom donné à la naissance : mise bas

❷ Complète le tableau en indiquant comment s'appelle la naissance dans chaque cas : *mise bas / éclosion*.

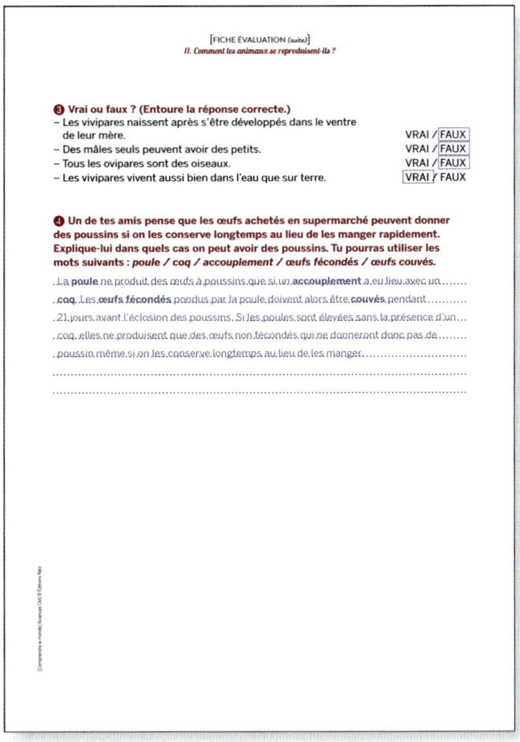
[FICHE ÉVALUATION (suite)]
11. Comment les animaux se reproduisent-ils ?

❸ Vrai ou faux ? (Entoure la réponse correcte.)
– Les vivipares naissent après s'être développés dans le ventre de leur mère. VRAI / FAUX
– Des mâles seuls peuvent avoir des petits. VRAI / FAUX
– Tous les ovipares sont des oiseaux. VRAI / FAUX
– Les vivipares vivent aussi bien dans l'eau que sur terre. VRAI / FAUX

❹ Un de tes amis pense que les œufs achetés en supermarché peuvent donner des poussins si on les conserve longtemps au lieu de les manger rapidement. Explique-lui dans quels cas on peut avoir des poussins. Tu pourras utiliser les mots suivants : *poule / coq / accouplement / œufs fécondés / œufs couvés*.

La **poule** ne produit des œufs à poussins que si un **accouplement** a eu lieu avec un **coq**. Les **œufs fécondés** pondus par la poule doivent alors être **couvés** pendant 21 jours avant l'éclosion des poussins. Si les poules sont élevées sans la présence d'un coq, elles ne produisent que des œufs non fécondés qui ne donneront donc pas de poussin même si on les conserve longtemps au lieu de les manger.

SÉANCE 12

Qu'est-ce qu'une fleur et quel est son devenir ?

L'ESSENTIEL À SAVOIR POUR L'ENSEIGNANT•E

Chez les plantes à fleurs ou **angiospermes**, la reproduction se fait :

– par multiplication végétative, à partir d'organes non spécialisés (racines, tiges ou feuilles) ;

– ou par reproduction sexuée, à partir d'une structure spécialisée, la fleur.

QU'EST-CE QU'UNE FLEUR ?

La fleur contient les organes reproducteurs. Lorsque les organes mâles et femelles sont présents simultanément, la fleur est qualifiée de **bisexuée** ou **hermaphrodite**. Les organes mâles sont les **étamines**. Les organes femelles sont le ou les **pistils**. Chaque étamine se compose d'un **filet** et d'une **anthère** renfermant le pollen. Le pistil se compose, quant à lui, d'un **ovaire** renflé contenant un ou plusieurs **ovules**, d'un **style,** une partie intermédiaire allongée, et d'un **stigmate** à l'extrémité. En plus de ces organes reproducteurs, la fleur comprend souvent des éléments protecteurs, les **sépales** qui forment le **calice** et les **pétales** qui forment la **corolle**. Tous ces éléments sont insérés dans un **réceptacle**, lui-même porté par un **pédoncule**.

QUELLES VARIATIONS DANS L'ORGANISATION DE LA FLEUR ?

Le nombre, la forme, la couleur et la manière dont les pièces florales sont insérées dans le réceptacle peuvent varier d'une espèce à l'autre. Parmi ces variations, citons :

– l'absence de pétales et de sépales par exemple dans les fleurs de blé ou de maïs ;

– l'absence de pistil ou l'absence d'étamines. Dans ce cas, les fleurs sont **unisexuées, mâles** ou **femelles** ;

– le regroupement de fleurs en une seule, dite fleur composée, comme chez le tournesol ou encore la pâquerette où les fleurs sont réunies dans le « cœur ».

Le saviez-vous ?

À première vue, les fleurs de ***tulipe*** *et les fleurs de* ***lis*** *paraissent dépourvues de sépales. Pourtant ils existent bien (il y en a trois), mais ils sont de même forme et de même couleur que les trois pétales intérieurs.*

Chez le ***coquelicot****, la fleur porte également des sépales (deux sépales velus de couleur verte), mais ils tombent très vite lorsque la fleur s'épanouit.*

Le ***bouton-d'or****, quant à lui, possède 5 sépales, 5 pétales, de nombreuses étamines et de nombreux pistils.*

LA POLLINISATION

Lorsque la fleur s'épanouit, les étamines parvenues à maturité libèrent des grains de pollen par leurs anthères. Le pollen ainsi émis est transporté vers le stigmate d'un pistil.

Ce transport est appelé **pollinisation**. Il peut se faire grâce au vent, aux insectes, aux oiseaux, aux chauvesouris ou encore à l'eau pour certaines plantes aquatiques.

– Chez les fleurs bisexuées (possédant étamines et pistils), le pollen peut être collecté par le pistil de la même fleur, parfois même avant l'épanouissement de celle-ci comme chez le pois, ce qui conduira à une autofécondation. Pour d'autres fleurs bisexuées, la pollinisation croisée est la règle, l'autofécondation étant empêchée par différents mécanismes.

– Chez les fleurs unisexuées (possédant soit des étamines soit des pistils), la pollinisation suppose un transport de pollen de fleurs mâles vers des fleurs femelles.

LA FÉCONDATION ET LA FORMATION D'UN FRUIT

Quand un grain de pollen arrive sur le stigmate d'un pistil et trouve les conditions favorables, il germe en produisant un tube pollinique qui progresse dans le style et rejoint l'ovaire.

Ce tube pollinique contient 2 spermatozoïdes qui féconderont l'ovule pour donner une graine renfermant, d'une part, un germe et, d'autre part, des réserves nutritives. Il s'agit donc d'une **double fécondation**. Celle-ci est spécifique des angiospermes et unique dans le monde vivant.

Parallèlement à la formation de la graine, l'ovaire se transforme en fruit. Les sépales, les pétales, les étamines et le style du pistil flétrissent et finissent par tomber.

DIVERSITÉ DES FRUITS

Selon la nature de la paroi, plus ou moins lignifiée et riche en eau, on distingue les **fruits charnus** et les **fruits secs**.

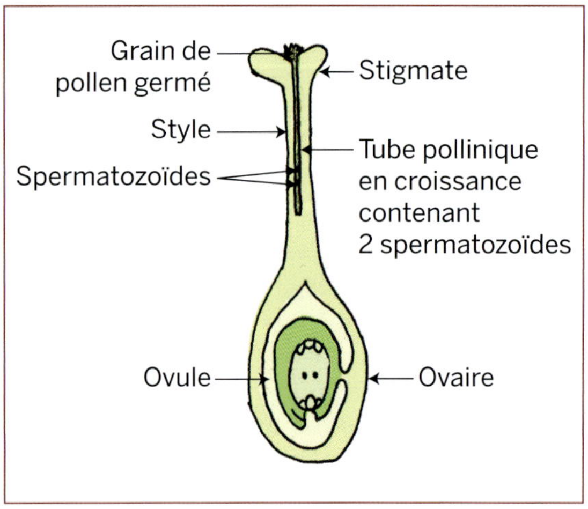

La fécondation dans le pistil.

Légumes ou fruits ?

À l'origine le terme « légume » désignait le fruit d'une famille de plantes, les légumineuses, dont font partie les haricots, les pois et les fèves. Par la suite, on a appelé « légumes » tous les végétaux consommés en entrée ou en accompagnement d'une viande ou d'un poisson, qu'il s'agisse de feuilles (épinards, salade...), de racines (carottes, betteraves...), de graines (petits pois, maïs...), de fleurs (de courgettes, choux-fleurs...) ou encore de fruits (tomates, poivrons...). Le terme « légumes » a ainsi perdu son sens botanique.

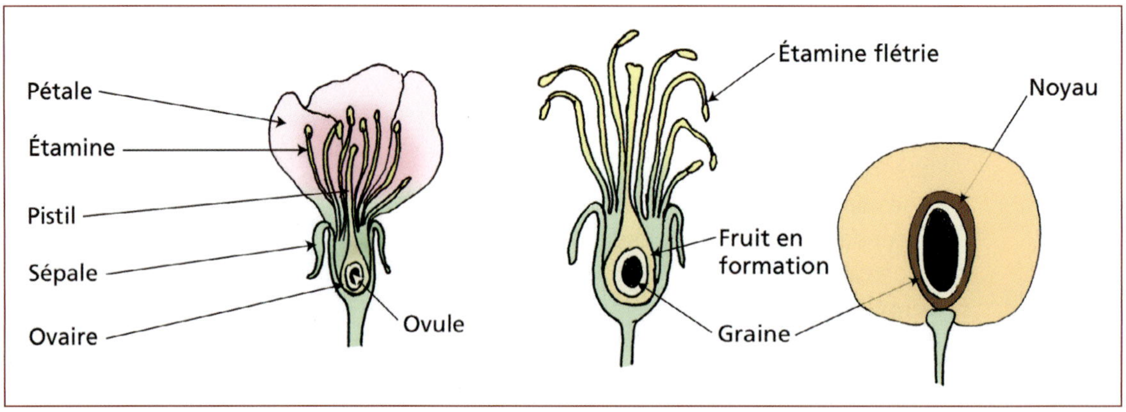

De la fleur au fruit chez le cerisier.

FRUITS CHARNUS : PAROI JUTEUSE	FRUITS SECS : PAUVRES EN EAU
Baies : la paroi est au contact immédiat des graines ou pépins  	**Déhiscents** : s'ouvrent à maturité pour libérer les graines   
Drupes : présence d'un noyau renfermant une graine unique  	**Indéhiscents** : ne s'ouvrent pas à maturité  

➲ *Le saviez-vous ?*

Dans la pomme, ce que l'on mange provient de la transformation du réceptacle de la fleur. Le « vrai » fruit issu de la transformation de l'ovaire est en fait le « trognon ».

Chez la fraise, le fruit « apparent » consommé correspond également à l'évolution du réceptacle de la fleur, les « vrais » fruits étant les « grains noirs » présents à la surface, qui sont en fait des fruits secs.

Chez la mûre et la framboise, le « fruit » est en fait une polydrupe composée de plusieurs drupes, issues chacune de la transformation d'un ovaire.

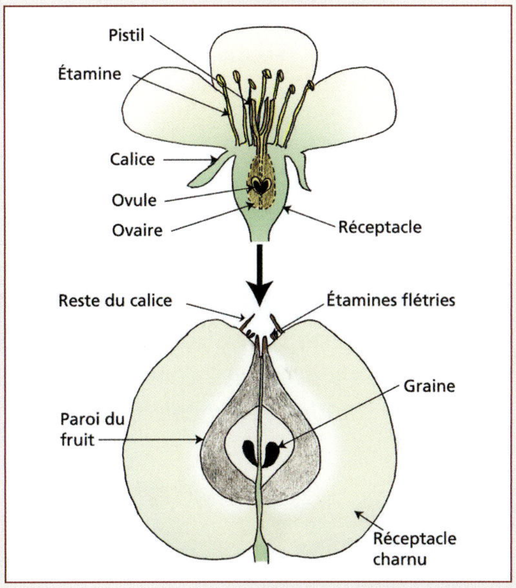

DÉROULEMENT DE LA SÉANCE

Connaissances et compétences associées

• ***Exploiter des observations issues de cultures ou d'élevages pour identifier les différentes étapes d'un cycle de vie et les formes associées.***

DURÉE : en deux temps, 30 min puis 20 min une dizaine de jours plus tard.

Conseil : pour une question de disponibilité du matériel végétal, il est préférable que cette séance se déroule en mai-juin ou encore en septembre-octobre. L'idéal est de pouvoir disposer de fleurs et de fruits de la même espèce. Pour cela, il est possible de lancer des germinations 1 à 2 mois avant le début de la séance par exemple pour le pois, le haricot ou encore la tomate.

ÉTAPE 1 SE QUESTIONNER ET FORMULER DES HYPOTHÈSES SUR L'ORIGINE ET LE DEVENIR DE LA FLEUR

DURÉE 10 min
ORGANISATION en binômes, puis en collectif
MATÉRIEL • une tige par binôme portant des fleurs et des fruits (exemple : colza, giroflée, balsamine, roquette sauvage...)
• des récipients (pots de yaourt ou pots de confiture) contenant de l'eau.

Roquette sauvage (*Diplotaxis*) très commune sur le bord des chemins.

Balsamine de l'Himalaya (espèce invasive des bords de chemin).

DISTRIBUER UNE TIGE À CHAQUE BINÔME ET DEMANDER AUX ÉLÈVES DE RACONTER L'HISTOIRE D'UNE DES FLEURS PORTÉES PAR CETTE TIGE.

> **À partir de quoi la fleur s'est-elle formée et que va-t-elle devenir ?** *La fleur se forme à partir d'un bouton ou d'un bourgeon puis elle fane.*

> **Si on veut observer comment elle s'est formée et ce qu'elle va devenir, comment doit-on s'y prendre ?** *Garder les tiges dans la classe pendant plusieurs jours et observer leurs transformations. Pour cela, il faudra les placer dans des récipients contenant de l'eau.*

ÉTAPE 2 OBSERVER L'ORGANISATION D'UNE FLEUR

DURÉE 20 min
ORGANISATION en binômes, puis en collectif
MATÉRIEL • une fleur par élève (par exemple : pois, cerisier, pommier, tulipe, coquelicot, lis, bouton-d'or...)
• des rouleaux de scotch
• cahier de l'élève p. 55

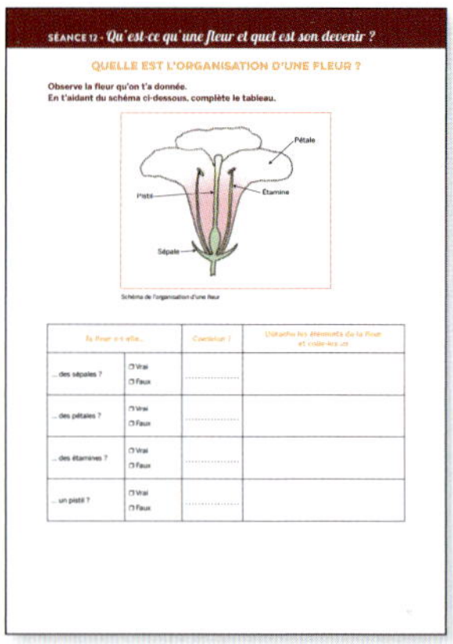

Conseil : éviter de travailler sur des fleurs de la famille des composées (marguerite, pâquerette, pissenlit...), trop complexes à analyser pour les élèves.

1) **DISTRIBUER UNE FLEUR À OBSERVER POUR CHAQUE BINÔME ET FAIRE COMPLÉTER LE CAHIER P. 55.** Conseiller aux élèves d'observer les éléments de la fleur selon l'ordre du tableau et en se référant au schéma. Prévenir que certains éléments peuvent être absents sur les fleurs distribuées.

2) **CORRIGER COLLECTIVEMENT.** Selon les échantillons choisis, il sera possible d'observer les variations dans l'organisation des fleurs : présence / absence de sépales, nombre et couleur des pétales, nombre d'étamines, nombre de pistils... Les termes *calice* (ensemble des sépales) et *corolle* (ensemble des pétales) seront énoncés.

3) ÉTABLIR LA CONCLUSION :

Selon les cas, les fleurs possèdent des **sépales**, des **pétales**, des **étamines** et des **pistils** en nombre variable. Les sépales, généralement verts, forment le **calice**. Les pétales, généralement colorés, forment la **corolle** de la fleur.

Remarque : conserver les fleurs observées dans de l'eau jusqu'à ce qu'elles se transforment en fruit pour l'étape 3.

ÉTAPE 3 OBSERVER LA TRANSFORMATION DE LA FLEUR EN FRUIT

DURÉE 20 min
ORGANISATION en collectif, puis en groupes de 4
MATÉRIEL
- les tiges « fleuries » conservées dans la classe depuis l'étape 1 dans un récipient contenant de l'eau
- selon la saison, des échantillons ou des photos de fruits divers (pois, tomate, poivron, concombre, courgette, marron, capsule de coquelicot, samare d'érable...)
- photo de pistil montrant des ovules à l'intérieur

Conseil : cette étape est à programmer lorsqu'une majorité de fleurs se sont transformées en fruits.

1) OBSERVER ET CONCLURE SUR LE DEVENIR DE LA FLEUR. Redistribuer les tiges « fleuries » et laisser observer les élèves.

> **Que sont devenues les fleurs ?**
Elles ont fané. Les pétales et les étamines sont tombés.

> **Que reste-t-il de la fleur ?** *Le pistil, qui a « grossi ».*
L'enseignant indiquera alors que le pistil ainsi transformé porte le nom de **fruit**. L'utilisation de ce terme peut surprendre les élèves car ils s'imaginent que les fruits sont forcément des « choses qui se mangent ».

2) PROPOSER UNE DÉFINITION EN PARTANT D'OBSERVATIONS. Afficher des photos ou distribuer des fruits coupés.

> **Qu'observe-t-on à l'intérieur de tous les fruits ?**
Une ou plusieurs graines.
L'enseignant pourra ajouter que, parfois, comme pour la cerise (la pêche, la prune, l'abricot, la nectarine...), la ou les graines sont contenues dans un noyau.

> **À votre avis, quelle est l'origine des graines contenues dans les fruits ? À partir de quoi se sont-elles formées ?**
L'enseignant explique et/ou montre sur une fleur (fleur de l'étape 1 ou fleur de lis) que son pistil renferme des « petites boules » appelées **ovules**. Les graines proviennent de la transformation de ces ovules.
Pour finir, l'enseignant demandera aux élèves de proposer une définition pour le terme « fruit ».

Coupe longitudinale de la digitale pourpre

Le fruit résulte de la transformation du pistil de la fleur, qui a fané. Le fruit contient une ou plusieurs graines parfois enfermées dans un noyau.

ÉTAPE 4 SYNTHÈSE

DURÉE 15 min
ORGANISATION en individuel
MATÉRIEL • cahier de l'élève p. 56

1) **FAIRE COMPLÉTER LE CAHIER DE L'ÉLÈVE P. 56.** Veiller à ce que l'ensemble du vocabulaire vu dans la séance soit réinvesti.

2) **CORRIGER COLLECTIVEMENT.**

QUE VA DEVENIR CETTE FLEUR ?

Document • **Fleur de digitale pourpre vue en coupe longitudinale**

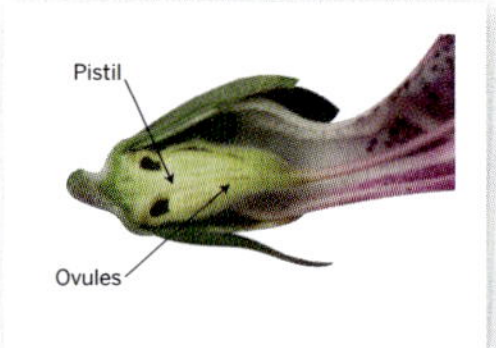

1 En t'aidant du document et des mots à apprendre, complète la légende de ce schéma de fleur.

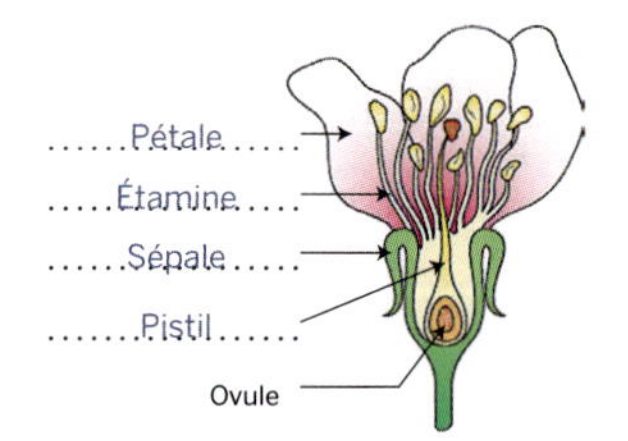

Schéma de l'organisation d'une fleur

2 Décris ce que devient la fleur lorsqu'elle fane :

..Lorsqu'elle fane, la fleur se transforme en fruit...

3) **CONSTRUIRE COLLECTIVEMENT LA TRACE ÉCRITE** et l'écrire au tableau pour que les élèves la recopient sur leur cahier.

Exemple de trace écrite :

Quand elle fane, la fleur perd ses pétales, ses sépales et ses étamines tandis que son pistil grossit et se transforme en fruit. Les ovules contenus dans le pistil se transforment en graines.

PROLONGEMENT POSSIBLE

La vocation du fruit est d'être disséminé, ce qui permet à une plante de disperser ses graines et donc de coloniser de nouveaux milieux. L'étude de la dissémination des fruits peut être un prolongement intéressant à la séance. Plusieurs exemples concrets peuvent être proposés aux élèves (fruits de pissenlit, de tilleul, d'érable, de bardane, de hêtre...). À partir de l'observation de ces fruits, les élèves peuvent repérer les particularités utiles à la dispersion (fruits légers, avec des ailettes, ce qui assure une bonne prise au vent, avec des crochets, ce qui permet une fixation sur les poils ou les plumes...).

ÉVALUATION – LA REPRODUCTION DE LA PLANTE À FLEUR

MATÉRIEL • Fiche évaluation et son corrigé

ÉVALUATION AU FIL DE L'EAU

La séance repose essentiellement sur l'observation de « matériel » concret vivant et vise l'acquisition d'un vocabulaire descriptif adapté. Elle met donc en jeu la capacité des élèves à rendre compte aussi précisément que possible de leurs observations. Cette compétence peut faire l'objet d'une évaluation formative individuelle s'appuyant sur les activités des étapes 2 et 4.
Le tableau ci-dessous propose des indicateurs de réussite pour chaque séance et étape.

	Rendre compte de ses activités en utilisant un vocabulaire précis et des formes langagières spécifiques des sciences	OUI/NON
Étape 2	*La fleur observée est correctement décrite : les différentes pièces florales sont identifiées et dénombrées.*	
Étape 4	*Le vocabulaire descriptif de la fleur est maitrisé (pétale, sépale, étamine, pistil).*	
	L'élève est capable de décrire le devenir de la fleur quand elle fane en utilisant un vocabulaire précis et adapté.	

ÉVALUATION SOMMATIVE

Distribuer la fiche évaluation. Un corrigé est proposé en ressources numériques.

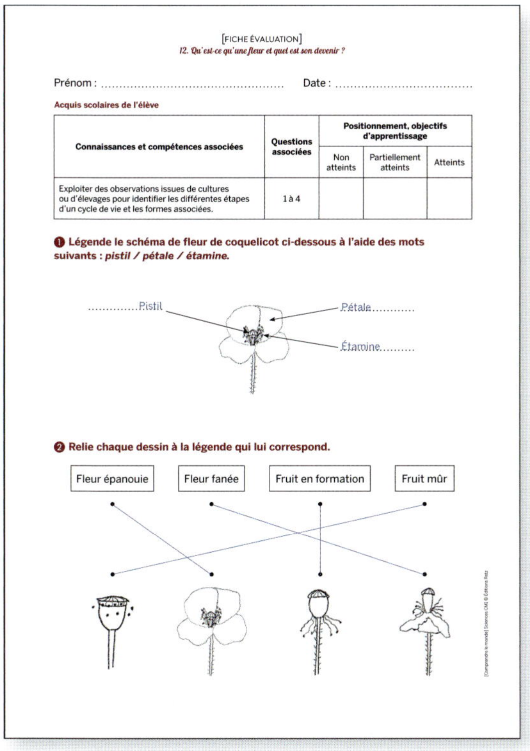

[FICHE ÉVALUATION]
12. Qu'est-ce qu'une fleur et quel est son devenir ?

Prénom : .... Date : ....

Acquis scolaires de l'élève

Connaissances et compétences associées	Questions associées	Positionnement, objectifs d'apprentissage		
		Non atteints	Partiellement atteints	Atteints
Exploiter des observations issues de cultures ou d'élevages pour identifier les différentes étapes d'un cycle de vie et les formes associées.	1 à 4			

❶ Légende le schéma de fleur de coquelicot ci-dessous à l'aide des mots suivants : *pistil / pétale / étamine.*

❷ Relie chaque dessin à la légende qui lui correspond.

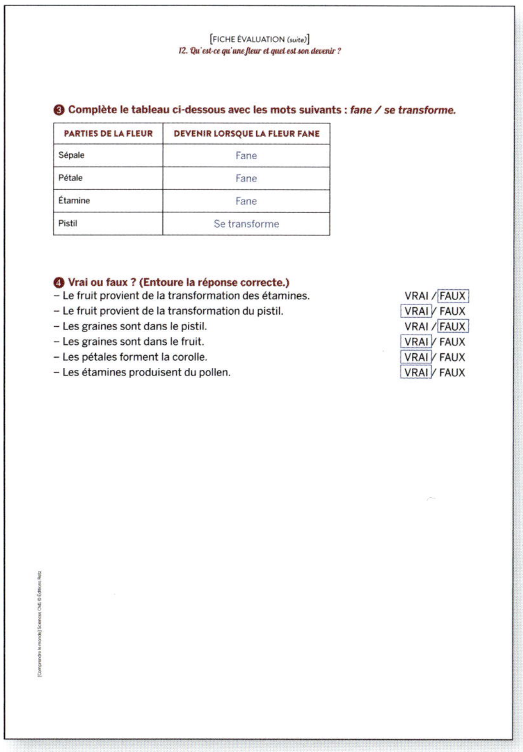

[FICHE ÉVALUATION *(suite)*]
12. Qu'est-ce qu'une fleur et quel est son devenir ?

❸ Complète le tableau ci-dessous avec les mots suivants : *fane / se transforme.*

PARTIES DE LA FLEUR	DEVENIR LORSQUE LA FLEUR FANE
Sépale	Fane
Pétale	Fane
Étamine	Fane
Pistil	Se transforme

❹ Vrai ou faux ? (Entoure la réponse correcte.)
– Le fruit provient de la transformation des étamines. VRAI / FAUX
– Le fruit provient de la transformation du pistil. VRAI / FAUX
– Les graines sont dans le pistil. VRAI / FAUX
– Les graines sont dans le fruit. VRAI / FAUX
– Les pétales forment la corolle. VRAI / FAUX
– Les étamines produisent du pollen. VRAI / FAUX

DOSSIER INTERDISCIPLINAIRE

Comparer deux types de croissance en s'appuyant sur des outils mathématiques

Connaissances et compétences associées

Décrire comment les êtres vivants se développent et deviennent aptes à se reproduire

> Identifier et caractériser les modifications subies par un organisme vivant au cours de sa vie (pratique d'élevages, de cultures, réalisation de mesures).

DÉFINITION DE LA NOTION

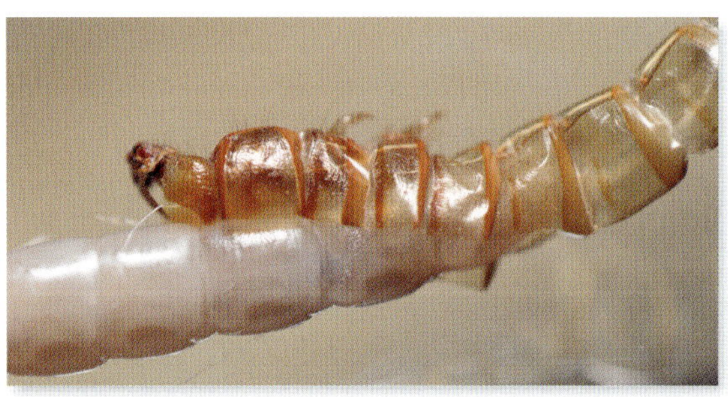

Mue du ténébrion.

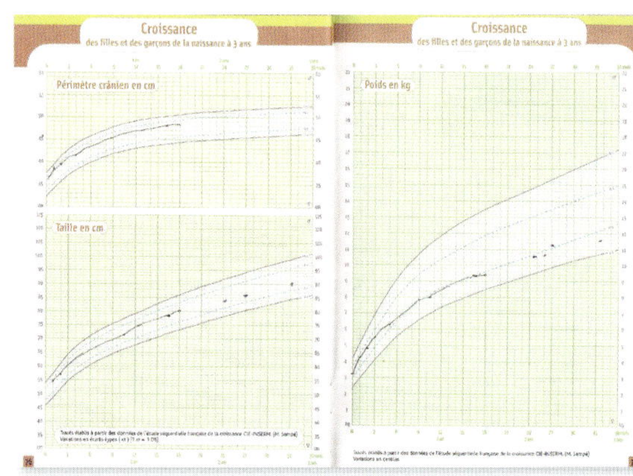

Chez les animaux, lorsque la taille adulte est atteinte, la croissance cesse : l'animal ne grandit plus.

La croissance ne s'effectue pas de la même façon chez tous les animaux. En effet, on distingue :

• **la croissance continue**, lorsque l'augmentation de taille se fait progressivement, sans interruption, jusqu'à ce que l'individu ait atteint sa taille adulte. Par exemple, l'espèce humaine, les poules, les chats, les vers…

• **la croissance discontinue** (par « à coups »). Cela concerne les animaux dont le corps est entouré d'une carapace. Pour grandir, ils doivent muer, c'est-à-dire quitter leur carapace devenue trop étroite, ils grandissent alors avant que la nouvelle carapace ne devienne trop rigide. Ensuite, ils conservent la même taille jusqu'à la prochaine mue. Leur croissance s'effectue donc par paliers, « en escaliers ». Par exemple, la plupart des insectes, des araignées, des crustacés…

Attention !

Ne pas confondre **croissance discontinue** et **développement indirect** (avec métamorphose). Certains animaux, par exemple le ver à soie, ont une croissance discontinue car les chenilles grandissent par mues successives et un développement indirect car elles se métamorphosent en papillon.

Mais il existe des animaux qui se métamorphosent et qui croissent de manière continue, par exemple : le têtard de grenouille croît régulièrement sans mue.

À l'inverse, certains animaux grandissent de manière discontinue et ne se métamorphosent pas pour autant : par exemple, les jeunes phasmes ressemblent aux adultes mais ils grandissent par paliers.

> *cf.* Séance 9 « Comment se développe le ver de farine ? ».

OBJECTIFS DU DOSSIER

Utiliser des outils mathématiques pour comparer la croissance de plusieurs espèces et appréhender les notions de croissance continue/discontinue : mesures de longueurs et de masses à différents temps, représentation graphique des grandeurs mesurées, présentation orale aux autres groupes.

Remarque

Pour la mise en œuvre de ce dossier, l'observation se déroule nécessairement sur plusieurs semaines, voire plusieurs mois, selon les cultures ou les élevages choisis. Voici plusieurs pistes de travail, nous détaillerons dans les étapes qui suivent un exemple pour chaque croissance.

MISE EN ŒUVRE

Les temps indiqués ne correspondent pas au temps de croissance nécessaire pour que l'être vivant atteigne sa taille adulte. Ce sont des estimations (dépendant de l'espèce choisie) du temps minimum requis pour mettre en place une culture ou un élevage et observer un phénomène de croissance :

Croissance continue :

– Amaryllis : 3 à 6 semaines
– Blé : 2 à 3 semaines
– Poussin : 8 semaines
– Lentilles : 10 jours
– Gerbilles : 1 à 2 mois

Croissance discontinue :

– Phasmes : 2 mois (de l'éclosion à l'insecte adulte, six à sept mues se succèdent, espacées de 15 à 20 jours), taille adulte vers 12 ou 14 mois selon l'espèce (phasmes du Vietnam ou moroses)
– Vers à soie : 3 ou 4 semaines, 4 mues
– Araignées « tégénaires » : 2 mois

Demander aux élèves **« Quelle croissance ont les êtres vivants »**. Proposer de les répartir en groupes pour étudier la croissance d'une espèce différente. Les résultats (mesures et graphique) seront ensuite mutualisés et comparés entre eux pour définir les différents types de croissance observés.

ÉTAPE 1 OBSERVER ET MESURER DES PHÉNOMÈNES DE CROISSANCE

Objectif : **Effectuer des relevés de mesures (taille et masse)**

➜ Mathématiques :

– **Mesurer des grandeurs géométriques** : utiliser le lexique, les unités (mm, cm, dm / mg, g, kg…) et les instruments de mesure spécifiques de ces grandeurs.
– **Nombres et calcul** : utiliser les nombres décimaux pour les mesures, conversions en unités de mesure.
– **Organisation et gestion des données :** récolter des données numériques de la grandeur mesurée, organiser les données dans des tableaux.

Matériel : mètres à ruban/ double décimètre/ papier millimétré / pèse-personne/ balance de cuisine / logiciel de tableur…, cahier de l'élève p. 57-58.

➜ Choix et utilisation d'un objet adapté en fonction de la grandeur à mesurer (masse, longueur), de l'être vivant à mesurer et de la précision recherchée (règle plate, règle de couturière, pied à coulisse, pèse-personne, balance de cuisine au 0,1 gramme près, balance de précision au 0,01 gramme près…).

➔ **Lien avec le thème 3 : Matériaux et objets techniques « Décrire le fonctionnement d'objets techniques, leurs fonctions et leurs composants »**

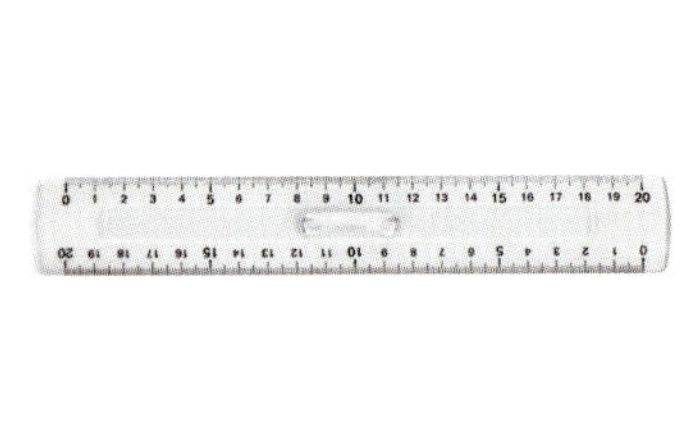

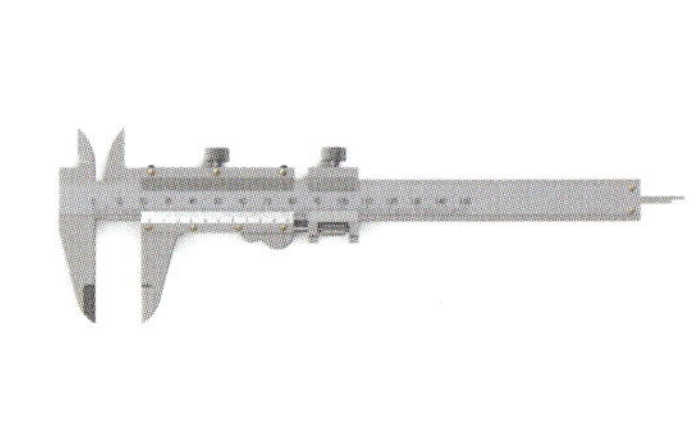

1) FAIRE RÉALISER DES MESURES ET DES RELEVÉS RÉGULIERS.

Les élèves peuvent utiliser le papier millimétré de leur cahier p. 57 ou 58.

- **Croissance d'un végétal entier** (tiges, feuilles et racine)

- **Croissance d'une partie du végétal** (tronc d'arbre, feuille)

- **Croissance des phasmes**

Le phasme se prête facilement à des mesures de taille (sa forme de bâton et le fait qu'il ne bouge pas). Faire un relevé de taille quotidien pour observer que la taille ne varie pas jusqu'à ce qu'une mue se produise. On retrouve alors l'exuvie (la « peau » dont le phasme s'est débarrassé) et l'on constate que la taille a brusquement changé.

Si l'élevage comprend des phasmes d'âges différents, on pourra dans un premier temps proposer aux élèves de mesurer et comparer les différentes tailles.

Pour mesurer la croissance d'un phasme, il est nécessaire d'isoler ou de marquer l'animal avec un feutre de couleur par exemple (en étant vigilant lors des mues), de façon à le reconnaitre et à faire des mesures sur le même individu.

Exemple de fiche technique : http://lemondedesphasmes.free.fr

2) LES MESURES DE LONGUEUR PEUVENT SE FAIRE QUOTIDIENNEMENT, TOUS LES 5 JOURS OU TOUTES LES SEMAINES.

Les élèves peuvent reporter leurs mesures sur les tableaux, p. 57 ou 58 de leur cahier.

JOURS	1	2	3	4	5	6	7	8	9	10	11	12	13	14	15	16	17	18	19	20
TAILLE DU PHASME EN MM	10	10	10	10	10	18	18	18	18	18	18	18	18	18	18	18	18	18	18	26

Avertissement

Il est important de ne pas restreindre le phénomène de croissance à l'augmentation de la taille. Aussi, il sera pertinent d'effectuer des mesures pour mettre en évidence l'augmentation de la masse.

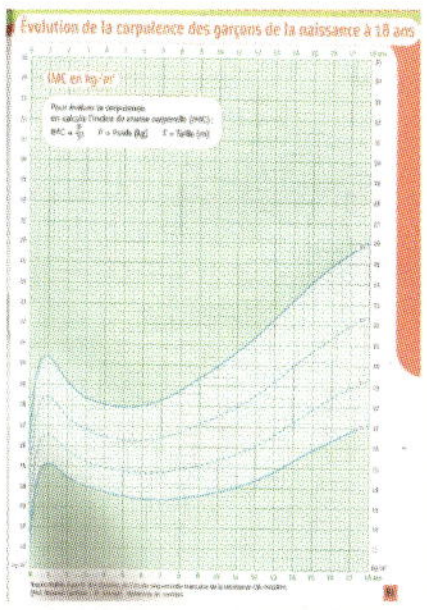

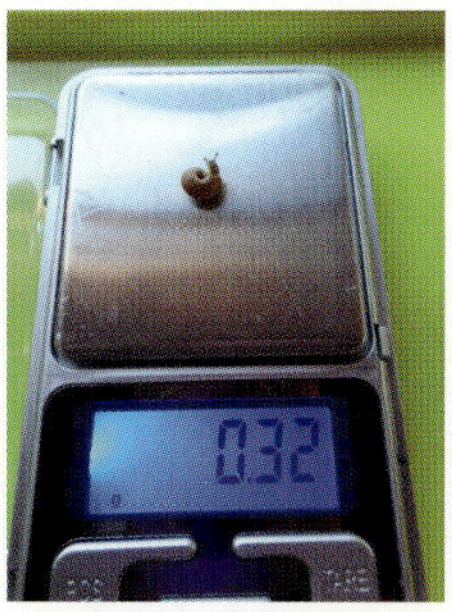

Faire conclure que les êtres vivants observés augmentent de manière irréversible leur taille et leur masse : ils croissent (phénomène de croissance).

ÉTAPE 2 RÉALISER DES COURBES DE CROISSANCE

Objectif : Tracer un graphique à partir d'un tableau de données numériques.

➔ Mathématiques :

Modéliser : Organisation et gestion de données : Représenter des données sous forme de diagrammes et graphiques.

Matériel : papier millimétré, feuille à carreaux, tableur...

PROPOSER AUX ÉLÈVES DE PRÉSENTER LEURS MESURES SOUS LA FORME D'UNE COURBE.

- En reportant leurs données sur une feuille quadrillée avec les axes préalablement gradués.
- En traçant les axes et en les graduant (échelle donnée ou non comme élément de différenciation) sur papier millimétré ou sur quadrillage.

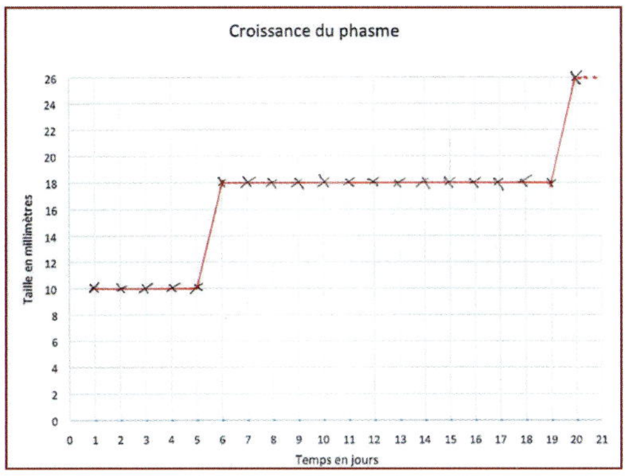

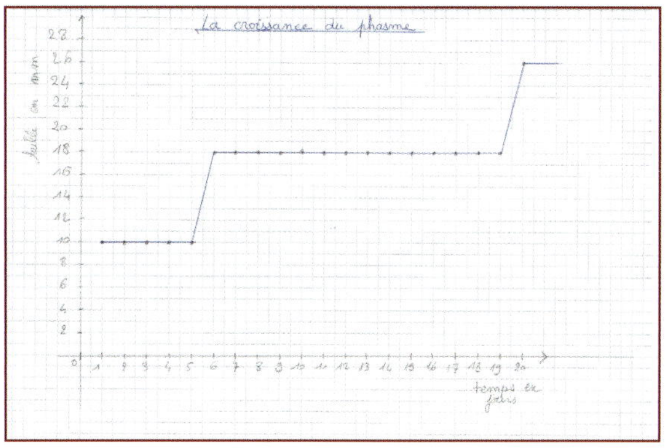

• En utilisant un tableur et sa fonctionnalité « Insertion graphiques ». On pourra alors faire varier les types de représentations graphiques : courbes, diagrammes en bâtons…

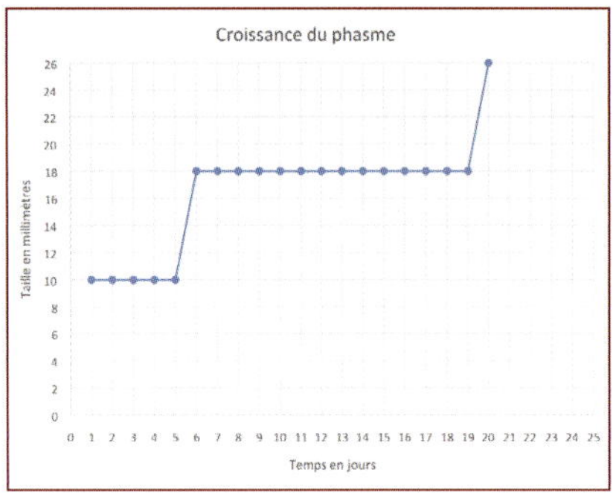

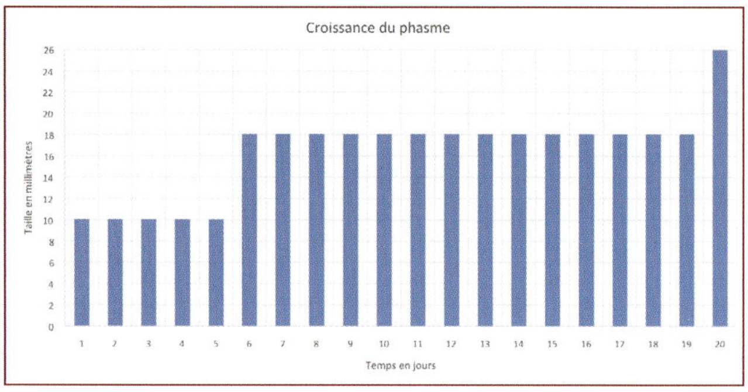

Cf. « Exemple de fichier pour la croissance du phasme »

ÉTAPE 3 EXPLOITER DES DONNÉES

Objectif : **Interpréter des données en analysant notamment l'allure de leur représentation graphique.**

Mathématiques :

– **Grandeurs et mesures :** Lecture de la courbe : augmentations, paliers…

– **Résoudre des problèmes** en exploitant des données numériques organisées dans un tableau et/ou représentées dans un graphique.

Matériel : papier millimétré, feuille à carreaux, tableur…

Lien avec le thème 3 « Repérer et comprendre la communication et la gestion de l'information : usages de logiciels usuels »

1) FAIRE OBSERVER ET DÉCRIRE L'ALLURE DE LA COURBE OBTENUE LORS DE L'ÉTAPE PRÉCÉDENTE.

2) FAIRE RESSORTIR QUE :

– D'une manière générale, les grandeurs (taille et/ou masse) augmentent sans diminution. La courbe traduit bien un **phénomène de croissance**, autrement dit une augmentation irréversible de la taille et/ou du poids au cours du temps.

– Selon l'espèce observée, l'augmentation se fait progressivement sans interruption car la courbe augmente sans s'arrêter : il s'agit d'une **croissance continue.** L'augmentation se fait par « à-coups », on observe des « paliers », la représentation graphique a la forme d'un escalier : il s'agit d'une **croissance discontinue.**

Autres pistes de travail

Résoudre des problèmes de **calcul en utilisant les données relevées**, de **calcul d'une augmentation** (*Quelle est l'augmentation de taille entre un jeune phasme et un phasme adulte ? Combien de grammes a pris notre poussin depuis la dernière pesée ?*), de **calcul d'un rapport** (*Combien de fois un phasme adulte est-il plus grand qu'un jeune phasme ?*)

ÉTAPE 4 COMMUNIQUER LES RÉSULTATS, COMPARER LES CROISSANCES D'ESPÈCES DIFFÉRENTES, INSTITUTIONNALISER LES SAVOIRS

Objectif : Présentation orale du résultat de son observation.

➔ **Français :** Organisation et structuration du propos selon le genre de discours : présentation des résultats d'une recherche (description, explication, justification, présentation d'un point de vue argumenté, etc.).

Matériel : affiche, diagramme projeté au tableau...

1) **DEMANDER À CHAQUE GROUPE D'ÉLÈVES DE RÉALISER UN SUPPORT TYPE AFFICHE** pour communiquer ses résultats aux autres groupes.

2) **À TOUR DE RÔLE, FAIRE VENIR UN REPRÉSENTANT DE CHAQUE GROUPE AU TABLEAU POUR EXPLIQUER LES RÉSULTATS** du groupe et conclure sur la façon dont s'effectue la croissance de l'être vivant observé.

3) **POUR CONCLURE, PROPOSER AU GROUPE CLASSE UNE LECTURE DOCUMENTAIRE** sur le phénomène de croissance. Faire comparer les résultats obtenus à des résultats scientifiquement approuvés, généraliser la notion de croissance continue/discontinue en l'élargissant à d'autres espèces du monde animal ou végétal.

4) **CONSTRUIRE AVEC LES ÉLÈVES UNE SYNTHÈSE DES CONNAISSANCES À MÉMORISER.** Ils pourront la copier sur leur cahier p. 58.

Exemple de trace écrite :

Après leur naissance, les êtres vivants augmentent de manière irréversible de taille (grandir) et de masse (grossir) : on appelle ce phénomène ***la croissance***.

Chez les végétaux, la croissance se poursuit généralement tout au long de la vie alors que chez les animaux, elle s'arrête lorsque la taille adulte est atteinte.

Les animaux peuvent croitre :

↙ régulièrement, sans arrêt : on dit que la croissance est continue.

↘ par « à-coups » car ils grandissent uniquement après une mue : on dit que la croissance est discontinue.

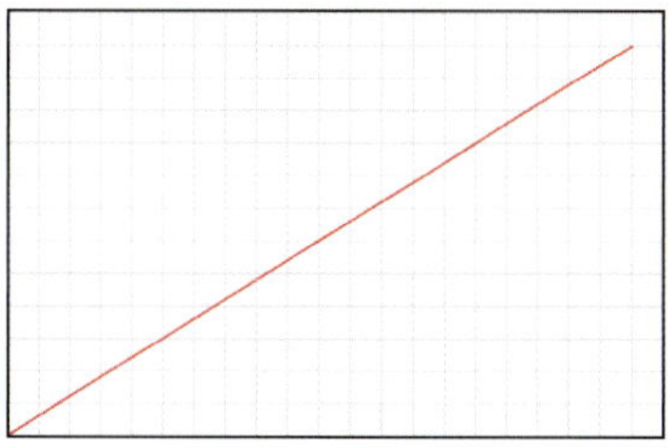

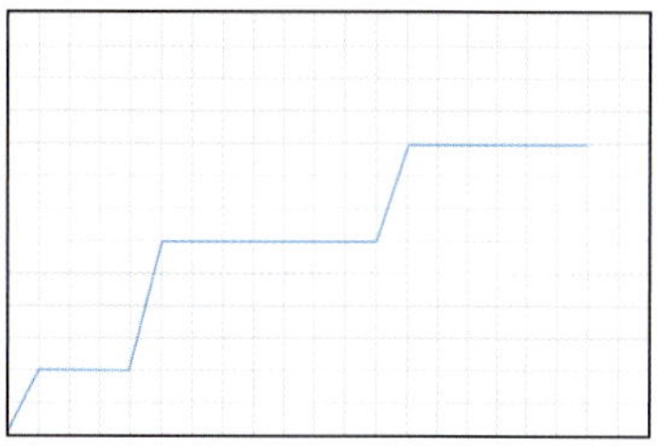

Des liens avec le socle commun et les autres domaines disciplinaires :

– **Histoire-géo :** croissance démographique.

– **EPS :** sport et prévention de santé : zones de fragilité chez les enfants lors de leur croissance.

– **Arts plastiques :** peinture sur coupe de tronc d'arbre en lien avec les cernes du bois.

ÉVALUATION COMPARER DEUX TYPES DE CROISSANCE

DOSSIER INTERDISCIPLINAIRE

Dans ce dossier, les élèves vont s'intéresser à la croissance de divers animaux et plantes et ainsi distinguer croissance continue et croissance discontinue. Pour cela, ils vont effectuer des mesures à l'aide de différents outils (double décimètre, balances...), construire et exploiter des courbes de croissance, communiquer leurs résultats et les comparer avec ceux d'autres élèves. Différentes compétences en relation avec les domaines « S'approprier des outils et des méthodes », « Pratiquer des langages », et éventuellement « Mobiliser des outils numériques » si ce choix a été fait par l'enseignant, peuvent faire l'objet d'une évaluation formative (*cf.* quelques repères ci-dessous).

Utiliser des instruments d'observation, de mesure, des techniques de préparation, de collecte	**OUI/NON**
L'élève est capable de choisir parmi une liste de matériels (mètre à ruban, double décimètre, pèse-personne...) le plus adapté à la grandeur à mesurer (longueur ou masse) de l'être vivant étudié.	
L'élève utilise correctement le matériel pour mesurer une grandeur avec précision.	
L'élève exprime sa mesure dans l'unité qui convient.	
L'élève est capable de tracer un graphique à partir de données de mesure avec l'aide de l'enseignant (feuille quadrillée et axes préalablement gradués).	

Pratiquer des langages	**OUI/NON**
L'élève est capable d'expliquer la démarche mise en œuvre pour mesurer et construire une courbe de croissance.	
L'élève est capable de commenter un graphe illustrant la croissance de l'être vivant étudié.	

OBJETS TECHNIQUES AU CŒUR DE LA SOCIÉTÉ

SÉANCE 13

Qu'est-ce qu'une roue ?

L'ESSENTIEL À SAVOIR POUR L'ENSEIGNANT

> *Il n'y a guère à hésiter pour qualifier la roue de « plus grande invention de tous les temps ». C'est elle, en effet, qui constitue la partie essentielle de la plupart de nos machines, le volant de nos moteurs, la turbine de nos centrales, l'engrenage, la roue dentée, la poulie, le pignon ou le boulon.*
>
> Pierre ROUSSEAU,
> *Histoire des transports*, 1961, p. 15.

DÉFINITION

Roue (nom, féminin) : Organe de forme circulaire, tournant autour d'un axe passant par son centre, qui a de multiples utilisations.

CNTRL (Centre national de ressources textuelles et lexicales)

DES FORMES ADAPTÉES À DES USAGES DIFFÉRENTS

Le principe de la roue peut sembler évident. Ses usages sont pourtant aussi variés que les formes qui lui ont été données. En voici un échantillon classé par genre.

• Organe de forme circulaire sur lequel repose un véhicule et qui, en tournant, **permet le déplacement** de celui-ci.

Roue en pierre taillée

Roue de charriot

Roue pleine en bois

Roue de voiture

Roue de bicyclette

• Disque, cylindre plat, entrant dans la construction d'un mécanisme, d'une machine, d'un outil, qui **reçoit ou transmet un mouvement**.

Roue dentée

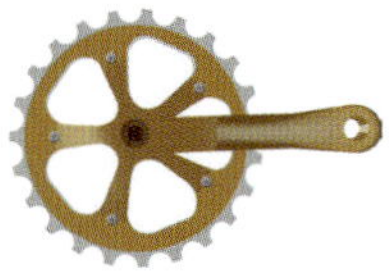
Pédalier

Poulie

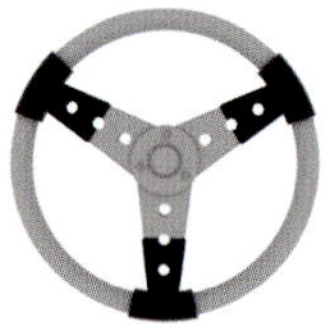
Volant

• Grand cylindre dont la circonférence est **garnie d'éléments utiles** (palettes, augets)

Roue-pelle d'exploitation minière à augets

Roue à aubes de bateau à palettes

Roue à aubes de moulin à palettes

• Disque cylindrique tournant sur son axe. Les exemples ci-dessous sont des roues « pour jouer ».

Roue de la fortune

Grande roue

Roue de hamster

ATTENTION, TOUT CE QUI TOURNE SUR UN AXE N'EST PAS FORCÉMENT UNE ROUE !

Les hélices, les ailes, même si elles tournent autour d'un axe, ne sont pas des roues car la forme de leur contour n'est pas circulaire...

Éolienne

Hélice d'avion

Hélice de bateau

SOURCE D'ÉNERGIE ET MOUVEMENT CIRCULAIRE.

Le propre d'une roue est d'être en mouvement. Diverses sources d'énergie vont permettre cette mise en mouvement.

• **Action directe** sur la roue : énergie musculaire ou hydraulique.
• Production d'électricité responsable du fonctionnement des **moteurs électriques** qui peuvent actionner des roues : énergie nucléaire, hydraulique, éolienne, solaire ou marine.
• Carburant responsable du fonctionnement des **moteurs thermiques** capables d'actionner des roues : énergies fossiles.

DÉROULEMENT DE LA SÉANCE

Connaissances et compétences associées
• ***Repérer les évolutions des objets techniques en fonction de leur contexte d'utilisation.***
• ***Identifier les fonctions assurées par un objet technique.***
• ***Identifier différentes formes d'énergie.***

DURÉE : 2 h environ.

ÉTAPE 1 QU'EST-CE QU'UNE ROUE ?

DURÉE 20 min
ORGANISATION en individuel, puis en collectif
MATÉRIEL • cahier de l'élève p. 60
• affiche A3 vierge

1) QUESTIONNER LES ÉLÈVES PAR ÉCRIT SUR CE QU'ILS PENSENT ÊTRE UNE ROUE.

Chaque élève complète individuellement la partie « À quoi sert une roue ? » sur son cahier.

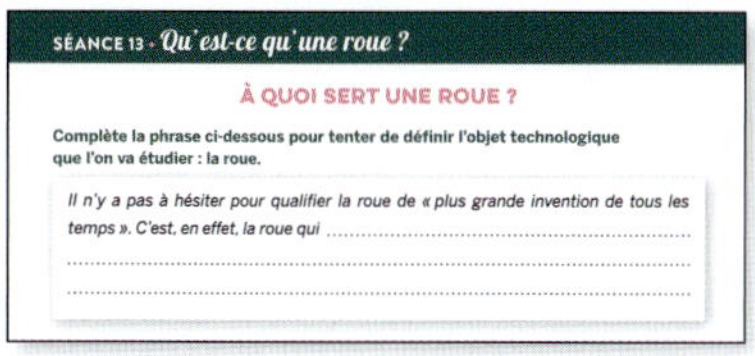

SÉANCE 13 • *Qu'est-ce qu'une roue ?*

À QUOI SERT UNE ROUE ?

Complète la phrase ci-dessous pour tenter de définir l'objet technologique que l'on va étudier : la roue.

Il n'y a pas à hésiter pour qualifier la roue de « plus grande invention de tous les temps ». C'est, en effet, la roue qui ....
....
....

2) **MISE EN COMMUN** : des élèves lisent ce qu'ils ont écrit. Les inciter à ne lire que ce qui n'a pas encore été dit pour favoriser l'écoute et l'efficacité du temps collectif.

3) **NOTER LES PROPOSITIONS DE LA CLASSE SUR L'AFFICHE EN CLASSANT LES IDÉES DES ÉLÈVES EN DEUX COLONNES, PAR EXEMPLE :**

....	....
Poulie Roue Volant Engrenage ...	Tourner Déplacer Transmettre Transporter ...

> **À votre avis, pourquoi ai-je organisé vos réponses en deux colonnes ?** *Il y a, d'une part, les différents types de roues et, d'autre part, les usages que l'on peut en faire.*
Laisser cette trace collective affichée pendant toute la séance pour y revenir aux moments opportuns.

ÉTAPE 2 COMMENT CLASSER DES ROUES ?

DURÉE 30 min
ORGANISATION en groupes de 4
MATÉRIEL • feuille A3, des ciseaux et de la colle
• cahier de l'élève p. 60 et 95

1) **CHAQUE GROUPE DOIT DÉCOUPER ET CLASSER LES IMAGES DES ROUES PROPOSÉES SUR LE CAHIER P. 95.**
Le classement une fois réalisé est collé dans le tableau p. 60 du cahier. Chaque groupe choisit et argumente son choix de critères de classement, puis définit un titre pour chaque classe d'objets.
Indiquer clairement aux élèves que plusieurs classements sont possibles. Cependant, chaque image ne doit pouvoir être placée que dans une famille et aucune image ne doit rester seule.
Exemple de critères de classement : par usage (transporter/entrainer/guider/divertir) ; par énergie utilisée (musculaire, électrique, hydraulique, thermique) ; roues/non roues (le moulin à vent et le traineau à rondins)...

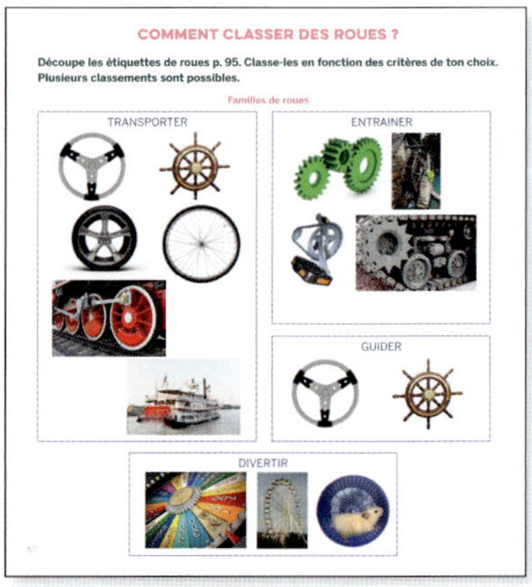

2) **LES CLASSEMENTS SONT PRÉSENTÉS À LA CLASSE.**
Les choix de classement sont explicités oralement par un binôme de chaque groupe.

> **Pourquoi a-t-on regroupé ces objets ?** *Ils sont ronds, circulaires, tournent, ce sont tous des roues...*

> **Qu'est-ce qu'une roue ?** *Un objet circulaire qui tourne autour d'un axe.*

> **N'y a-t-il que des roues ?** *Non, les rondins de bois qui supportent le traineau et son rocher ne tournent pas autour d'un axe fixe (ils tournent sur eux-mêmes).*

> **Qu'avons-nous appris ?**
Écrire au tableau le résultat de l'échange :

Une roue est un élément de forme circulaire qui tourne autour d'un axe.

ÉTAPE 3 À QUOI SERT UNE ROUE ?

DURÉE 20 min
ORGANISATION en binômes
MATÉRIEL • cahier de l'élève p. 60 réalisé à l'étape 2
• exemple de classement et son corrigé

1) UN CLASSEMENT BASÉ SUR LA FONCTION DES ROUES EST DISTRIBUÉ À CHAQUE ÉLÈVE.

> **Observe ce classement puis écris une légende pour chaque groupe avec un verbe à l'infinitif qui répond à la question : « À quoi servent les roues ? »**

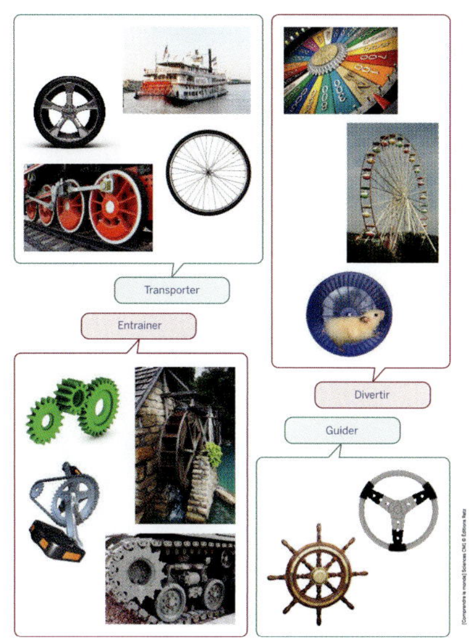

EXEMPLE DE CLASSEMENT

2) LAISSER LES BINÔMES S'EXPRIMER SUR LEURS CHOIX, QUI SONT DÉBATTUS AVEC LA CLASSE.
À l'issue de ces échanges, les principales acquisitions sont consignées par écrit :

> Les roues ont des formes adaptées à l'utilisation prévue. Elles permettent de **guider** un véhicule (volant, barre), **transporter** des individus ou des marchandises (roues des appareils de locomotion), **entrainer** un mouvement (roue dentée, roue de poulie) ou encore **divertir** (grande roue, roue de la fortune, roue du hamster).

ÉTAPE 4 QUELLES SOURCES D'ÉNERGIE PERMETTENT DE FAIRE TOURNER LES ROUES ?

DURÉE 30 min
ORGANISATION en collectif puis en binômes
MATÉRIEL • cahier de l'élève p. 61

1) RÉACTIVER LES NOTIONS D'ÉNERGIE. Pour lancer l'activité, un premier exemple est traité collectivement :

> **Quelle énergie utilise-t-on pour faire avancer un vélo ?** *L'énergie musculaire.*

> **Quelles sont les sources d'énergie que vous connaissez ?** (Écrire au tableau celles qui sont proposées et compléter si nécessaire.) *Il y en a 9 : l'énergie solaire, éolienne, hydraulique, biomasse, géothermique, marine, musculaire, fossile, nucléaire.*

Faire collectivement le tri entre celles qui permettent de faire tourner des roues directement (musculaire, hydraulique) ou indirectement (par l'intermédiaire d'un moteur).

Remarques :

– Lorsque les élèves vont proposer l'énergie électrique, il faut leur expliquer que cette énergie est produite par une ou plusieurs énergies dites primaires (nucléaire et hydraulique).

– Le vent (à l'origine de l'énergie éolienne), risque d'être évoqué par les élèves. Il est important qu'ils comprennent que cette source d'énergie n'est pas à l'origine du mouvement classique des roues mais à celui des hélices (qui ne sont pas des roues). En revanche, le vent permet de produire de l'électricité…

2) FAIRE COMPLÉTER UN TABLEAU DES SOURCES D'ÉNERGIE UTILISÉES POUR FAIRE TOURNER DES ROUES SUR LE CAHIER P. 61.

Les élèves doivent, en binômes, compléter le tableau avec ce premier exemple. Puis développer ce travail à l'aide des exemples rencontrés en amont.

3) VALIDER LES PROPOSITIONS ORALEMENT, EN COLLECTIF, ET COMPLÉTER SI NÉCESSAIRE

Sources d'énergie	Musculaire	Nucléaire/ Hydraulique	Fossile	Hydraulique
Exemples	Vélo musculaire et électrique Roue de la fortune Roue du hamster Barre de navigation Volant de conduite Roue de charrette	Vélo électrique Voiture électrique Train électrique Grande roue	Voiture à essence Train à vapeur Moto Bateau à aube Chenille de tank	Moulin à eau

4) FAIRE UN BILAN ORAL COLLECTIF DE CE QUI A ÉTÉ DÉCOUVERT.

> **Que nous raconte ce tableau ?** *Pour mettre en mouvement une roue, plusieurs sources d'énergie sont possibles : l'énergie* ***musculaire*** *qui provoque un déplacement ; l'énergie* ***nucléaire*** *ou* ***hydraulique*** *(barrages) qui produisent l'électricité alimentant les moteurs électriques ; les énergies* ***fossiles*** *(charbon, pétrole, gaz) qui sont utilisées après transformation comme carburant pour moteurs thermiques ; enfin l'énergie* ***hydraulique*** *dont le courant d'eau peut actionner directement une roue (turbine, roue à palettes).*

ÉTAPE 5 SYNTHÈSE

DURÉE 10 min
ORGANISATION en collectif
MATÉRIEL • cahier de l'élève p. 61

LA TRACE ÉCRITE EST CONSTRUITE COLLECTIVEMENT. Les élèves la copient sur leur cahier.

Exemple de trace écrite :

Une roue est un élément de forme **circulaire** qui tourne autour d'un **axe**. Sa forme est adaptée à son usage. Elle permet de **guider**, **transporter**, **entrainer** ou **divertir**.
Une roue peut être mise en mouvement grâce à des formes d'énergie variées, dont les principales sont les énergies **musculaire**, **nucléaire**, **fossile** et **hydraulique**.
L'énergie éolienne entraine les hélices (qui ne sont pas des roues).

PROLONGEMENT L'OBJET MYSTÈRE

DURÉE 6 fois 10 min
ORGANISATION Individuel
MATÉRIEL • Fiche activité : « Objet mystère » et son corrigé

Remarque : ce rituel est répété une fois par semaine pendant une période. À chaque temps de réinvestissement, les élèves remplissent un encadré de la fiche activité et le conservent dans leur cahier.

1) UTILISER SES CONNAISSANCES POUR ANALYSER UN OBJET.

Ce travail de réinvestissement ritualisé va permettre de consolider les acquis des élèves.
Chaque élève reçoit le tableau intitulé « Objet mystère » et doit le compléter en moins de 5 minutes.

2) INVITER LES ÉLÈVES À ARGUMENTER.

Les propositions sont argumentées. C'est l'occasion de réinvestir les connaissances acquises au préalable :

> **Où est la roue de cet objet ?**

> **À quoi sert cette roue ?** *Déplacer, entrainer, guider, divertir.*

> **Quelles sources d'énergie permettent d'actionner cette roue ?** *L'énergie solaire, éolienne, hydraulique, biomasse, géothermique, marine, musculaire, fossile, nucléaire. (Les plus courantes sont soulignées.)*

Odomètre
(Énergie musculaire)

Gramophone
(Énergie musculaire)

Rouet
(Énergie musculaire)

Machine à coudre
(Énergie musculaire)

Palan de grue
(Énergie nucléaire ou hydraulique)

Mécanisme d'un moulin
(Énergie hydraulique ou éolienne)

ÉVALUATION QU'EST-CE QU'UNE ROUE ?

MATÉRIEL • Fiche évaluation et son corrigé

ÉVALUATION SOMMATIVE

Distribuer la fiche évaluation. Un corrigé est proposé en ressources numériques.

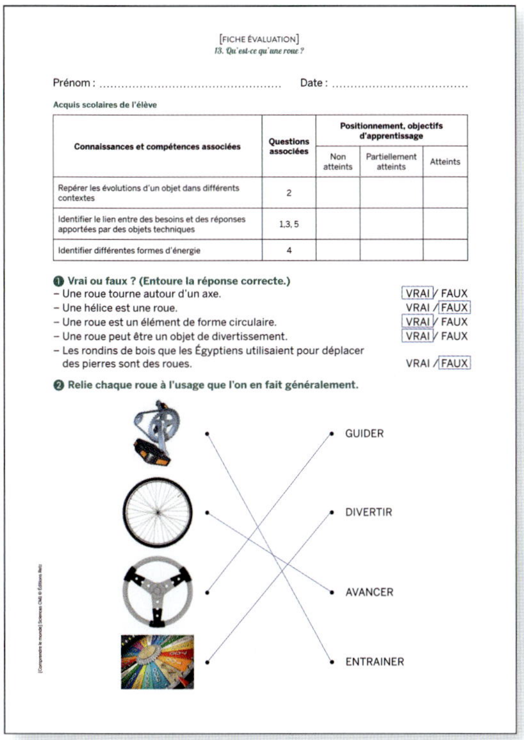
[FICHE ÉVALUATION]
13. Qu'est-ce qu'une roue ?

Prénom : .... Date : ....

Acquis scolaires de l'élève

Connaissances et compétences associées	Questions associées	Positionnement, objectifs d'apprentissage		
		Non atteints	Partiellement atteints	Atteints
Repérer les évolutions d'un objet dans différents contextes	2			
Identifier le lien entre des besoins et des réponses apportées par des objets techniques	1,3, 5			
Identifier différentes formes d'énergie	4			

1 Vrai ou faux ? (Entoure la réponse correcte.)
– Une roue tourne autour d'un axe. VRAI / FAUX
– Une hélice est une roue. VRAI / FAUX
– Une roue est un élément de forme circulaire. VRAI / FAUX
– Une roue peut être un objet de divertissement. VRAI / FAUX
– Les rondins de bois que les Égyptiens utilisaient pour déplacer des pierres sont des roues. VRAI / FAUX

2 Relie chaque roue à l'usage que l'on en fait généralement.

GUIDER
DIVERTIR
AVANCER
ENTRAINER

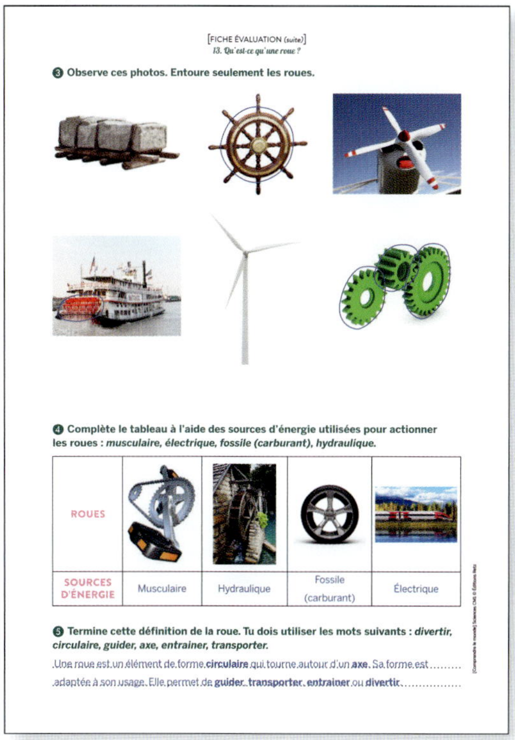
[FICHE ÉVALUATION (suite)]
13. Qu'est-ce qu'une roue ?

3 Observe ces photos. Entoure seulement les roues.

4 Complète le tableau à l'aide des sources d'énergie utilisées pour actionner les roues : *musculaire, électrique, fossile (carburant), hydraulique.*

ROUES				
SOURCES D'ÉNERGIE	Musculaire	Hydraulique	Fossile (carburant)	Électrique

5 Termine cette définition de la roue. Tu dois utiliser les mots suivants : *divertir, circulaire, guider, axe, entrainer, transporter.*

Une roue est un élément de forme **circulaire** qui tourne autour d'un **axe**. Sa forme est adaptée à son usage. Elle permet de **guider**, **transporter**, **entrainer** ou **divertir**.

SÉANCE 14

Comment fonctionne la transmission d'un vélo ?

L'ESSENTIEL À SAVOIR POUR L'ENSEIGNANT

DÉFINITIONS

Transmission

C'est un dispositif mécanique qui permet de transmettre un mouvement d'un organe à un autre. La transmission par chaine permet de relier deux roues éloignées (plateau et pignon) qui tournent dans le même sens.

Démultiplication

L'effort musculaire du cycliste est transmis à la roue motrice par l'intermédiaire de la chaine. Elle s'enroule sur un plateau solidaire du pédalier à l'avant et sur un pignon solidaire de la roue motrice à l'arrière. Modifier la taille des roues dentées autour desquelles s'enroule la chaine revient à modifier le bras de levier de la transmission, c'est-à-dire « changer de vitesse ».

Le braquet

Ça correspond au nombre de tours que fait le pignon à chaque tour du pédalier. Il permet de moduler l'effort physique qu'il faut exercer pour faire avancer le vélo.

Développement

C'est la distance que parcourt le vélo à chaque tour de pédale. Dans l'exemple ci-dessus, le développement est de 8,5 m/tour.

La chaine n'étant pas extensible, dans un laps de temps, elle va entrainer autant de dents sur le plateau que sur le pignon. Or, comme le plateau est généralement plus grand que le pignon, dans ce même laps de temps, le pignon (donc la roue) effectuera plus de tours que le plateau (donc le pédalier).

Le nombre de tours effectués par la roue motrice à chaque tour de pédalier est proportionnel au rapport entre le nombre de dents du plateau et celui du pignon.

Par exemple, pour un plateau de 30 dents et un pignon de 10 dents, le rapport est de 3 (30/10 = 3). Le développement va alors correspondre à trois fois la circonférence de la roue motrice. Si elle mesure 2 mètres, le développement sera de 6 mètres.

DÉROULEMENT DE LA SÉANCE

Connaissances et compétences associées

- *Repérer les évolutions techniques d'un objet dans différents contextes.*
- *Identifier les sous-ensembles constituant un objet technique.*
- *Associer les solutions technologiques à des fonctions techniques.*
- *Concevoir et réaliser une maquette pour modéliser un objet technique.*

➜ *Lien avec la séance 5 du thème 1 : « Comment bougent nos objets mécaniques ? ».*

DURÉE : 1 h 30 environ.

ÉTAPE 1 QUELS SONT LES ÉLÉMENTS DE TRANSMISSION DU VÉLO ?

DURÉE 20-25 min (variable selon l'option choisie)
ORGANISATION en binômes, puis en collectif
MATÉRIEL • animation interactive : « Quiz vélo »
• cahier de l'élève p. 62
• ordinateur (ou tablette) pour 2 élèves

1) QUESTIONNER LES ÉLÈVES ET NOTER LEURS HYPOTHÈSES AU TABLEAU.

> **Quels sont les éléments du vélo qui permettent de le faire avancer ?**

2) PRÉSENTER L'ACTIVITÉ QUI VA PERMETTRE DE VALIDER LES HYPOTHÈSES DES ÉLÈVES.

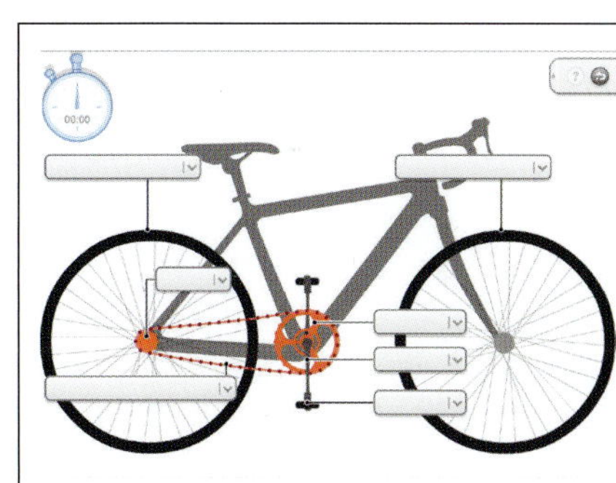

L'enseignant a préalablement copié le fichier « Quiz vélo » sur tous les postes ou bien l'a déposé dans l'espace de stockage de l'ENT (environnement numérique de travail) lorsque ce dernier a été mis en place.

Par binômes, les élèves travaillent sur ordinateur où ils doivent compléter un schéma de vélo à l'aide de menus déroulants. Ils doivent trouver le nom de chaque organe composant la transmission du vélo.

La validation étant immédiate, leur demander de compléter leur cahier p. 62 dès qu'ils ont terminé sur l'ordinateur. Il s'agit de la trace écrite validée, pour mémoire. Faire titrer le document : « La transmission du vélo ». Ils auront ce document sous les yeux durant toute la séance afin d'employer le vocabulaire adapté. Lorsque le vocabulaire utilisé est approximatif ou erroné, les renvoyer à ce document pour qu'ils se corrigent.

2 bis S'IL N'Y A PAS DE VIDÉOPROJECTEUR EN CLASSE, PRÉSENTER L'ACTIVITÉ QUI VA PERMETTRE DE VALIDER LES HYPOTHÈSES DES ÉLÈVES.

Individuellement, les élèves complètent le cahier p. 62. Ils comparent ensuite leurs choix par binôme.

Puis **réaliser une mise en commun** collective : interroger des élèves sur leurs choix. En cas de litige, l'argumentation permet de valider la réponse exacte.

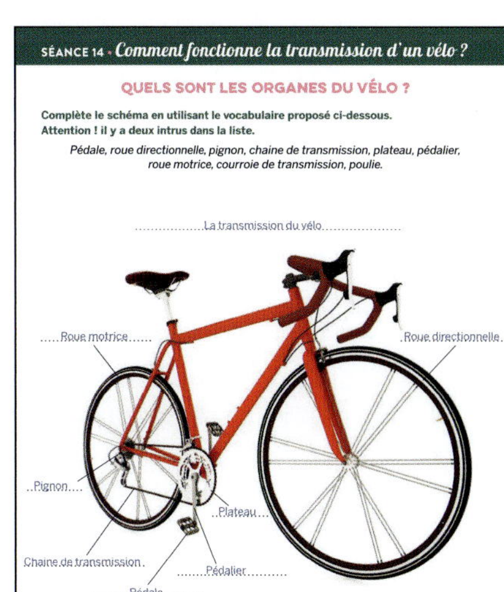

ÉTAPE 2 QUELLE DISTANCE PARCOURUE POUR UN TOUR DE PÉDALES ?

DURÉE 20 min
ORGANISATION en binômes, puis en collectif
MATÉRIEL • une bicyclette
• animation « Histoire du vélo »
• cahier de l'élève p. 63
• photo à afficher « Évolution du vélo »

1) **AFFICHER LA PHOTO « ÉVOLUTION DU VÉLO » ET FAIRE OBSERVER LES DIFFÉRENCES.** Faire remarquer que le pédalier est fixé soit directement sur la roue avant, soit sur le plateau puis faire observer les différentes tailles de roues.

2) **FAIRE OUVRIR LE CAHIER P. 63 ET PRÉSENTER LE DÉFI AUX ÉLÈVES.**

> **Par deux, vous devez colorier la distance parcourue par chaque vélo pour un seul tour de pédales.**

Prévoir des bouts de ficelle ou des bandelettes de papier, pour les groupes qui auraient l'idée de mesurer la circonférence de la roue motrice afin de la reporter sur la ligne graduée.

3) **ARGUMENTER POUR UNE MISE EN COMMUN COLLECTIVE.**
Les groupes qui ont des résultats différents expliquent leurs choix. Pour le Vélocipède et le Grand-Bi, il faut se rendre compte qu'un tour de pédales correspond à un tour de roue. Donc, la distance parcourue correspond à la circonférence de la roue motrice. Plus elle est importante, plus le déplacement l'est aussi. C'est pourquoi le Grand-Bi a un développement plus important que le Vélocipède.

4) **VALIDER COLLECTIVEMENT EN PROJETANT L'ANIMATION « HISTOIRE DU VÉLO »** et/ou en affichant le corrigé du cahier qui sert de trace du résultat attendu.

> **Comment expliquez-vous qu'un tour de pédales soit plus efficace sur une Bicyclette, alors que le diamètre de ses roues est inférieur à celui du Vélocipède ou du Grand Bi ?**

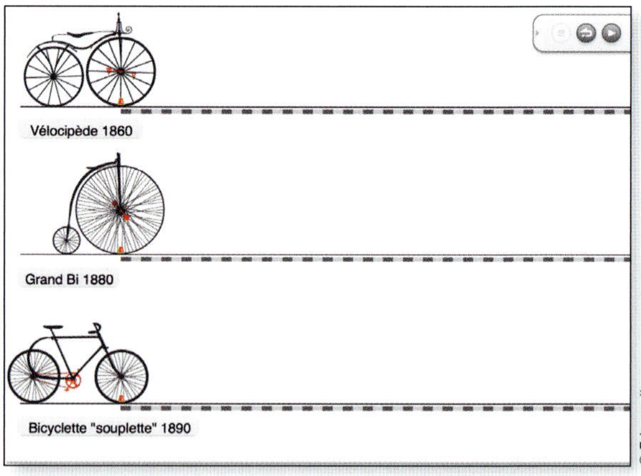

© Edumedia

Lorsque le pédalier se trouve sur l'axe de la roue motrice (Vélocipède et Grand Bi), **chaque tour de pédale** entraine un tour complet de la roue. Plus le diamètre de la roue est important, plus la distance parcourue est grande.

ÉTAPE 3 — POURQUOI LA BICYCLETTE EST-ELLE PLUS EFFICACE QUE SES ANCÊTRES VÉLOCIPÈDE ET GRAND BI ?

DURÉE 20 min
ORGANISATION en groupes de 4
MATÉRIEL
- 1 poste informatique pour 2 ou 3 élèves
- animation « Engrenage et transmission par chaine »
- cahier de l'élève p. 64
- s'il n'y a pas de vidéoprojecteur en classe, cette étape peut être réalisée avec du matériel type Celda® : poulies de trois tailles : 4 grandes, 1 moyenne et 1 petite par groupe ; 3 supports (1 par paire de poulies) ; 6 axes (1 par poulie) ; 3 élastiques (1 par paire de poulies)
- une bicyclette comportant un système de vitesses (plusieurs pignons)

1) FAIRE CONSTATER QU'UN TOUR DE PIGNON CORRESPOND À UN TOUR DE ROUE MOTRICE ET QU'UN TOUR DE PÉDALIER CORRESPOND À PLUSIEURS TOURS DE ROUE.

Inviter les élèves à observer une bicyclette.

> **Chaque fois que le pignon entrainé par la chaine fait un tour, combien de tours effectue la roue ?** *Un tour de pignon correspond à un tour de roue.*

Vérifier cette donnée en faisant tourner lentement la roue arrière du vélo. Le repérage d'un tour de roue peut se faire en suivant le mouvement de la valve. Si des élèves ne sont pas convaincus, placer une gommette sur un des pignons, au même niveau que la valve, afin qu'ils visualisent qu'elles se suivent lorsque la roue tourne.

> **Est-ce que chaque tour de pédalier correspond à un tour de roue ?** *Non. Le nombre de tours de roue motrice est plus important que celui du pédalier.*

Valider les réponses de la classe en faisant l'expérience sur le vélo. Choisir de préférence le plateau le plus grand et le pignon le plus petit pour que l'effet soit plus visible.

2) VALIDER LES HYPOTHÈSES PAR L'EXPÉRIENCE :

> **Le travail qui suit va vous permettre de vérifier ce qui vient d'être dit.**

Copier, préalablement, le fichier « Engrenage et transmission par chaine » sur tous les postes ou le déposer dans l'espace de stockage de l'ENT lorsque ce dernier a été mis en place.

Par binômes, les élèves travaillent sur ordinateur où ils doivent faire varier la taille des pignons afin de vérifier l'incidence sur le nombre de tours de la roue motrice. Ils peuvent ainsi valider la réponse attendue : *Plus la différence de taille entre le plateau et le pignon utilisé est importante, plus le nombre de tours effectués par la roue motrice pour un tour de pédales est élevé.*

> **Faites varier la taille du plateau et du pignon. Pour un tour de pédales, vérifiez l'effet produit sur le nombre de tours de pignon, c'est-à-dire le nombre de tours de roue. Attention, sur un vélo ordinaire, la taille du pignon ne doit jamais dépasser celle du plateau.**

Voici des résultats que les élèves vont pouvoir tester :

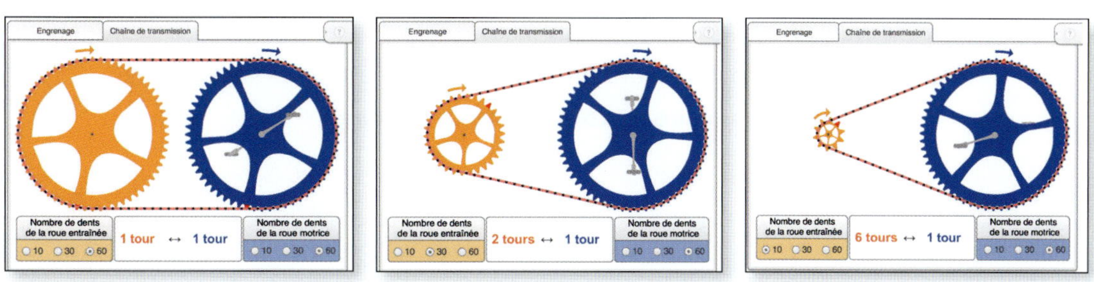

© Edumedia

> **Vous compléterez ensuite le tableau de votre cahier p. 64.**

2 bis S'IL N'Y A PAS DE VIDÉOPROJECTEUR, PROPOSER UNE MANIPULATION À PARTIR DE MATÉRIEL « CELDA »

> **Vous allez construire la maquette du système de transmission par chaine de la bicyclette. Les roues dentées vont être remplacées par des poulies et la chaine par une courroie (élastique). Mais c'est équivalent. Vous allez compter combien le pignon effectue de tours lorsque le plateau (muni d'une manivelle) fait un tour.**

Avant de distribuer le matériel, montrer comment le manipuler. La taille du plateau est constante. On le reconnait car il est doté d'une manivelle.

Distribuer le matériel pour que les élèves modélisent le système de transmission du vélo.

Voici les résultats attendus :

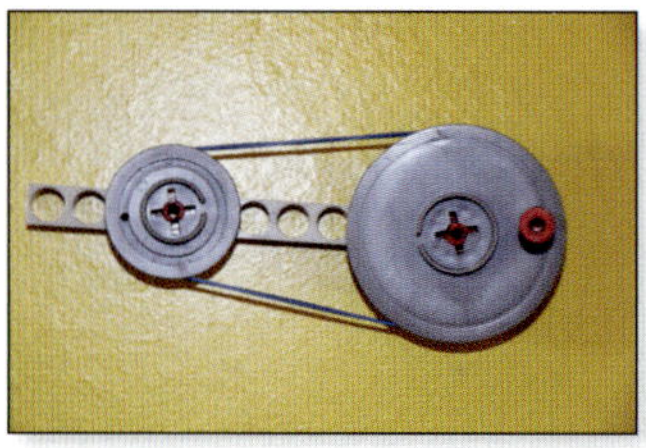
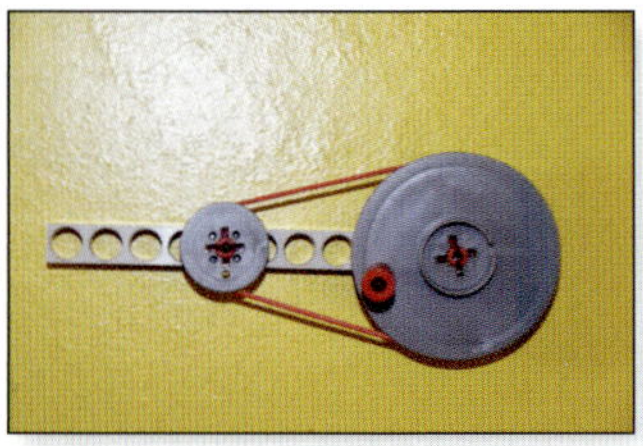

3) FAIRE NOTER LES RÉSULTATS DANS LE TABLEAU DE LA QUESTION 2.

2 Complète le tableau en indiquant le nombre de tours de roue pour un tour de pédale en fonction de la taille du pignon : A, B ou C

Combinaison pignon - plateau	 A	 B	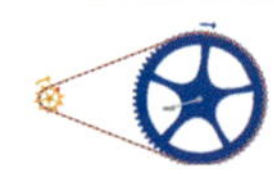 C
Taille des roues dentées. G (grand) ; M (moyen) ; P (petit)	G - G	M - G	P - G
Nombre de tours de roue (pignon) pour un tour de pédales (plateau) = BRAQUET	1 tour de roue (Faible braquet)	X tours de roue (Braquet moyen)	Y tours de roue (Braquet élevé)

1 tour < X tours < Y tours

ÉTAPE 4 SYNTHÈSE

DURÉE 15 min
ORGANISATION en collectif
MATÉRIEL • cahier de l'élève p. 64

1) FAIRE UNE MISE EN COMMUN.

Les élèves argumentent leurs choix. Les résultats attendus sont validés.

> **Que peut-on conclure du contenu de ce tableau ?**

2) GUIDER LES ÉCHANGES, ORGANISER LES PROPOS DES ÉLÈVES POUR ÉTABLIR AVEC EUX UNE TRACE ÉCRITE. Ils la copient sur leur cahier.

Exemple de trace écrite :

Si le **plateau** et le **pignon** étaient de même taille, **1 tour de pédales entrainerait 1 tour de roue**. Mais, sur la plupart des vélos, le plateau est plus grand que les pignons.
Plus la différence de taille entre le plateau et le pignon est importante, plus la distance parcourue l'est également. Le nombre de tours effectués par la **roue motrice** pour 1 tour de pédalier s'appelle le **braquet**.

Lexique :

Roue motrice : roue qui reçoit la puissance motrice (moteur, muscles…).
Braquet : taille (nombre de dents) du pignon de la roue arrière d'une bicyclette.
Transmission : opération par laquelle un mouvement est transmis (par la chaine) d'un élément (plateau) à un autre (pignon).

ÉVALUATION COMMENT FONCTIONNE LA TRANSMISSION D'UN VÉLO ?

MATÉRIEL • Fiche évaluation et son corrigé

ÉVALUATION AU FIL DE L'EAU

Lors de la phase 2 de l'étape 3, les élèves sont amenés à utiliser une interface numérique interactive pour simuler les changements de vitesses d'un vélo. C'est l'occasion d'évaluer leurs capacités à non seulement utiliser mais aussi interpréter les observables fournis par l'outil numérique.

	Maitrise insuffisante	Maitrise fragile	Maitrise satisfaisante	Maitrise très satisfaisante
Utiliser des outils numériques pour simuler des phénomènes	*L'élève est démuni face à l'outil.*	*Des possibilités sont testées mais pas interprétées.*	*Quelques possibilités sont testées et interprétées.*	*Toutes les possibilités sont testées et interprétées.*

ÉVALUATION SOMMATIVE

Distribuer la fiche évaluation. Un corrigé est proposé en ressources numériques.

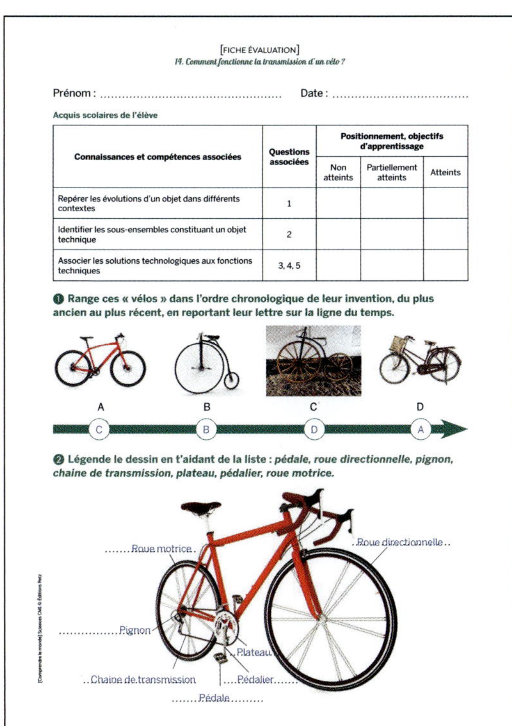
[FICHE ÉVALUATION]
14. Comment fonctionne la transmission d'un vélo ?

Prénom : ………………………… Date : …………………………

Acquis scolaires de l'élève

Connaissances et compétences associées	Questions associées	Positionnement, objectifs d'apprentissage		
		Non atteints	Partiellement atteints	Atteints
Repérer les évolutions d'un objet dans différents contextes	1			
Identifier les sous-ensembles constituant un objet technique	2			
Associer les solutions technologiques aux fonctions techniques	3, 4, 5			

❶ Range ces « vélos » dans l'ordre chronologique de leur invention, du plus ancien au plus récent, en reportant leur lettre sur la ligne du temps.

❷ Légende le dessin en t'aidant de la liste : *pédale, roue directionnelle, pignon, chaine de transmission, plateau, pédalier, roue motrice.*

[Comprendre le monde] Sciences CM1 © Éditions Retz

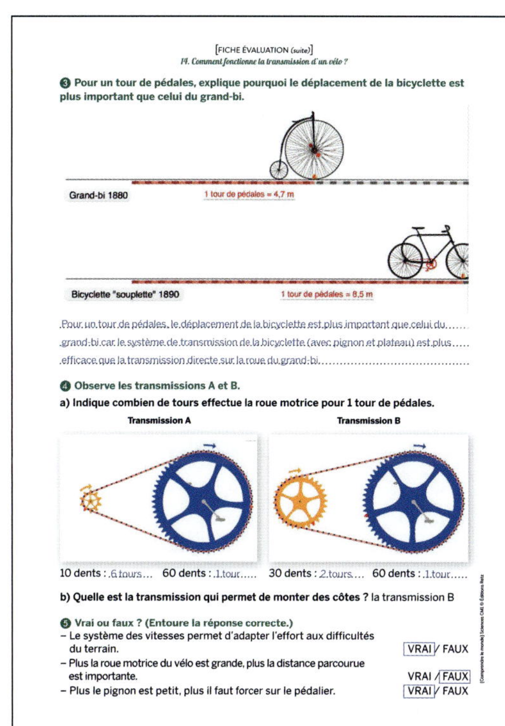
[FICHE ÉVALUATION (suite)]
14. Comment fonctionne la transmission d'un vélo ?

❸ Pour un tour de pédales, explique pourquoi le déplacement de la bicyclette est plus important que celui du grand-bi.

Pour un tour de pédales, le déplacement de la bicyclette est plus important que celui du grand-bi car le système de transmission de la bicyclette (avec pignon et plateau) est plus efficace que la transmission directe sur la roue du grand-bi.

❹ Observe les transmissions A et B.

a) Indique combien de tours effectue la roue motrice pour 1 tour de pédales.

10 dents : 6 tours… 60 dents : 1 tour…. 30 dents : 2 tours… 60 dents : 1 tour….

b) Quelle est la transmission qui permet de monter des côtes ? la transmission B

❺ Vrai ou faux ? (Entoure la réponse correcte.)
- Le système des vitesses permet d'adapter l'effort aux difficultés du terrain. VRAI / FAUX
- Plus la roue motrice du vélo est grande, plus la distance parcourue est importante. VRAI / FAUX
- Plus le pignon est petit, plus il faut forcer sur le pédalier. VRAI / FAUX

[Comprendre le monde] Sciences CM1 © Éditions Retz

SÉANCE 15

Le papier est-il résistant ?

L'ESSENTIEL À SAVOIR POUR L'ENSEIGNANT

Cette séance permet d'approcher simplement la notion de **résistance des matériaux** (RDM) en faisant construire aux élèves un pont en papier entre deux tables. Cette expérience va les conduire à comprendre ce qu'est une **poutre**.

L'étude de la résistance des matériaux concerne la **résistance** et la **déformation** des solides.

Un solide est d'autant plus **résistant** que sa forme et sa taille sont adaptées aux contraintes de solidité, qui elles-mêmes dépendent du cout et de l'encombrement.

Ainsi, comme les élèves vont l'expérimenter, le papier est résistant si on lui donne une forme adaptée aux contraintes qui s'exercent sur lui !

Les principales contraintes subies par les solides sont :

- la compression ;
- la traction ;
- la flexion ;
- le cisaillement.

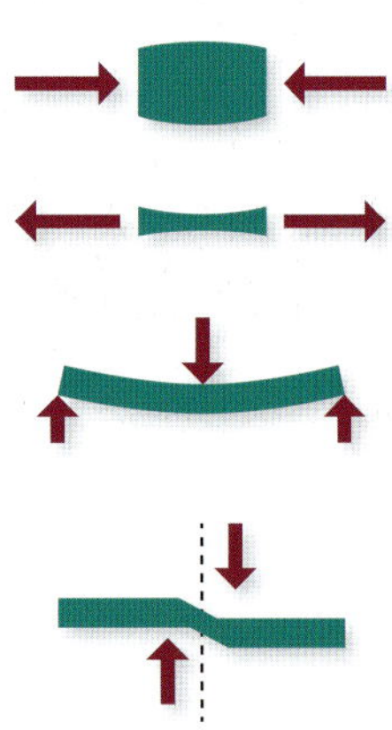

L'ÉVOLUTION HISTORIQUE DE LA POUTRE

Les poutres sont fabriquées à partir de trois grandes familles de matériaux :

- le bois ;
- l'acier ;
- le béton armé (béton et acier).

Contrairement aux piliers ou aux colonnes, les poutres sont rarement faites en pierre de taille car ce matériau supporte mal les forces de flexion.

Une **poutre** est un support horizontal allongé en bois, en métal ou en béton armé, dont la section est étudiée pour offrir une bonne résistance à la flexion.

Dans cette séance, la forme mise en évidence par la manipulation est la poutre en U :

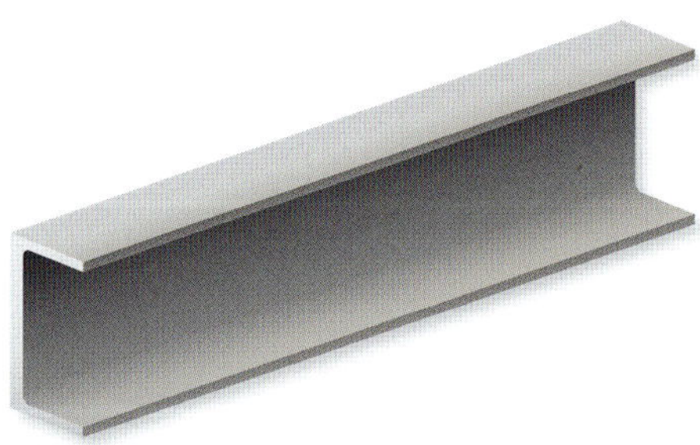

La **déformation** d'un solide peut être réversible (élasticité) ou définitive (déformation). Elle peut également conduire à sa rupture. Les contraintes exercées sur le « pont en papier » que vont construire les élèves entrainent une déformation de type flexion.

Il y a plus d'un siècle, l'ingénieur Gustave Eiffel a pu concevoir et construire sa tour sans erreur sur les couts, les délais ni la fiabilité. Inaugurée en 1889 pour l'Exposition universelle, elle est toujours là ! La tour Eiffel est principalement constituée de poutres et de poutrelles en acier assemblées en rivetage (assemblage de deux pièces par des rivets).

DÉROULEMENT DE LA SÉANCE

Connaissances et compétences associées

• *Concevoir et réaliser une maquette pour modéliser un objet technique.*
• *Rechercher des idées de solutions à l'aide de schémas ou de croquis pour répondre à un problème technique.*
• *Comparer des solutions par analyse technique.*
• *Vérifier que la solution répond au problème posé.*
• *Repérer les évolutions d'un objet dans différents contextes.*

DURÉE : 1 h 40 environ.

ÉTAPE 1 OBSERVER UNE PHOTO INSOLITE POUR ENTRER DANS L'ACTIVITÉ

DURÉE 10 min
ORGANISATION en collectif
MATÉRIEL • photo du *Déjeuner en haut d'un gratte-ciel* (1932)

1) **AFFICHER LA PHOTOGRAPHIE** et laisser un court temps d'observation.

2) **QUESTIONNER LA CLASSE** sur la photo :

> **Qu'observez-vous ? Où sont ces hommes ? Sur quoi sont-ils assis ?** *Ils sont assis sur une longue barre métallique, haut dans le ciel, au-dessus de la ville.*

3) **ÉCRIRE LE TITRE ET LA DATE DE LA PHOTO** : *Déjeuner en haut d'un gratte-ciel*, septembre 1932 (photographe inconnu).

4) **EXPLIQUER QU'IL S'AGIT D'OUVRIERS QUI TRAVAILLENT À LA CONSTRUCTION D'UN GRATTE-CIEL ;** ils sont en pause déjeuner mais comme ils n'ont pas le temps de descendre, ils mangent sur place…
Attention : ne pas révéler aux élèves que l'objet d'étude est la poutre, afin de ne pas les influencer dans leurs choix lors de la manipulation de l'étape 2.

ÉTAPE 2 — DÉFI TECHNOLOGIQUE : RÉALISER UN PONT EN PAPIER

DURÉE 30 min
ORGANISATION en groupes de 4
MATÉRIEL
- 1 feuille A5 et une petite voiture (jouet) par groupe
- cahier de l'élève p. 65

1) PRÉSENTATION DU DÉFI

Placer deux tables d'élèves à environ 15 cm l'une de l'autre et poser une petite voiture sur une des deux tables. Montrer une feuille de papier A5 et la voiture, puis donner la consigne :

> **Le défi est de faire traverser la petite voiture d'une table à l'autre avec pour seul matériel une feuille de papier.**

Énoncer la contrainte de distance entre les tables : 15 cm.

2) RÉALISATION EN GROUPE

Chaque groupe met en place les tables en respectant la distance prescrite : 15 cm.
Pendant ce temps, les feuilles et les petites voitures sont distribuées.
Si des élèves le demandent, leur préciser que le papier ne peut être ni collé, ni scotché. Par contre, attendre que les élèves évoquent la possibilité d'effectuer des pliages de la feuille de papier pour spécifier que c'est autorisé. Le bon pliage étant la clé du problème, il faut les laisser y penser seuls.
Recherche de différentes solutions par les groupes :

Pliage de la feuille en épaisseur...

Pliage en U...

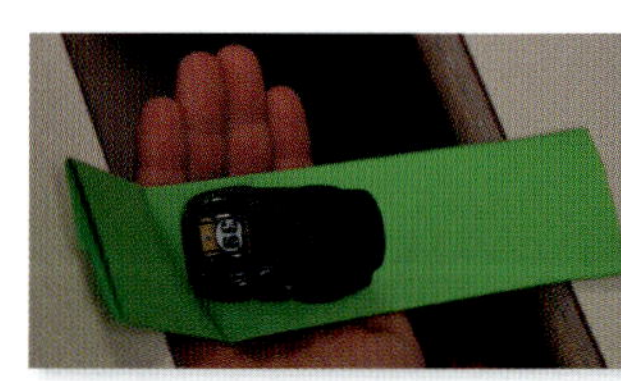
... ce pliage ne fonctionne pas, le pont s'écroule !

On constate que ce type de pliage en U est très résistant !

Pliage en accordéon qui ne permet pas à la voiture de rouler correctement.

Pliage ne permettant pas à la voiture de rouler correctement : il y a un espace entre les deux bandes de papier.

Lorsque des groupes ont trouvé une solution, leur demander de la dessiner afin d'en garder une trace pour mémoire.

Exemples de dessins d'élèves (différentes solutions) :

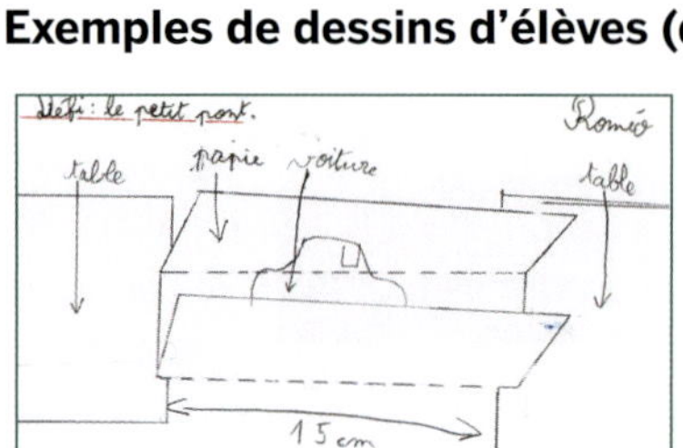

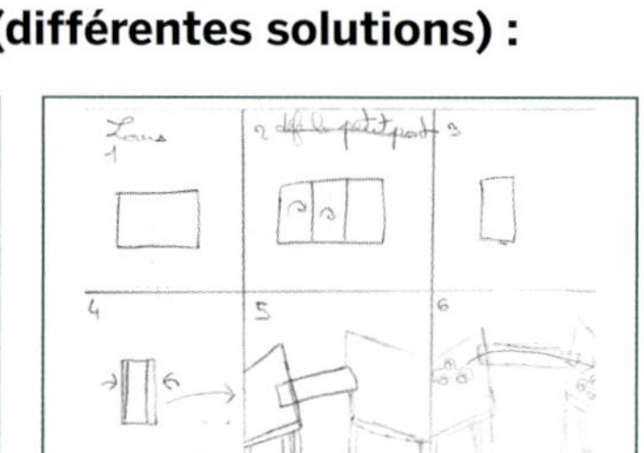

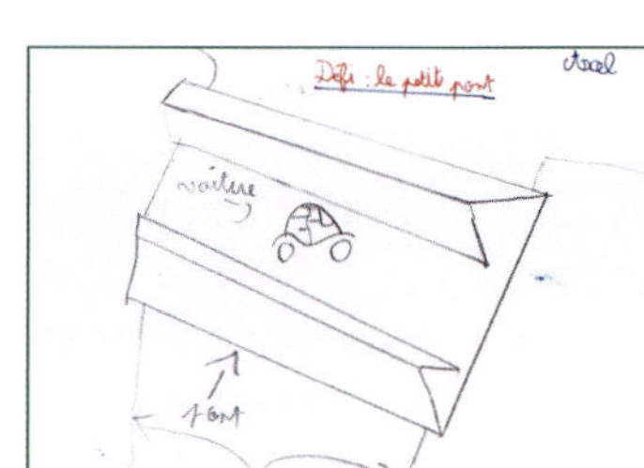

3) ANALYSER LES SOLUTIONS TROUVÉES.

Relever les feuilles pliées de chaque groupe et les fixer au tableau avec des aimants en regroupant les propositions similaires.
Demander à chaque groupe d'analyser l'efficacité avec laquelle le défi a été relevé… ou pas.
Des solutions envisageables *a priori* sont :
– **feuille pliée en rectangle** sur plusieurs épaisseurs de papier : recherche d'épaisseur pour augmenter la résistance, qui s'avère insuffisante ;
– **pliage en accordéon** : la résistance est suffisante mais le véhicule ne peut pas rouler dessus ;
– **pliage en U** : solution la plus efficace. Dans le cas (peu probable) où cette solution ne serait pas découverte, l'enseignant aurait tout intérêt à la proposer pour enrichir le propos.

4) LES ÉLÈVES DESSINENT LE SCHÉMA DE LA SOLUTION QUI S'AVÈRE LA PLUS EFFICACE SUR LE CAHIER P. 65.

5) RELEVER CE QUE NOUS AVONS APPRIS DE CETTE EXPÉRIENCE.

> **2 Qu'as-tu retenu de l'expérience ?**
> La résistance d'un objet technique dépend plus de sa forme que de son épaisseur. Ici la forme en U est plus solide que le pliage « multicouche ».

5) FAIRE LE LIEN AVEC LA POUTRE.

Il est envisageable qu'un élève fasse le lien avec la forme de la poutre sur laquelle sont assis les ouvriers de la photographie introductive. Si ce n'est pas le cas, revenir sur cette photographie et questionner :

> **Qu'est-ce que le pont et la poutre ont en commun ?** *Ce sont deux éléments, en construction, qui doivent supporter des charges sur une distance plus ou moins grande.*

> **Quel lien peut-on faire entre le défi et cette photographie ?** *Les ouvriers du chantier de construction du gratte-ciel sont assis sur une poutre métallique en forme de H.*

> **Quelle différence y a-t-il avec le pliage en U ?** *Ce sont deux poutres en U accolées.*

Coller deux poutres papier en U pour former une poutre en H et montrer l'objet aux élèves pour faire le lien avec la photographie.
Indiquer ensuite que la poutre qui supporte les ouvriers va soutenir un ou plusieurs étages du building. D'où sa taille impressionnante.

ÉTAPE 3 — SCHÉMATISATION TECHNIQUE ET ANALYSE DES FORCES

DURÉE 15 min
ORGANISATION en collectif
MATÉRIEL • 1 nouvelle feuille A5 pliée en U par binôme
• cahier de l'élève p. 66

1) APRÈS AVOIR DISTRIBUÉ À CHAQUE BINÔME UNE FEUILLE A5 PLIÉE EN U, DEMANDER AUX ÉLÈVES DE DESSINER RAPIDEMENT LA SOLUTION RETENUE.

Certains vont dessiner en 2D, d'autres en 3D. Il est intéressant d'avoir une discussion avec la classe au sujet de ces différentes vues.

2) ÉCRIRE AU TABLEAU LE TITRE QUI DOIT FIGURER SOUS LE DESSIN : « LA POUTRE EN U ».

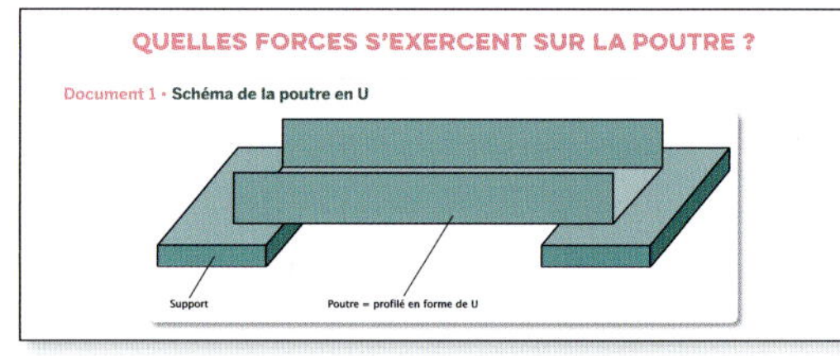
QUELLES FORCES S'EXERCENT SUR LA POUTRE ?

Document 1 · Schéma de la poutre en U

3) OBSERVER COLLECTIVEMENT LE SCHÉMA DE POUTRE EN U P. 66 DU CAHIER : il s'agit du schéma « expert » de la poutre en U. Laisser les élèves travailler individuellement sur le cahier.

4) FAIRE UNE MISE EN COMMUN ORALE COLLECTIVE. Demander aux élèves d'expliquer ce que sont les **forces de flexion.** On peut faire le parallèle avec l'exemple de l'arc : la force centrale est provoquée par le bras qui serre l'arc en son milieu. Les deux autres forces opposées sont provoquées par la corde tendue.

ÉTAPE 4 SYNTHÈSE

DURÉE 10 min
ORGANISATION en collectif
MATÉRIEL • cahier de l'élève p. 66

CONSTRUIRE COLLECTIVEMENT LA TRACE ÉCRITE SYNTHÉTISANT LES NOTIONS APPRISES. L'écrire au tableau pour que les élèves la recopient sur leur cahier.

Exemple de trace écrite :

Pour qu'un objet soit **résistant**, l'**épaisseur** du matériau est importante, mais sa **forme** l'est encore plus. C'est le cas pour tous les objets.
Les ponts, comme les poutres, doivent être résistants car ils sont soumis à des **forces** de **flexion**.
Pour fabriquer un pont en papier, la forme en U est la plus résistante.

Vue en coupe.

PROLONGEMENT DÉCOUVRIR L'ÉVOLUTION DE L'OBJET « POUTRE » DANS L'HISTOIRE

DURÉE 15 min
ORGANISATION en groupes de 3 ou 4
MATÉRIEL • fiche activité : « L'évolution de la poutre dans le temps » et son corrigé
• photos de la fiche activité à afficher

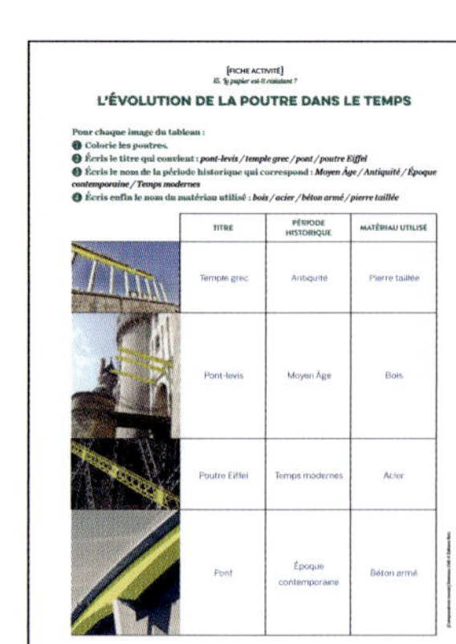
[FICHE ACTIVITÉ]

L'ÉVOLUTION DE LA POUTRE DANS LE TEMPS

Pour chaque image du tableau :
1 Colorie les poutres.
2 Écris le titre qui convient : *pont-levis / temple grec / pont / poutre Eiffel*
3 Écris le nom de la période historique qui correspond : *Moyen Âge / Antiquité / Époque contemporaine / Temps modernes*
4 Écris enfin le nom du matériau utilisé : *bois / acier / béton armé / pierre taillée*

	TITRE	PÉRIODE HISTORIQUE	MATÉRIAU UTILISÉ
	Temple grec	Antiquité	Pierre taillée
	Pont-levis	Moyen Âge	Bois
	Poutre Eiffel	Temps modernes	Acier
	Pont	Époque contemporaine	Béton armé

Il s'agit de donner aux élèves des repères pour situer l'objet d'étude dans le temps et leur donner des exemples de différentes utilisations.

1) DISTRIBUER LA FICHE ACTIVITÉ ET DEMANDER AUX ÉLÈVES DE REPÉRER L'OBJET « POUTRE » SUR DES IMAGES D'ÉDIFICES DES GRANDES PÉRIODES HISTORIQUES. Ensuite, ils vont devoir situer ces bâtiments dans le temps en indiquant, pour chaque image, l'époque historique correspondante. Enfin, ils doivent noter le(s) matériau(x) qui les constitue(nt).

2) INTERROGER LES ÉLÈVES SUR LES MATÉRIAUX ENCORE EN USAGE DE NOS JOURS.

Les élèves doivent réaliser que l'invention de la poutre en bois qui date de la préhistoire est toujours très utilisée de nos jours.
L'acier et le béton – dont l'origine est moins ancienne – sont largement utilisés également. Par contre, les poutres en pierre taillée ont été abandonnées car très cassantes. C'est à cause de cette fragilité que le diamètre et le nombre de colonnes devaient être importants.

ÉVALUATION ▸ LE PAPIER EST-IL RÉSISTANT ?

MATÉRIEL • Fiche évaluation et son corrigé

ÉVALUATION AU FIL DE L'EAU

Durant l'étape 2, les élèves sont amenés à réaliser un objet technique en équipe. Pour cela, les membres de chaque groupe sont invités à coopérer pour produire un objet consensuel.

	Maitrise insuffisante	Maitrise fragile	Maitrise satisfaisante	Maitrise très satisfaisante
Participer à l'élaboration et à la conduite d'un projet	*L'élève s'écarte du groupe et ne produit rien.*	*L'élève communique avec ses pairs mais ne parvient pas à convaincre.*	*L'élève échange, convainc et participe à la réalisation.*	*L'élève synthétise les propositions et propose une solution consensuelle.*
Utiliser différents modes de représentation formalisés : ici le croquis	*Il est très difficile de se représenter l'objet dessiné.*	*L'objet est reconnaissable, mais il y a surplus ou manque de détails.*	*Le dessin est complet et équilibré mais les codes ne sont pas tous respectés.*	*Seuls les éléments utiles sont représentés. Les codes de la schématisation sont respectés.*

ÉVALUATION SOMMATIVE

Distribuer la fiche évaluation. Un corrigé est proposé en ressources numériques.

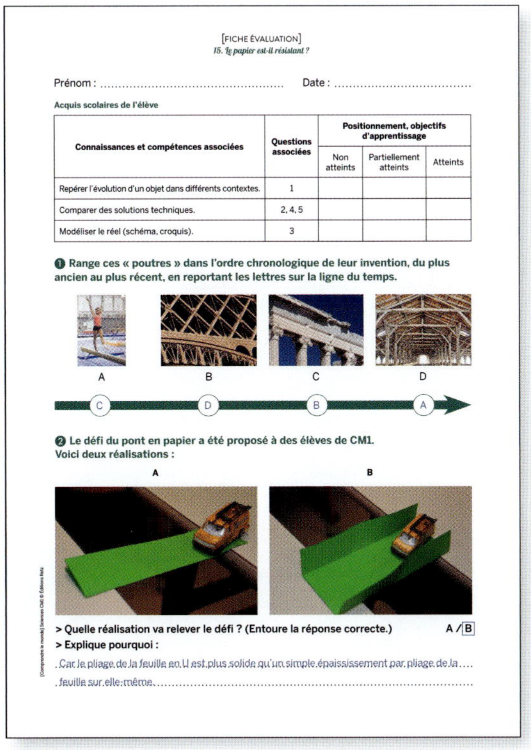

[FICHE ÉVALUATION]
15. Le papier est-il résistant ?

Prénom : .... Date : ....

Acquis scolaires de l'élève

Connaissances et compétences associées	Questions associées	Positionnement, objectifs d'apprentissage		
		Non atteints	Partiellement atteints	Atteints
Repérer l'évolution d'un objet dans différents contextes.	1			
Comparer des solutions techniques.	2, 4, 5			
Modéliser le réel (schéma, croquis).	3			

❶ Range ces « poutres » dans l'ordre chronologique de leur invention, du plus ancien au plus récent, en reportant les lettres sur la ligne du temps.

A B C D

C — D — B — A

❷ Le défi du pont en papier a été proposé à des élèves de CM1. Voici deux réalisations :

A B

> Quelle réalisation va relever le défi ? (Entoure la réponse correcte.) A / B

> Explique pourquoi :

Car le pliage de la feuille en U est plus solide qu'un simple épaississement par pliage de la feuille sur elle-même.

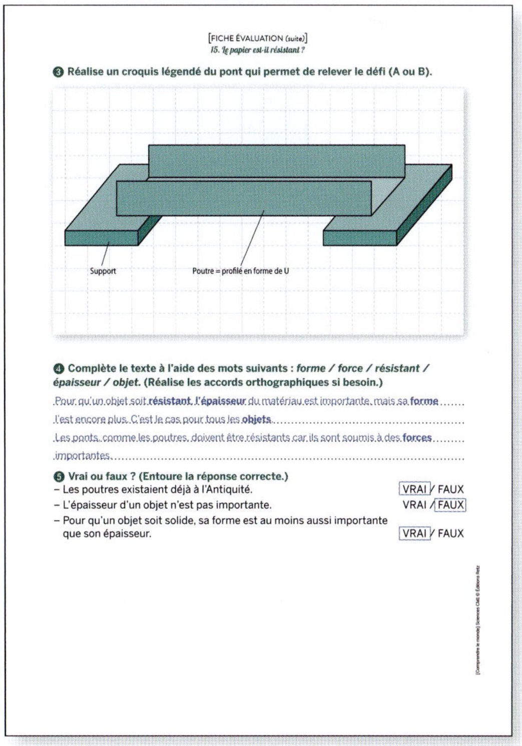

[FICHE ÉVALUATION (suite)]
15. Le papier est-il résistant ?

❸ Réalise un croquis légendé du pont qui permet de relever le défi (A ou B).

❹ Complète le texte à l'aide des mots suivants : *forme / force / résistant / épaisseur / objet.* (Réalise les accords orthographiques si besoin.)

Pour qu'un objet soit **résistant**, **l'épaisseur** du matériau est importante, mais sa **forme** l'est encore plus. C'est le cas pour tous les **objets**.
Les ponts, comme les poutres, doivent être résistants car ils sont soumis à des **forces** importantes.

❺ Vrai ou faux ? (Entoure la réponse correcte.)

– Les poutres existaient déjà à l'Antiquité. VRAI / FAUX
– L'épaisseur d'un objet n'est pas importante. VRAI / FAUX
– Pour qu'un objet soit solide, sa forme est au moins aussi importante que son épaisseur. VRAI / FAUX

SÉANCE 16

Le robot obéissant

L'ESSENTIEL À SAVOIR POUR L'ENSEIGNANT

LE PLAN DE LA SÉANCE

Cette séance se décompose en trois étapes progressives.

La première étape est une activité débranchée (sans support numérique) de réinvestissement des mathématiques au cycle 2 avec le codage d'un déplacement sur une grille.

La deuxième étape se déroule sur Scratch, un logiciel de programmation intuitif et ludique, recommandé par les programmes. Un tutoriel pour l'enseignant est disponible en ressources numériques.

Enfin la troisième étape (qui peut être décalée dans le temps, en fonction des ressources matérielles disponibles notamment) consiste à appliquer les principes de la programmation informatique pour diriger un robot. Le robot Bluebot a été sélectionné ici car il est facile à prendre en main et à connecter. Son logiciel de codage est extrêmement proche de Scratch, les élèves se l'approprieront très facilement. Des versions équivalentes pour les robots de types Thymio et Maqueen sont disponibles en ressources numériques.

Vous pourrez vous rapprocher de votre référent numérique de circonscription pour vous aider lors de cette dernière étape, ou vous prêter le matériel nécessaire.

PROGRAMMER LES ACTIONS D'UN OBJET CONNECTÉ

Pour répondre à nos besoins, des objets programmables sont régulièrement inventés.

Téléprésence robotisée

Aspirateur autonome

Bus autonome

La première difficulté de l'informatique est que l'humain et la machine utilisent des langages différents. Il faut donc traduire un langage de programmation que l'humain est capable d'utiliser pour exprimer une intention en un langage que la machine va pouvoir comprendre afin d'exécuter les actions correspondantes.

INTENTION		CODE SOURCE EN LANGAGE HUMAIN		CODE CIBLE EN LANGAGE MACHINE		RÉSULTAT EXÉCUTION DU LANGAGE MACHINE
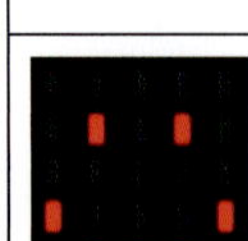 Afficher un smiley	→	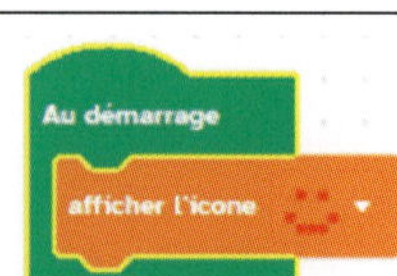	→	1 from microbit import * 2 3 display.show(Image.HAPPY) 4 5 while True: 6 pass	→	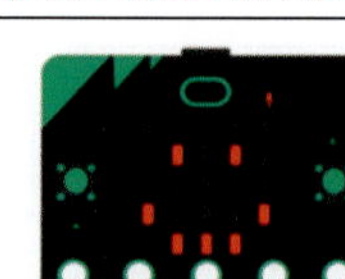

UN PEU DE VOCABULAIRE

Code : C'est le langage utilisé pour écrire un programme. Il est constitué d'un ensemble de symboles et de règles qui permettent de communiquer avec la machine.

Coder permet de voir se concrétiser une idée.

Programme : C'est donner une suite d'instructions à une machine pour qu'elle réalise une tâche.

Algorithme : C'est un ensemble de règles opératoires rigoureuses, ordonnant à un processeur d'exécuter dans un ordre déterminé un nombre fini d'opérations élémentaires. Il est représenté par des symboles normalisés sous forme de graphique appelé « algorigramme ».

ALGORITHME	ALGORIGRAMME	PROGRAMME DANS SCRATCH
1. Début du programme 2. Avancer de 100 3. Attendre 1 sec 4. Tourner de 90° 5. Fin de programme		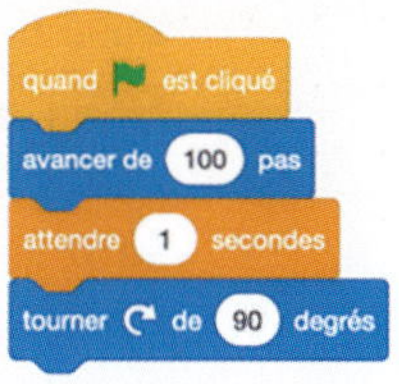

QUELQUES REPÈRES HISTORIQUES

1843 : écriture du premier programme informatique par Ada Lovelace.

1947 : utilisation du terme « bug » (insecte) pour désigner une erreur dans un programme informatique par Grace Hopper. Un jour, Hopper a trouvé un papillon coincé dans un relai de l'ordinateur. Ce papillon empêchait le relai de fonctionner correctement, ce qui causait une erreur dans le programme. Hopper a retiré le papillon et l'a collé dans son journal de bord, avec la mention « Premier bug informatique ».

Grace Hopper au clavier de l'UNIVAC, vers 1960

1957 : création du langage de programmation FORTRAN ; le plus ancien encore utilisé aujourd'hui.

1971 : création du premier virus informatique par Bob Thomas.

1997 : création du premier programme d'intelligence artificielle, Deep Blue, qui a battu le champion du monde d'échecs Garry Kasparov. « Ma défaite contre Deep Blue était une victoire pour l'humanité. »

DÉROULEMENT DE LA SÉANCE

Connaissances et compétences associées
- ***Repérer les capteurs et les actionneurs présents dans un robot.***
- ***Coder un algorithme simple agissant sur le déplacement d'un robot.***
- ***Comprendre un programme simple et le traduire en langage naturel.***
- ***Critiquer un programme au regard du comportement d'un robot.***

DURÉE : 3 heures

ÉTAPE 1

RECHERCHER UN CODE AGISSANT SUR LE DÉPLACEMENT D'UN « ROBOT »

DURÉE 1 heure
ORGANISATION en groupes de 2 à 4 élèves
MODALITÉ débranché
MATÉRIEL • cahier de l'élève p. 67 à 69
• ruban adhésif ou craie

1) CODER LE DÉPLACEMENT D'UN « ROBOT DÉBRANCHÉ » SUR UNE GRILLE DU MICRO-ESPACE[1].

Faire ouvrir le cahier p. 67.

Questionner le groupe sur ce qu'il observe pour amener les élèves à envisager le but de l'activité : « déplacer le robot de la case de départ à celle d'arrivée »

> **Vous allez devoir écrire un message pour permettre à un autre élève de déplacer le robot vers la case d'arrivée en évitant la case interdite.**

Chaque groupe écrit un programme simple pour agir sur le déplacement du robot. Préciser que les déplacements ne peuvent se faire qu'horizontalement et verticalement, case par case et que le codage doit pouvoir être exprimé oralement.

Élève de CM1 matérialisant le parcours du robot sur le quadrillage avant de rédiger le programme.

Avant de rédiger le programme de déplacement, demander aux élèves de dessiner le chemin que va parcourir le robot pour accéder à la case d'arrivée.

Exemples de réponses attendues :

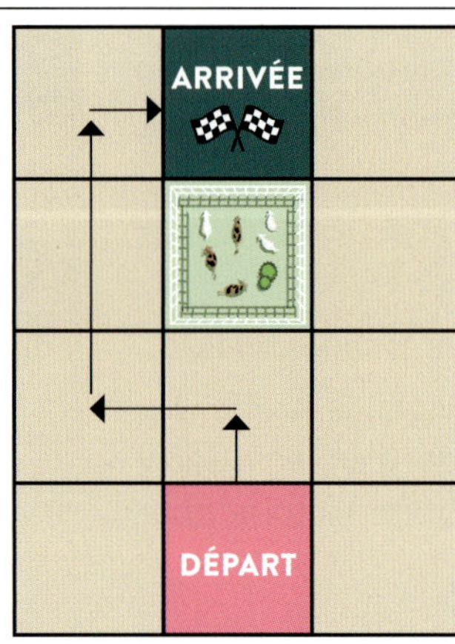

Repérage absolu : mobile non orienté
Exemples de messages rédigés par les élèves :
- ↑ ← ↑ ↑ →
- H G H H D
- « haut – gauche – haut – haut – droite »

Le repère absolu est indépendant du mouvement de l'objet ou de la position de l'observateur. Il est fixe et déterminé par rapport au quadrillage.

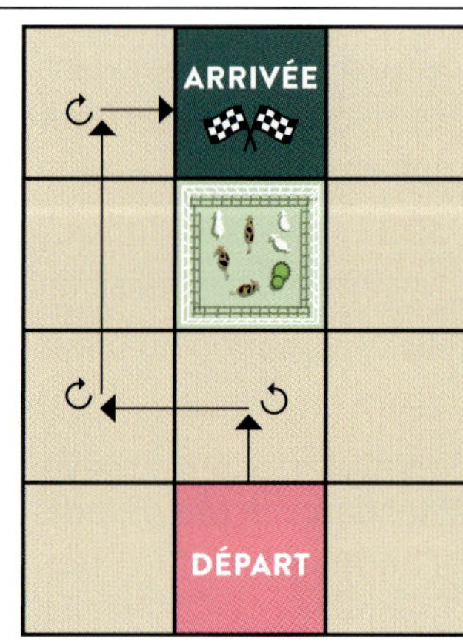

Repérage relatif : mobile orienté
Exemples de messages rédigés par les élèves :
- ↑ ↺ ↑ ↻ ↑ ↑ ↻ ↑
- A PivG A PivD A A PivD A
- « avance – pivote à gauche – avance – pivote à droite – avance – avance – pivote à droite – avance »

Le repère relatif varie en fonction de l'orientation du mobile et du point de vue de l'observateur.

Repérer les procédures distinctes et quelques erreurs, s'il y en a, afin de tester ces programmes en priorité, lors de la phase suivante.

1. Le micro-espace est l'espace des petits objets que le sujet peut manipuler. Le sujet domine et contrôle cet espace de l'extérieur. (Guy Brousseau)

2) DÉCODER LES PROGRAMMES DES ÉLÈVES, DANS LE MÉSO-ESPACE[2].

Présenter le dispositif : la grille du cahier p. 67 a été reproduite au sol, en grande taille avec identification de la case interdite, et des cases de départ et d'arrivée. L'objectif de cette activité est de tester l'efficacité des différents types de programmes rédigés.

Des élèves, à tour de rôle, vont jouer le rôle du robot obéissant et décoder les programmes écrits par les autres groupes et dictés oralement, pas à pas. Pour cela, l'élève qui joue le rôle du robot obéissant exécute rigoureusement le programme qui lui est dicté.

Réguler lorsque des erreurs sont soulevées. Sélectionner et noter les verbes pertinents employés.

3) MISE EN COMMUN

Comparer les différents types de message. Ex. : « tout droit, à gauche, en arrière… » (adverbes) ou « avance, tourne à gauche, avance, recule » (utilisation de verbes-adverbes).
Relever l'efficacité des programmes et lister les verbes employés.
Faire remarquer la différence entre des codages absolus et relatifs :
• Codage absolu : l'élève se déplace en se repérant au quadrillage qui est orienté (bas-haut-droite-gauche)
• Codage relatif : l'élève se déplace en se référant à sa propre position (avance-pivote…)

Point de vigilance : Dans le cas d'un codage relatif, la position du codeur peut provoquer des difficultés de latéralité si la droite ou la gauche du codeur est différente de celle du robot. Il s'agit d'un effet miroir.

Une élève dicte le programme rédigé par son groupe à un camarade d'un autre groupe qui joue le rôle du robot obéissant.

> **Trace écrite :** inventaire de codages efficients et distinction entre les deux types de codages.
> Préciser que la suite de la séance se fera en codage relatif uniquement, le lutin de Scratch puis le robot étant tous deux orientés.

4) PROGRAMMER UN DÉPLACEMENT À L'AIDE D'UN CODE IMPOSÉ.

Cette troisième activité débranchée se situe à nouveau dans le micro-espace, sur une nouvelle grille de déplacement (cahier p. 68 et 69).

Le programme est codé à l'aide d'étiquettes « blocs » du même type que ceux qui seront utilisés à l'étape 2, en mode Scratch.

Le dispositif est le même qu'avec la grille précédente (p. 67), mais les commandes sont imposées par l'utilisation d'étiquettes. Dans un premier temps, les groupes doivent tracer sur le quadrillage le chemin parcouru par le robot pour atteindre sa cible. Ensuite, ils doivent coder les déplacements pour y parvenir à l'aide des étiquettes de commandes.

---

2. Le méso-espace est l'espace des situations où le sujet doit prendre des décisions relatives à un territoire placé sous le contrôle de sa vue. Le sujet fait partie de cet espace et même s'il ne peut en manipuler tous les objets, il en a une vision globale pratiquement simultanée. (Guy Brousseau)

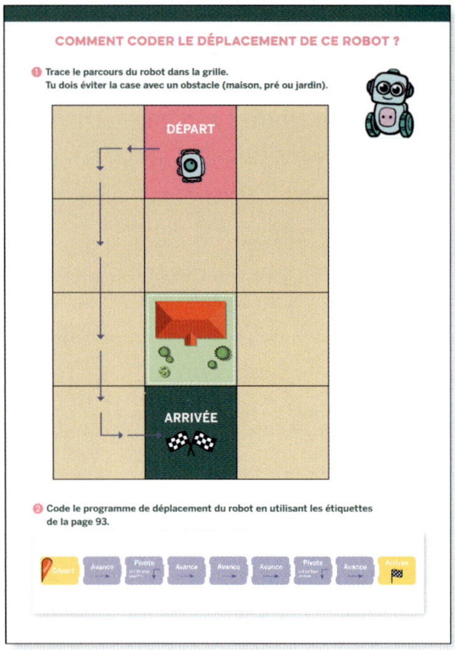

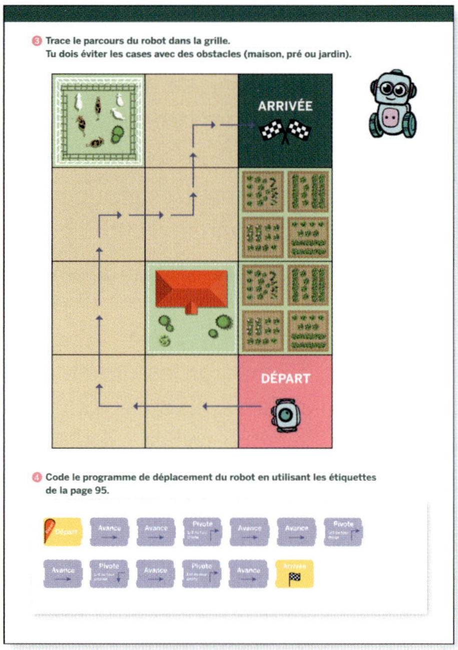

ÉTAPE 2 CODER LE DÉPLACEMENT DU LUTIN SCRATCH

DURÉE 1 heure
ORGANISATION en binômes
MODALITÉ branché
MATÉRIEL • cahier de l'élève p. 70 et 71
• un PC ou une tablette par binôme

1) PRÉSENTER LE LOGICIEL ET LANCER LE DÉFI : TRACER UN CARRÉ.

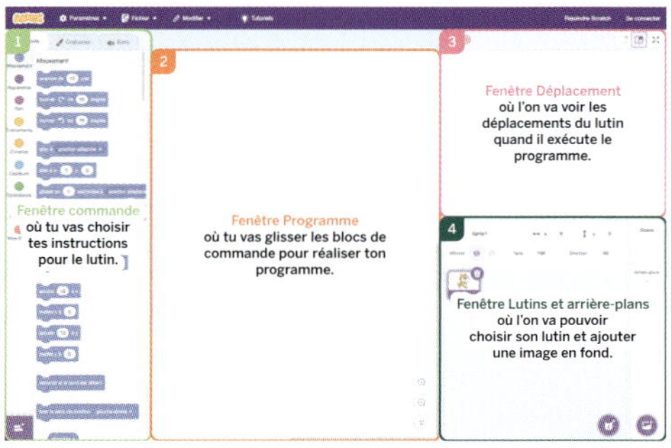

Afficher le logiciel « Scratch ».
Présenter les 4 fenêtres : commandes, programme, déplacements et lutins.
Présenter le lutin Scratch « Cat » et le remplacer par celui vu de dessus : « Cat 2 ». Nous faisons ce choix car le pivotement du lutin vu de dessus est plus facile à percevoir. Pour cela, sous la fenêtre des déplacements, cliquer sur la corbeille du lutin « Cat » 

pour le supprimer et choisir « Cat 2 » via le bouton « Choisir un sprite » .

2) MONTRER PAS À PAS LA PREMIÈRE ÉTAPE DU PROGRAMME DESTINÉ À DESSINER UN CARRÉ :

En premier lieu, ajouter l'extension « Stylo » après avoir cliqué sur le bouton .
Les blocs de dessin apparaissent alors dans la fenêtre des commandes.
Parmi les commandes « Évènements », choisir le bloc « quand drapeau est cliqué » et le faire glisser dans la fenêtre des programmes.
Rajouter ensuite les blocs « effacer tout » et « stylo en position d'écriture » des commandes de la catégorie « Stylo ».
Dans les commandes « Mouvements », choisir « avancer de 10 pas » et l'emboiter sous les précédents. Remplacer « 10 » par « 150 ».

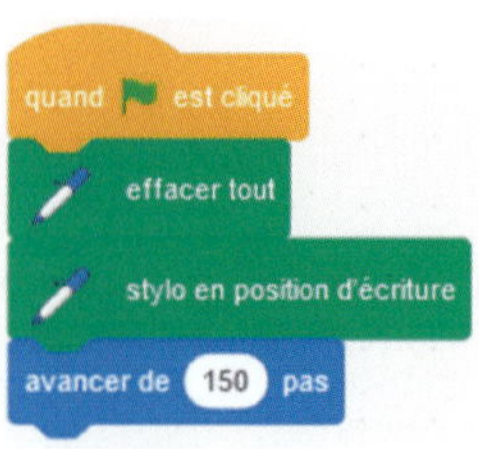

Enfin, cliquer sur le drapeau, en haut à gauche de la fenêtre « Déplacement » pour voir l'effet du programme sur le lutin : il a avancé et le tracé indique le chemin effectué.

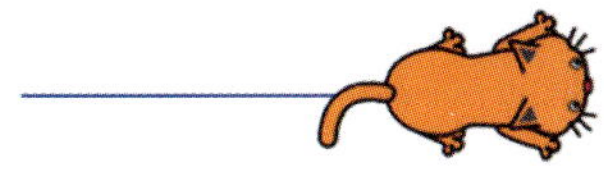

Durant cette première phase, veiller à montrer aux élèves comment :
– Emboiter des blocs : glisser le bloc à emboiter sous le bloc visé.
– Déboiter des blocs : faire l'opération inverse de l'emboitement.
– Évacuer des blocs inutiles de la fenêtre des programmes : les faire glisser sur la gauche.
– Déplacer le lutin pour lui donner sa position de départ : cliquer glisser.
– Changer l'orientation du lutin : cliquer directement sur un bloc « tourner de ... » autant de fois que nécessaire. Cette fonction peut être intéressante pour éviter que les formes géométriques soient toujours présentées en position prototypique (« posées sur un côté »).

> **Votre travail va être de refaire ce que je viens de vous montrer, puis de terminer le programme pour dessiner un carré dont ce tracé est un côté.**

Les élèves suivent les étapes décrites dans le cahier p. 71 et, une fois terminé, inscrivent leur programme codé à l'endroit prévu.

Pour voir la figure entière, inciter les élèves à déplacer le lutin une fois la figure terminée.

Remarque : Pour contourner la problématique des mesures d'angles en degrés qui ne sont pas au programme des apprentissages visés, noter dès le début de la séance, l'équivalence : « tourner de 90° » = « pivoter d'un quart de tour ».

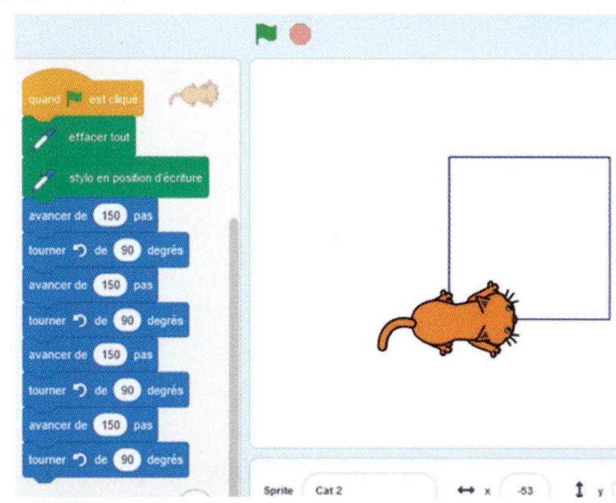

Le travail attendu.

3) AMÉLIORER LE CODAGE DU PROGRAMME.

> **Maintenant que vous avez réussi à tracer un carré, saurez-vous relever ce nouveau défi : faire la même chose, mais avec un programme d'un maximum de 6 blocs ?**

Les élèves doivent modifier le programme de construction du carré à 11 blocs en un programme équivalent à 6 blocs. Il s'agit ici d'introduire la notion de **boucle**.
On peut aider les élèves en leur disant que la solution se trouve dans les blocs de la catégorie « Contrôle ».

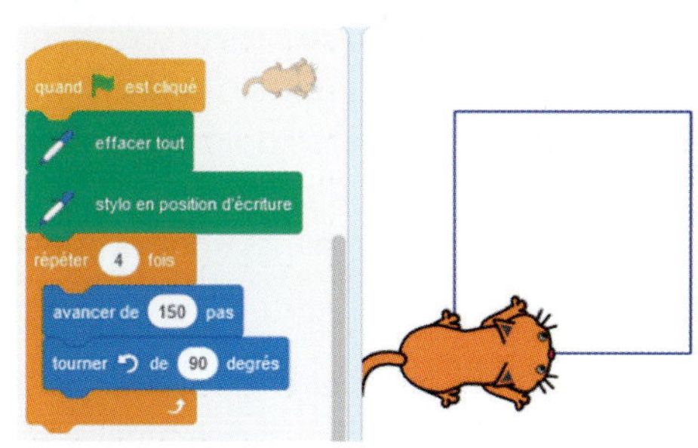

Le travail attendu.

4) RALENTIR L'EXÉCUTION DU PROGRAMME.

> **Maintenant, sauriez-vous ralentir le chat pour que l'on puisse distinguer chacun de ses déplacements ?**

Le lutin étant trop rapide pour que l'on puisse distinguer ses déplacements, il s'agit de mettre les élèves au défi de le ralentir.
On peut les aider en les informant que la solution se trouve aussi dans les blocs de la catégorie « Contrôle ».

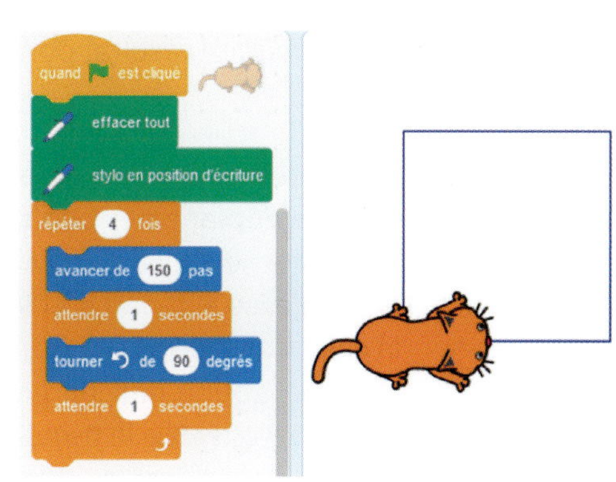

Le travail attendu.

5) RÉINVESTISSEMENT.

Sur le même principe, de nouvelles figures géométriques sont à construire : rectangle, triangle, losange et hexagone.
Pour contourner le fait que les mesures d'angles en degrés ne sont pas au programme du CM, on apporte ces données aux élèves pour qu'ils puissent les intégrer à leurs programmes.

> **3 Maintenant que tu as compris comment programmer le lutin pour tracer un carré, tu vas essayer de lui faire tracer :**
> a) **un rectangle** (le lutin tourne 4 fois de 90 degrés) ;
> b) **un triangle isocèle** (le lutin tourne 3 fois de 120 degrés) ;
> c) **un losange** (le lutin tourne de 120 degrés, de 60 degrés, de 120 degrés et de 60 degrés) ;
> d) **un hexagone** (le lutin tourne 6 fois de 60 degrés).

ÉTAPE 3 CODER LE DÉPLACEMENT D'UN ROBOT

DURÉE 1 heure
ORGANISATION en groupes de 4 élèves
MODALITÉ branché
MATÉRIEL
- cahier de l'élève p. 72
- un PC ou une tablette par binôme
- Un tapis de déplacement à assembler
- Un robot par groupe (le nombre de robots nécessaires dépend de l'organisation : ateliers, demi-classe, classe entière...)
- une tablette ou un smartphone par groupe
- fiche comparative des 3 robots choisis (avec un autre modèle de robot, la séance demande nécessairement des adaptations proposées dans la fiche « Variantes »)

Remarque : Pour cette étape, nous avons choisi le robot « Blue-bot » car doté d'une ergonomie répondant particulièrement bien aux contraintes du premier degré. Néanmoins, ce déroulement peut être adapté à d'autres modèles de robots. Pour ce faire, des éléments d'ajustements sont proposés dans les ressources numériques.

Robot Blue-bot

1) RETOUR SUR LES PRINCIPES DU CODAGE ABORDÉS EN ÉTAPE 2.

Le logiciel « Scratch » permet de programmer le déplacement d'un lutin. Nous avons ainsi codé le déplacement du lutin pour qu'il trace des figures géométriques.
Une succession de blocs constitue un programme qui détermine un enchainement d'actions que l'on veut que le lutin (ou le robot) réalise.
L'utilisation de **boucles** permet de limiter le nombre de blocs en répétant des enchainements de blocs. Pour un résultat donné, plus le programme est simple, plus il est efficace.

2) PRÉSENTATION DE L'ACTIVITÉ.

> **De la même manière qu'avec le lutin, vous allez programmer les déplacements d'un robot.**

Présenter le tapis d'activité : montrer la position du robot dans la case « départ » et le trajet qu'il doit effectuer jusqu'à la case « arrivée ».
Chaque groupe doit programmer le déplacement du robot pour qu'il effectue le trajet proposé sur le tapis d'activité : se déplacer de la case de départ à la case d'arrivée en réalisant un tour complet sur une des cases.

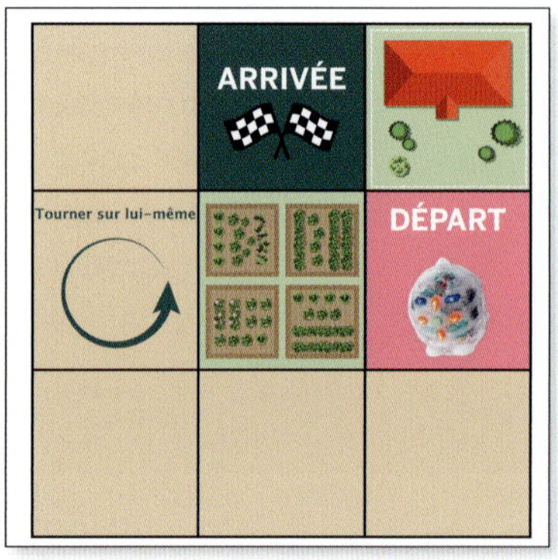

3) PROGRAMMATION D'UN DÉPLACEMENT IMPOSÉ DU ROBOT : CODAGE DIRECT SUR LE ROBOT.

Les élèves codent les déplacements du robot en programmant directement à l'aide des boutons de commandes de ce dernier.

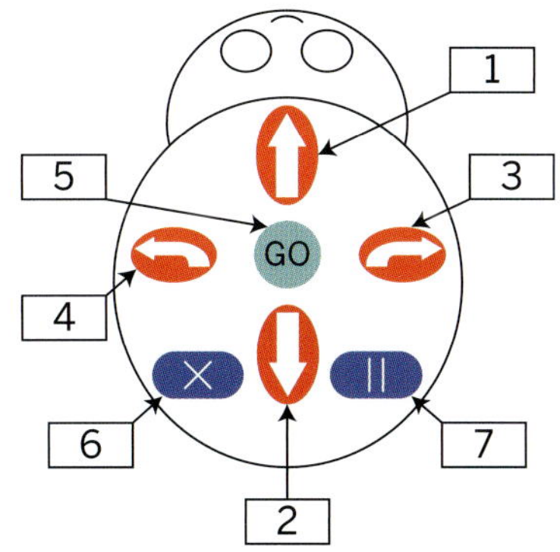

Les commandes du robot Blue-bot

1 : Avancer d'une case (11 cm)
2 : Reculer d'une case (11 cm)
3 : Pivoter d'un quart de tour à droite
4 : Pivoter d'un quart de tour à gauche
5 : Lancer le programme
6 : Effacer le programme
7 : Effectuer une pause dans l'exécution du programme

> **Vous allez coder le déplacement du robot à l'aide de ses boutons de commandes. Vous noterez tout d'abord votre programme sur votre cahier, puis vous le testerez. Si besoin vous pourrez le modifier jusqu'à ce qu'il fonctionne.**

Chaque groupe rédige donc le programme qu'il envisage, le tape, puis le teste afin de le valider. Pour cela, le robot est placé sur le tapis et le programme lancé par appui sur la touche « GO ». En cas d'erreur (bogue), le programme est corrigé, autrement dit, débogué. Pour cela, tout le programme doit être retapé, après réinitialisation, c'est-à-dire après appui sur la touche « X : reset ».

Remarque : Si vous ne disposez pas d'un robot par groupe, les élèves peuvent noter le programme indépendamment de la manipulation du robot, puis le tester quand un robot est disponible. Dans ce cas, distribuer le document de légende des boutons de commandes.

Résultat attendu : ↑ ↪ ↑ ↑ ↪ ↑ ↩ ↩ ↩ ↩ ↑ ↪ ↑

4) PROGRAMMATION D'UN DÉPLACEMENT IMPOSÉ DU ROBOT : CODAGE PAR BLOCS (DE TYPE « SCRATCH ») VIA TABLETTE OU SMARTPHONE.

Cette étape nécessite l'utilisation d'une tablette ou d'un smartphone à connecter en Bluetooth avec le robot via l'application « Blue's blocs » à télécharger sur le Play Store (Android) ou l'App Store (iOs).

Une fois le robot connecté à l'application, **les élèves codent** le programme de commande du robot sur leur tablette en organisant les blocs.

Durant cette phase, circuler dans les groupes pour étayer si besoin.

Quand c'est possible, inciter les élèves à simplifier leur programme en intégrant une boucle. Laisser néanmoins libre cours à leur créativité lorsqu'ils cherchent à personnaliser leur programme.

Remarque : Pour contourner la problématique des mesures d'angles en degrés qui ne sont pas au programme des apprentissages visés, noter dès le début de la séance, l'équivalence : « tourner de 90° » = « pivoter d'un quart de tour »

Point de vigilance : Les robots ayant tous le même nom, il y a un risque de croisements entre les connexions des robots et des tablettes. Pour éviter de se connecter au robot du voisin, il est possible de réaliser la connexion Bluetooth à distance des autres robots.

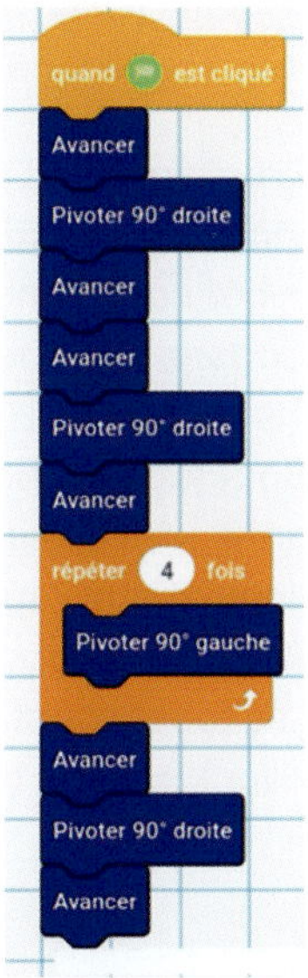

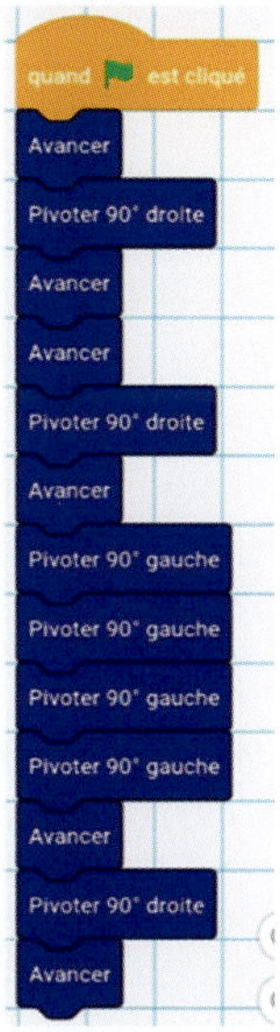

5) VALIDATION DU PROGRAMME ET MÉMOIRE DES ACQUIS.

Chaque groupe teste son programme et vérifie s'il répond à la commande de départ en analysant le comportement du robot. C'est la phase de débogage qui consiste à trouver et corriger les erreurs et les bogues dans le code source du logiciel.
Pour garder trace du programme effectué, on peut afficher les programmes obtenus.
Les boucles permettent de limiter le nombre de blocs du programme.

ÉTAPE 4 SYNTHÈSE COLLECTIVE

Demander à la classe les erreurs qui ont dû être corrigées. S'appuyer sur ces erreurs pour expliciter les principales difficultés et des conseils de programmation. Guider les échanges et valider les savoirs.

EXEMPLE D'ÉCRIT COLLECTIF DE TRAVAIL POUR PRÉPARER LA TRACE ÉCRITE FINALE.

Comment rédiger un programme ?

- Faire attention à l'ordre des commandes.
- Tester le programme pour vérifier s'il est correct.
- Si on s'est trompé, on peut corriger le programme.
- La boucle permet de répéter des blocs et d'en utiliser moins.

CONSTRUCTION COLLECTIVE DE LA TRACE ÉCRITE.

Les élèves la copient sur leur cahier p. 72

Exemple de trace écrite :

Pour programmer un robot, on ne peut lui demander que ce qu'il est capable d'exécuter : se déplacer, éviter un obstacle… Quand on rédige un programme, l'ordre des instructions est primordial. Le programme doit ensuite être testé afin d'être corrigé ou amélioré si besoin : c'est le débogage.

Lexique

Programme : Un programme est une suite d'instructions qui permet à une machine de réaliser une tâche. Dans le cas de la programmation de robots, le programme indique au robot comment se déplacer, quoi faire et comment réagir aux informations qu'il reçoit.
Codage : Le codage est le processus d'écriture d'un programme. Il consiste à traduire les instructions du programme dans un langage que la machine peut comprendre.
Boucle : Une boucle est une instruction qui permet de répéter une séquence d'instructions un certain nombre de fois. Les boucles sont utiles pour effectuer des tâches qui doivent être répétées plusieurs fois, telles que la navigation d'un robot dans un labyrinthe.
Robot : Un robot est une machine capable d'effectuer des tâches de manière autonome. Les robots sont souvent utilisés dans des environnements dangereux ou difficiles d'accès pour l'homme (pompiers, militaires…)

ÉVALUATION PROGRAMMER UN ROBOT, FACILE !

MATÉRIEL • Fiche évaluation et son corrigé

ÉVALUATION SOMMATIVE

Distribuer la fiche évaluation. Un corrigé est proposé en ressources numériques.

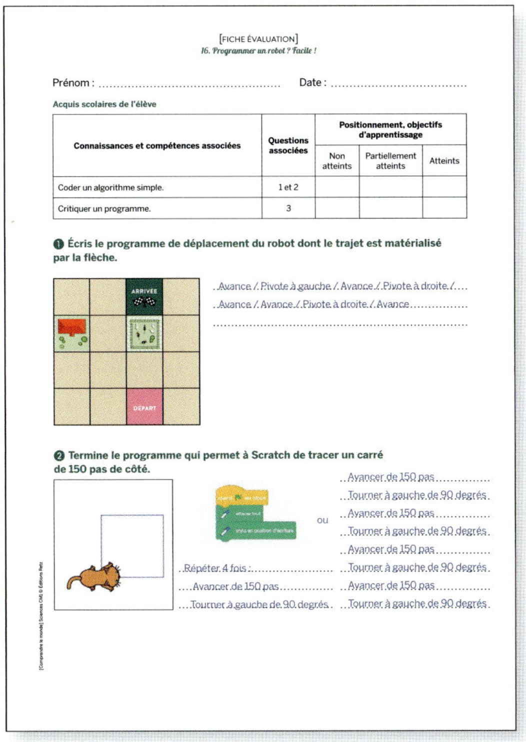

[FICHE ÉVALUATION]
16. Programmer un robot ? Facile !

Prénom : .... Date : ....

Acquis scolaires de l'élève

Connaissances et compétences associées	Questions associées	Positionnement, objectifs d'apprentissage		
		Non atteints	Partiellement atteints	Atteints
Coder un algorithme simple.	1 et 2			
Critiquer un programme.	3			

❶ Écris le programme de déplacement du robot dont le trajet est matérialisé par la flèche.

Avance / Pivote à gauche / Avance / Pivote à droite /
Avance / Avance / Pivote à droite / Avance

❷ Termine le programme qui permet à Scratch de tracer un carré de 150 pas de côté.

Répéter 4 fois :
Avancer de 150 pas
Tourner à gauche de 90 degrés

ou

Avancer de 150 pas
Tourner à gauche de 90 degrés
Avancer de 150 pas
Tourner à gauche de 90 degrés
Avancer de 150 pas
Tourner à gauche de 90 degrés
Avancer de 150 pas
Tourner à gauche de 90 degrés

[FICHE ÉVALUATION (suite)]
16. Programmer un robot ? Facile !

❸ Quel est le programme qui permet de déplacer le Bluebot de de la case « Départ » à la case « Arrivée » ?

- **Entoure la bonne réponse :** Programme A Programme B
- **Barre les codes du programme qui sont faux.**

Programme A :

Programme B :

DOSSIER INTERDISCIPLINAIRE

Comprendre des procédés de mise en mouvement d'un projectile

Connaissance et compétences associées

Matériaux et objets techniques

> Imaginer un objet technique en réponse à un besoin.

> Concevoir et réaliser une maquette pour modéliser un objet technique.

> Distinguer un besoin et les fonctions techniques réalisées par un objet technique.

> Identifier les fonctions assurées par un objet technique.

DÉFINITION DE LA NOTION

Lancer, en EPS, c'est « produire, entretenir, restituer et utiliser de façon optimale une vitesse pour la transmettre à un engin et l'envoyer le plus loin possible dans un espace normé ».

Projectile (subst. masc.) **:** Corps lancé ou projeté pour atteindre quelqu'un ou quelque chose.

© CNRTL

Quel que soit le mode de projection (corps humain ou machine), la portée d'un projectile dépend principalement de trois facteurs :

1. **Angle** de projection par rapport à l'horizontale
2. **Vitesse** de déplacement initiale du projectile
3. **Masse** du projectile (plus elle est élevée, plus la force de déplacement initial doit l'être également).

OBJECTIFS DU DOSSIER

Réaliser des croisements entre disciplines (EPS, Sciences/Technologie, Mathématiques) où les élèves vont être amenés à articuler le concret et l'abstrait et ainsi donner sens à des notions mathématiques (échelles, distances…).

Ils vont également utiliser différents modes de représentation (chiffres, graphiques, tableaux) pour rendre compte et comparer des données numériques.

L'utilisation régulière de l'outil informatique permet aux élèves de diversifier l'utilisation des systèmes d'information, d'en exploiter les ressources (vidéos, images, textes documentaires) et de rendre usuelle la pratique d'outils logiciels (tableur) et multimédias.

MISE EN ŒUVRE

Étape 1 : Partir d'une réelle situation complexe nécessitant un questionnement : Observer, décrire et analyser l'efficacité de lancers en EPS.

Étape 2 : Se documenter sur les machines servant à lancer des projectiles au Moyen Âge.

Étape 3 : Exploiter des données recueillies en étape 2 et en analyser la représentation graphique.

Étape 4 : Pratiquer une démarche scientifique pour comprendre ce qui permet de lancer loin.

Étape 5 : Construire une catapulte et se défier pour lancer un projectile le plus loin possible.

ÉTAPE 1 OBSERVER, DÉCRIRE ET ANALYSER DES LANCERS

Objectif : **Utiliser un vocabulaire adapté, spécifique pour décrire les actions réalisées par un camarade et eux-mêmes.**

➔ EPS :

– L'éducation physique et sportive permet de donner un sens concret aux données mathématiques en travaillant sur temps, distance et vitesse.

Les élèves peuvent aussi utiliser différents modes de représentation (chiffres, graphiques, tableaux) pour rendre compte des performances réalisées, de leur évolution et les comparer.

Matériel : Affiche, feutres, projectiles au choix (vortex, poids, disques, javelots).

1) **ORGANISER UNE SITUATION DE LANCERS.** Les projectiles les plus courants sont : le vortex, le poids, le disque et le javelot.

Dans un premier temps, laisser les élèves tester des lancers sans leur donner de conseils (sauf en ce qui concerne la sécurité, bien sûr).

2) **QUESTIONNER LE GROUPE.**

> **Que faut-il faire pour que l'objet aille loin ?**

Hypothèses *a priori* : *forcer, donner de la vitesse, accompagner l'objet, lui donner de la hauteur, régler l'angle d'incidence...*

3) **NOTER LES PROPOSITIONS SUR AFFICHE (OU TRAITEMENT DE TEXTE PROJETÉ) POUR POUVOIR Y REVENIR LORS DE L'ÉTAPE 4.**

ÉTAPE 2 EFFECTUER UNE RECHERCHE DOCUMENTAIRE

Objectif : **Comprendre des textes des images et des documents et les interpréter.**

➔ Histoire :

S'informer dans le monde du numérique : Connaitre différents systèmes d'information, les utiliser / Trouver, sélectionner et exploiter des informations dans une ressource numérique / Identifier la ressource numérique utilisée.

➔ Domaine du socle : 1, 2

L'élève sait mobiliser différents outils numériques pour créer des documents intégrant divers médias.

Matériel : Un PC connecté à Internet pour deux élèves, cahier de l'élève p. 73

1) **QUESTIONNER LE GROUPE.**

> **Connaissez-vous des machines qui lancent des projectiles ?**

Hypothèses *a priori* : *catapulte, arc, fronde, lance-pierre, arbalète, propulseur (préhistoire), fusil, canon, pistolet...*

> **Nous allons nous intéresser à des machines de guerre utilisées au Moyen Âge pour lancer des projectiles : Baliste, Catapulte, Pierrière, Bricole, Mangonneau, Trébuchet et Couillard.**

2) EFFECTUER UNE RECHERCHE SUR INTERNET. POUR LES CLASSES NE DISPOSANT PAS DU MATÉRIEL MULTIMÉDIA, L'ENSEIGNANT DOIT TROUVER OU CRÉER UNE FICHE DOCUMENTAIRE REGROUPANT LES INFORMATIONS ATTENDUES.

❶ Les élèves doivent compléter un tableau regroupant les principales caractéristiques des machines citées en au début de l'étape.

❷ La dernière ligne du tableau est vide. Les élèves doivent y replacer les noms des machines.

Vocabulaire

La portée est la distance parcourue par le projectile entre la machine de lancement et le point d'impact avec le sol.

ÉTAPE 3 RÉSOUDRE UN PROBLÈME, EXPLOITER DES DONNÉES

Objectif : Interpréter des données en analysant notamment l'allure de leur représentation graphique.

➔ Mathématiques :

– **Proportionnalité :** reconnaitre et résoudre des problèmes relevant de la proportionnalité en utilisant une procédure adaptée / Situations permettant une rencontre avec des échelles.

– **Grandeurs et mesure :** lecture de graphique, comparaisons.

Matériel : feuilles à carreaux, PC et tableur, cahier de l'élève p. 73

➔ Lien avec le thème 3 « Repérer et comprendre la communication et la gestion de l'information : usages de logiciels usuels ».

1) OBSERVER LE DIAGRAMME DU CAHIER P. 73 ET EXPLIQUER LA CONSIGNE.

> **La représentation de la distance jusqu'à l'impact du projectile d'une catapulte a été tracée sur le graphique. Sachant qu'elle permet de propulser un projectile à 60 m, trouve l'échelle du graphique : 1 cm → ? m**

Si les élèves ont déjà travaillé sur la proportionnalité, on peut s'attendre à un raisonnement du type : si 3 cm **correspondent à** 60 m donc 1 cm **correspond à** 20 m. En effet, si la distance sur le papier est divisée par 3, la distance sur le terrain sera également divisée par 3.

1 cm sur le graphique correspond à 2 000 cm sur le terrain, c'est-à-dire 20 m. (Rappeler si besoin qu'1 m correspond à 100 cm).

L'échelle est donc de 1/2 000.

Cette recherche peut être l'introduction d'un travail dédié aux « échelles » ou un travail de réinvestissement si cette compétence a déjà été travaillée.

> **Utilisez les données de la colonne « Portée maximum » pour terminer ce graphique. Ne cherchez pas la baliste, elle n'apparait pas. Pourquoi, à votre avis ?** *Sa portée est beaucoup plus importante que celles des autres appareils. Sa représentation graphique sortirait du cadre.*

Remarque : ce travail peut favorablement être complété par une modélisation sur tableur : il suffit que les élèves créent le tableau ; le graphique peut alors être généré automatiquement. Cette facilité nécessite d'y avoir travaillé au préalable sur papier : l'apparition « automatique » du graphique ne permet pas à tous les élèves de s'approprier les caractéristiques de ce type de document.

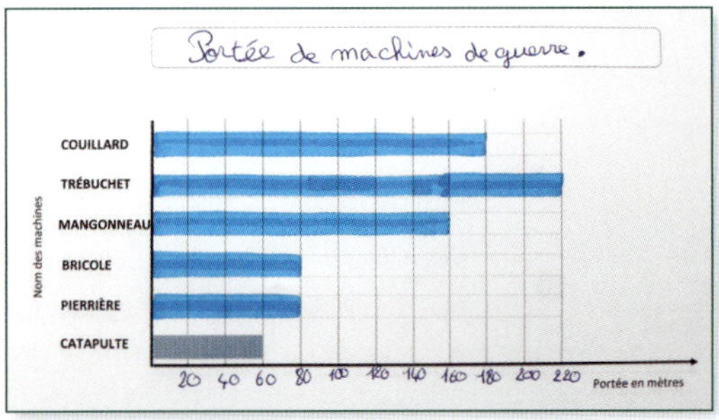

Document « Graphique machines de guerre »
Voir exemple de fichier Excel

2) INTERPRÉTATION DU GRAPHIQUE.

Demander au groupe ce qu'il apprend en analysant le graphique.

Résultat attendu : plus les machines sont récentes et plus on constate que leur portée est élevée. Plus elles sont récentes et plus elles sont performantes. C'est un révélateur de progrès techniques.

ÉTAPE 4 TESTS BALISTIQUES

Objectif : **Proposer, avec l'aide du professeur, une démarche pour répondre à une question de nature scientifique ou technologique :**

➜ Sciences : **Pratiquer des démarches scientifiques et technologiques**

Les élèves traduisent leur solution par une réalisation matérielle (maquette ou prototype). Ils utilisent des moyens de prototypage, de réalisation, de modélisation.

➜ Mathématiques :

Représenter : utiliser des outils pour représenter un problème : dessins, schémas, diagrammes, graphiques, écritures…

Matériel : affiche, un élastique, deux trombones, un œuf surprise Kinder®, une BD et une feuille de papier (quadrillé), diagramme réalisé à l'étape 3 projeté au tableau, cahier de l'élève p. 74.

1) POSER LA QUESTION PROBLÈME : COMMENT ENVOYER UN PROJECTILE LE PLUS LOIN POSSIBLE ?

• Reprendre les hypothèses de l'étape 1 (EPS). Les agrémenter des nouveaux savoirs acquis en observant des machines de guerre : balanciers, poids, inertie, vitesse…

• Modéliser pour tester les hypothèses : il s'agit de construire une baliste afin de tester les hypothèses émises.

Le matériel est imposé (*cf.* liste du matériel ci-dessus).

2) DEMANDER AUX ÉLÈVES, PAR GROUPE, DE CONCEVOIR UN PROTOCOLE POUR RÉALISER UNE MAQUETTE PERMETTANT DE TESTER LES HYPOTHÈSES.

La mise en commun doit établir une maquette de ce type :

Préparation de la « baliste »

Tests « balistiques » en cours…

Les hypothèses à tester sont les suivantes : ***tension*** *de l'élastique,* ***masse*** *du projectile et* ***angle d'inclinaison*** *du plan incliné.*

3) **FAIRE TESTER LES HYPOTHÈSES : 3 VARIABLES = 3 GROUPES DE TESTS.** Les tests nécessitent un espace relativement important : cour, préau, salle polyvalente. Chaque groupe teste une seule variable : une variable pour deux constantes. Les résultats de chaque groupe sont reportés dans le tableau suivant :

GROUPES	RÉSULTATS				
G1	**Tension**	T1 >	T2 >	T3 >	T4
	Distance	7 m	5 m	4 m	3 m
G2	**Angle**	A1 >	A2 >	A3 >	A4
	Distance	35 cm	2 m	1 m	25 cm
G3	**Masse**	M1>	M2>	M3>	M4
	Distance	1,9 m	2,1 m	2,5 m	3,5 m

Le constat attendu est :
- Plus l'élastique est tendu, plus le projectile va vite et plus la distance qu'il parcourt est importante.
- Plus la masse augmente, plus la distance parcourue par le projectile est faible.
- C'est avec un angle d'incidence moyen (30°) que le projectile va le plus loin.

Conclusions : Pour projeter un objet le plus loin possible, il faut le propulser avec un angle moyen (30°). Plus il est lourd, plus la force exercée doit être importante (ici, la tension de l'élastique. En EPS, il s'agit de la force musculaire, responsable de la vitesse de déplacement du bras qui tient le projectile...).

Exemple de trace écrite :

Que faut-il pour lancer loin ? Plus la masse du projectile est élevée, plus la tension de l'élastique doit l'être également. L'angle de projection optimal est d'environ 30 degrés.

ÉTAPE 5 FABRIQUER UNE CATAPULTE ET SE DÉFIER DANS UN CONCOURS DE LANCERS

Objectif : Reproduire un objet technique en équipe pour traduire une solution technologique répondant à un besoin : reproduire la maquette d'une catapulte.

Matériel : Tutoriel vidéo « Tuto Catapulte papier » (https ://www.youtube.com/watch?v=9JvV8PWawLs), papier, ruban adhésif, pistolet à colle, pique à brochette en bois, bouchon plastique de bouteille de lait, balle de pingpong.

1) **SUIVRE LE TUTORIEL VIDÉO DE FABRICATION DE LA CATAPULTE** : au fur et à mesure, les groupes d'élèves conçoivent leur catapulte. Plusieurs possibilités : chaque groupe suit le tutoriel sur un PC à son rythme ou le tutoriel est projeté pour toute la classe. Sans matériel de visionnage, l'enseignant est chargé de remplacer le tutoriel.

2) **UNE FOIS LES MAQUETTES TERMINÉES, CHAQUE GROUPE TESTE L'EFFICACITÉ DE SON APPAREIL.** Le défi est d'envoyer la balle de pingpong le plus loin possible.

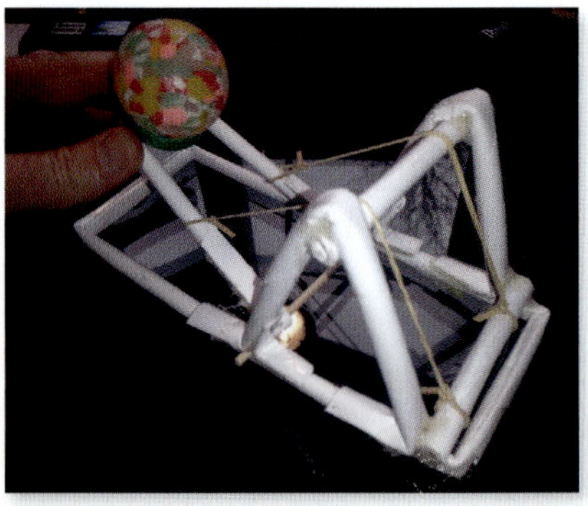

Des liens avec le socle commun et les autres domaines disciplinaires :

– **Arts visuels :** étudier une peinture représentant l'assaut d'une forteresse où sont représentées des machines de guerre.

LA TERRE, UNE PLANÈTE PEUPLÉE PAR DES ÊTRES VIVANTS

SÉANCE 17

Quelle est la position de la Terre dans le système solaire ?

L'ESSENTIEL À SAVOIR POUR L'ENSEIGNANT

L'enjeu de cette séance est de situer la Terre dans le système solaire. C'est l'occasion de faire le point sur les grandes catégories d'astres présentes dans l'environnement de la Terre.

Cartographie du système solaire.

> ***Les astres** sont tous types d'objets célestes présents naturellement dans l'espace.*

UNE ÉTOILE : LE SOLEIL

Comme son nom l'indique, l'acteur principal du système solaire est le Soleil. Il s'agit de l'étoile centrale (et unique !) du système.

Cette immense boule de gaz (1,4 million de kilomètres de diamètre, soit 100 fois la Terre) est en constante réaction nucléaire. En effet, les particules de gaz qui le constituent s'effondrent vers le centre par gravité. En s'effondrant, elles s'entrechoquent, provoquant des réactions nucléaires qui libèrent une énergie très importante. De ce fait, la température au centre du Soleil est de 15 millions de kelvins et, à la surface, de 5 800 kelvins (température en kelvins = température en degrés Celsius + 273,15). L'énergie libérée parvient sur Terre par rayonnement. Ce rayonnement est riche : il est constitué de lumière visible (l'ensemble des couleurs de l'arc-en-ciel) et de rayons ultraviolets, invisibles mais transporteurs de beaucoup d'énergie.

HUIT PLANÈTES ET LEURS SATELLITES ÉVENTUELS

Les autres astres les plus connus du système solaire sont les planètes. Elles sont au nombre de huit : Mercure, Vénus, Terre, Mars, Jupiter, Saturne, Uranus et Neptune.

Outre leurs caractéristiques physiques, les planètes se distinguent par leur éventuelle atmosphère et leurs éventuels **satellites** naturels, astres gravitant autour d'elles. La Terre en compte un seul : la Lune. Mars en compte deux (Phobos et Deimos).

Les planètes sont en mouvement autour du Soleil, elles décrivent des trajectoires quasiment circulaires appelées ellipses. De ce fait, la distance d'une planète au Soleil varie peu au cours de l'année. Pour la Terre, la distance minimale au Soleil est de 147 millions de km, et maximale de 150 millions de km. Cette trajectoire (appelée aussi « révolution ») se caractérise par sa durée (365,24 jours pour la Terre).

> **À noter**
>
> *Depuis 2006, Pluton n'est plus considérée comme une planète mais comme une planète naine. Il n'est pas utile d'entrer dans ces considérations avec les élèves.*

PRINCIPAUX CORPS CÉLESTES

• **Les satellites naturels** sont des astres qui gravitent autour d'une planète (la Lune par exemple).

• **Les astéroïdes** sont des objets célestes non sphériques, généralement de petite taille par rapport aux autres astres.

• **Les comètes** sont des amas de glace et de poussières gravitant autour du Soleil sur une trajectoire elliptique très « allongée ».

• **Les exoplanètes** sont les planètes situées hors du système solaire. Comme la Terre, elles gravitent autour d'une étoile.

• **Les planètes** sont des corps célestes dépourvus de lumière propre et tournant autour du Soleil. Les planètes du système solaire renvoient la lumière émise par le Soleil.

• **Les étoiles** sont les seuls astres brillants de leur lumière propre. Le Soleil est une étoile.

• **Les satellites artificiels** sont des objets envoyés par l'homme qui gravitent autour d'une planète, comme les satellites de télécommunication ou certaines sondes d'observation dites orbitales.

DÉROULEMENT DE LA SÉANCE

Connaissances et compétences associées
- *Situer la Terre dans le système solaire.*
- *Modéliser des phénomènes naturels.*
- *Utiliser des outils numériques pour simuler des phénomènes.*

DURÉE : 1 h environ (et une étape de 30 min facultative).

ÉTAPE 1 DÉCRIRE LES ASTRES PRÉSENTS DANS LE SYSTÈME SOLAIRE

DURÉE 20 min
ORGANISATION en collectif, avec un temps de travail individuel
MATÉRIEL • cahier de l'élève p. 76
• photos de l'activité à afficher

Les questions proposées lors de cette étape sont ouvertes et ont vocation à permettre de mettre en place progressivement une ébauche de classification des astres.

1) INTERROGER LES ÉLÈVES QUANT À LEUR NOTION DE L'ESPACE.

> **Avez-vous une idée de ce qui se trouve autour de la Terre, dans l'espace ?**
Écouter les réponses des élèves et les écrire au tableau. Il est attendu que les élèves citent quelques astres, voire utilisent des termes plus génériques tels que « galaxie ». L'objet de cette question est d'éveiller la curiosité des élèves, de relever leur niveau de vocabulaire et de culture sur le sujet du jour. L'enseignant ne corrige pas les propositions des élèves. Au mieux, il indique que les explications viendront au cours de la séance.

2) AFFICHER ET OBSERVER LES DIX PHOTOS : LE SOLEIL, LA LUNE ET DES PLANÈTES DU SYSTÈME SOLAIRE ET FAIRE OUVRIR LE CAHIER P. 76.

Les afficher d'abord sans commentaire.

3) AMENER LES ÉLÈVES À L'IDENTIFICATION DES ASTRES.

> **Reconnaissez-vous des objets sur les photos ?**
Utiliser les termes précédemment notés au tableau, voire compléter la liste s'il en manque à l'aide des propositions des élèves. Étoile, Soleil, Terre, Lune, planète, Saturne sont des termes susceptibles d'être proposés par les élèves.

> **Quelles sont les différences entre ces objets ?** *Certains brillent (un seul en fait, le Soleil), l'un d'eux a des anneaux, tous n'ont pas la même couleur.*

4) CONSTRUIRE LA NOTION DE PLANÈTE.

> **À quelle catégorie d'objets appartient la Terre ?**
La réponse attendue est bien entendu « planète », terme que les élèves ont toutes les chances d'avoir déjà entendu. Reste à le définir.

> **Quels autres objets sont à votre avis des planètes ?**
Laisser les élèves exprimer leurs idées.

> **Quel est le point commun entre les planètes ?**
En s'appuyant sur les photos, la classe doit aboutir au fait que les planètes ont une forme sphérique (corriger le terme « ronde » s'il est cité car il qualifie un objet en deux dimensions seulement). Elles ne sont pas forcément plus grandes que les autres objets (Mercure a une taille très proche de la Lune, par exemple).
Préciser qu'**une planète tourne autour d'une étoile** (le Soleil dans notre cas).

5) RÉCAPITULER EN COLLECTIF CE QUI A ÉTÉ DÉCOUVERT.

Le Soleil est une **étoile** : il brille.
La Terre est une **planète** : elle tourne autour du Soleil.
Le **système solaire** compte huit planètes : Mercure, Vénus, la Terre, Mars, Jupiter, Saturne, Uranus, Neptune. Toutes ces planètes tournent autour du Soleil.

6) LES ÉLÈVES COMPLÈTENT LE TABLEAU SUR LEUR CAHIER.

Observe les photos ci-dessus et remplis le tableau pour indiquer à quelle catégorie appartient chacun de ces objets.

Planètes	Étoile	Satellites
Mercure, Vénus, Terre,	Soleil	Lune, satellite de
Mars, Jupiter, Saturne,		télécommunication
Uranus, Neptune		

ÉTAPE 2 PRÉSENTER UNE MODÉLISATION DU SYSTÈME SOLAIRE

DURÉE 10 min
ORGANISATION en collectif
MATÉRIEL • animation « Système Terre-Lune »
• animation « Système solaire »
• cahier de l'élève p. 77

1) PROJETER L'ANIMATION « SYSTÈME TERRE-LUNE » ou observer le document 1 « Le système Terre-Lune » du cahier p. 77.

> **La Lune est-elle une planète ?** *Non*

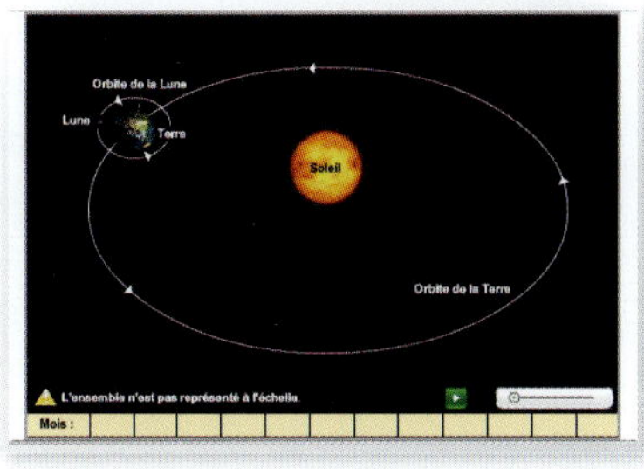

> Pourquoi ?

Faire constater que la Lune ne tourne pas autour du Soleil mais de la Terre. Or les planètes tournent autour du Soleil. La Lune n'est donc pas une planète.
Préciser que la Lune est donc un satellite naturel de la Terre.

2) PROJETER L'ANIMATION « SYSTÈME SOLAIRE » ou faire observer le document 2 du cahier.

> Quelles sont les différences entre les planètes ?

– Elles n'ont pas la même taille.
– Leur éloignement par rapport au Soleil varie.
– Le nombre d'objets qui gravitent autour d'elles n'est pas le même (il est fort probable que les élèves évoquent les anneaux de Saturne).
– Elles n'ont pas la même couleur.

> Pourquoi n'ont-elles pas la même couleur ? *Parce qu'elles n'ont pas toutes la même surface.*
Préciser : Par exemple la Terre est bleue parce qu'elle est, en grande partie, recouverte d'eau (les mers et les océans). Mars est rouge car son sol contient beaucoup de fer (rouge comme la rouille).

3) RÉCAPITULER EN COLLECTIF CE QUI A ÉTÉ DÉCOUVERT.

La **Lune** n'est pas une planète car elle ne tourne pas autour du Soleil.
C'est un **satellite naturel** de la Terre.
Les huit planètes du système solaire sont toutes différentes. Certaines sont très grosses et d'autres sont toutes petites : **certaines sont proches du Soleil, d'autres en sont très éloignées**.
Elles ont des couleurs différentes. **La couleur des planètes dépend soit de la constitution de leur surface, soit de leur atmosphère** (gaz qui entourent la planète). La Terre est bleue parce qu'elle a beaucoup d'eau à sa surface.

ÉTAPE 3 — SIMULER LA PLACE DE LA TERRE DANS LE SYSTÈME SOLAIRE

DURÉE 15 min
ORGANISATION en groupes de 4 ou 5
MATÉRIEL
- animation « Système Terre-Lune »
- animation « Système solaire »
- cahier de l'élève p. 77 et 78

Précisions sur le déroulement : idéalement, cette activité se déroule dans la cour de l'école ou sous le préau. Cependant, s'il n'y a pas de place dans l'école, l'activité peut être réalisée à l'aide de personnages ou de balles de tennis de table colorées sur une table.

1) **RÉPARTIR LES ÉLÈVES PAR GROUPES DE 4 OU 5.**

Expliquer que chaque enfant représente un astre et se déplacer comme lui :
– le Soleil
– la Terre
– la Lune
– Mars
– une autre planète, Vénus par exemple qui se trouve entre la Terre et le Soleil.

Les élèves peuvent porter une pancarte indiquant le nom de l'astre qu'ils « jouent » afin de simplifier l'identification.

Au moment de donner les consignes, l'enseignant interroge :

> **Qui est au centre ? Comment vous placez-vous les uns par rapport aux autres ? Qui tourne autour de qui ?**

Demander aux élèves de relever le nombre de pas qu'ils font pour réaliser un tour complet (autour du Soleil pour les planètes et autour de la Terre pour la Lune). Faire remarquer que l'on fait plus de pas lorsque l'on est plus loin.

2) **PASSER DANS CHACUN DES GROUPES** et, à l'aide de petites questions, corriger les éventuelles erreurs.

3) **FAIRE UNE SYNTHÈSE ORALE COLLECTIVEMENT,** une fois de retour en classe, en projetant les animations « Système solaire » et « Système Terre-Soleil-Lune » ou à l'aide des documents du cahier p. 77.
Les planètes tournent autour du Soleil et la Terre est l'une d'entre elles !

La Terre, comme Mars ou Vénus, est une planète. Elle tourne autour du Soleil.

La Lune, qui n'est pas une planète, tourne autour de la Terre.

4) **LES ÉLÈVES RÉPONDENT AUX QUESTIONS 1 À 3 DU CAHIER P. 78 ET RÉALISENT LE SCHÉMA DE LEURS OBSERVATIONS (QUESTION 4).**

SIMULER LE SYSTÈME SOLAIRE

Vous avez simulé le système solaire en groupes, où les élèves représentaient la Terre, Mars, le Soleil et la Lune.

1. **Qui se trouve au centre du dispositif ?**
Le Soleil

2. **Qui tourne autour de qui ?**
Mars et la Terre tournent autour du Soleil et la Lune tourne autour de la Terre.

3. **Qui a mis le plus de temps pour faire un tour ? Pourquoi ?**
C'est Mars, car c'est la planète la plus éloignée du Soleil, donc il a fait le plus de pas.

4. **Réalise le schéma de tes observations.**

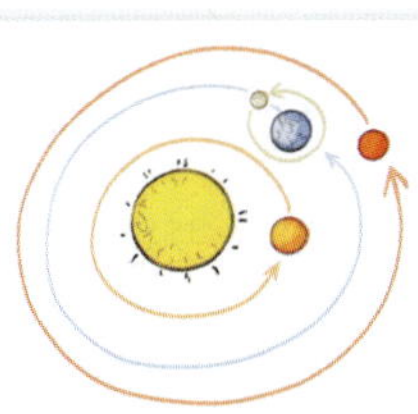

ÉTAPE 4 SYNTHÈSE

DURÉE 10 min
ORGANISATION en collectif
MATÉRIEL • photo du système solaire
• cahier de l'élève p. 78

1) AFFICHER LA PHOTO DU SYSTÈME SOLAIRE.

2) CONSTRUIRE COLLECTIVEMENT LA TRACE ÉCRITE et l'écrire au tableau pour que les élèves la recopient sur leur cahier.

Exemple de trace écrite :

Le système solaire est composé de **8 planètes** qui tournent autour du Soleil.
Le Soleil est une **étoile** : il brille.
Certaines planètes ont des **satellites**, il s'agit d'objets qui tournent autour.
La Terre est la troisième planète en partant du Soleil. On l'appelle **« la planète bleue »** parce que beaucoup d'eau la recouvre. **La Lune** est son unique satellite naturel. Par contre, elle a de nombreux satellites artificiels. La station internationale en est un.

Lexique :

Les étoiles : Ce sont les seuls astres brillants de leur lumière propre. Le Soleil est une étoile.
Les planètes : Corps célestes dépourvus de lumière propre (celles du système solaire renvoient la lumière émise par le Soleil) et tournent autour du Soleil.
Les satellites naturels : Astres qui gravitent autour d'une planète.
Les satellites artificiels : Objets lancés dans l'espace par l'Homme qui gravitent autour d'un astre.

PROLONGEMENT OBSERVER LE SYSTÈME SOLAIRE DEPUIS LA TERRE GRÂCE AU LOGICIEL STELLARIUM

DURÉE 30 min
ORGANISATION en collectif
MATÉRIEL • 1 poste informatique équipé du logiciel libre *Stellarium* ou d'une connexion Internet
• fiches documents « Présentation du logiciel *Stellarium* »
• fiche activité « Le système solaire vu de la Terre »

Remarque : ce travail est un travail d'approfondissement, facultatif dans le cadre de cette séance.

1) FAIRE DÉCOUVRIR LE LOGICIEL LIBRE « STELLARIUM » AUX ÉLÈVES.

C'est un logiciel de planétarium assez intuitif, qui permet aux élèves d'observer le ciel tel qu'il est chez eux. Les possibilités offertes sont très nombreuses :
– se déplacer sur Terre (observer le ciel de l'hémisphère Sud) ;
– se déplacer dans le temps (reculer et observer en condition l'éclipse totale de Soleil de 1999) ;
– zoomer sur les astres (observer les anneaux de Saturne).

Remarque : il existe également une version web de ce logiciel, il n'est donc pas forcément nécessaire de l'installer sur les ordinateurs. De même pour les écoles utilisant des tablettes, il existe des versions Androïd et iOs.

2) DISTRIBUER LA FICHE ACTIVITÉ.

Les élèves, en binôme, prennent en main le logiciel, puis complètent la fiche activité. Cette dernière est corrigée en fin de séance.

Certains élèves apprécient particulièrement ce logiciel. Il n'est pas interdit de proposer aux élèves de venir utiliser le logiciel lors d'un temps mort dans la journée, s'il y a un ou plusieurs postes informatiques au fond de la salle de classe.

Remarque : bien entendu, une visite dans un planétarium est tout à fait envisageable, d'autant que de nombreux planétariums proposent des séances adaptées aux programmes scolaires de cycle 3.

ÉVALUATION QUELLE EST LA POSITION DE LA TERRE DANS LE SYSTÈME SOLAIRE ?

MATÉRIEL • Fiche évaluation et son corrigé

ÉVALUATION AU FIL DE L'EAU

Cette séance ne se prête pas vraiment à une évaluation formative. Les élèves simulent ensemble le système solaire, ce qui est compliqué pour eux et représente un travail d'animation où l'enseignant a déjà fort à faire.

ÉVALUATION SOMMATIVE

Distribuer la fiche évaluation. Un corrigé est proposé en ressources numériques.

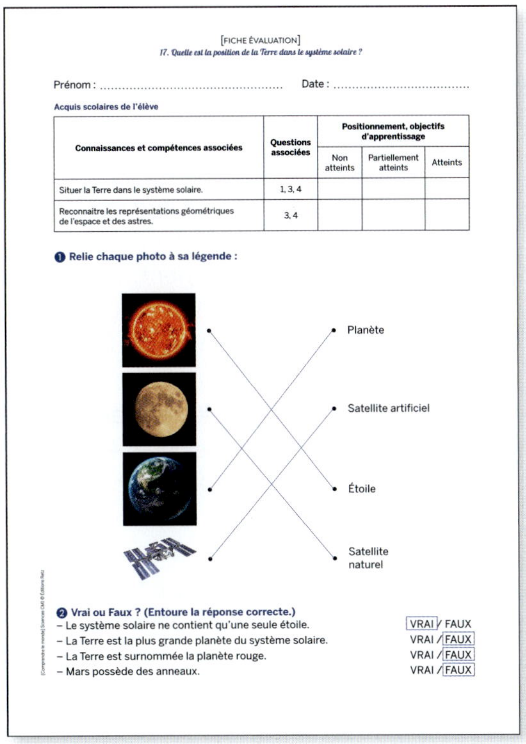

[FICHE ÉVALUATION]
17. Quelle est la position de la Terre dans le système solaire ?

Prénom : .... Date : ....

Acquis scolaires de l'élève

Connaissances et compétences associées	Questions associées	Positionnement, objectifs d'apprentissage		
		Non atteints	Partiellement atteints	Atteints
Situer la Terre dans le système solaire.	1, 3, 4			
Reconnaitre les représentations géométriques de l'espace et des astres.	3, 4			

❶ Relie chaque photo à sa légende :

❷ Vrai ou Faux ? (Entoure la réponse correcte.)
– Le système solaire ne contient qu'une seule étoile. VRAI / FAUX
– La Terre est la plus grande planète du système solaire. VRAI / FAUX
– La Terre est surnommée la planète rouge. VRAI / FAUX
– Mars possède des anneaux. VRAI / FAUX

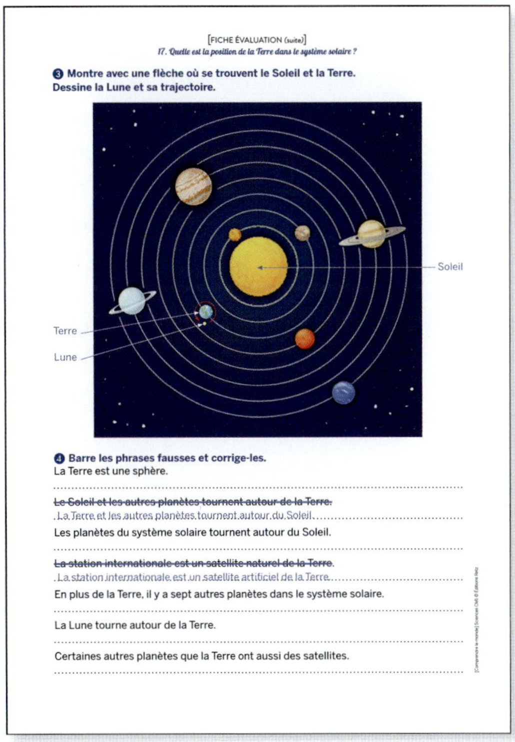

[FICHE ÉVALUATION (suite)]
17. Quelle est la position de la Terre dans le système solaire ?

❸ Montre avec une flèche où se trouvent le Soleil et la Terre. Dessine la Lune et sa trajectoire.

❹ Barre les phrases fausses et corrige-les.

La Terre est une sphère.
....
~~Le Soleil et les autres planètes tournent autour de la Terre.~~
La Terre et les autres planètes tournent autour du Soleil.
Les planètes du système solaire tournent autour du Soleil.
....
~~La station internationale est un satellite naturel de la Terre.~~
La station internationale est un satellite artificiel de la Terre.
En plus de la Terre, il y a sept autres planètes dans le système solaire.
....
La Lune tourne autour de la Terre.
....
Certaines autres planètes que la Terre ont aussi des satellites.
....

SÉANCE 18

Qu'est-ce qu'une forêt ?

L'ESSENTIEL À SAVOIR POUR L'ENSEIGNANT

Contrairement à une idée répandue, la forêt n'est pas seulement un ensemble d'arbres mais une forme complexe d'organisation du monde vivant, un **écosystème**.

*Un **écosystème** est une communauté d'organismes en interaction entre eux et avec le milieu dans lequel ils vivent.*

RÉPARTITION DES FORÊTS SUR LE TERRITOIRE FRANÇAIS (DONNÉES ONF)

En recul dans le monde mais en progression en France, la forêt couvre, en 2020, 31 % du territoire métropolitain français avec une superficie de 17 millions d'hectares, supérieure à celle de la fin du Moyen Âge. Les principales régions forestières sont situées dans l'est et le sud-est de la France, mais aussi dans les départements français d'outre-mer (Guyane, Guadeloupe, Martinique et Réunion), où la forêt représente 8,7 M d'hectares. Les feuillus prédominent par rapport aux conifères sur les deux tiers de la surface forestière française, avec cependant des disparités régionales.

*Les **conifères** sont des arbres ayant des feuilles en aiguilles ou en écailles, des fleurs femelles organisées en cônes et des sécrétions résineuses (exemples : cèdre, épicéa, thuya, if, sapin…).*
*Les **feuillus** sont des arbres à feuilles caduques, généralement aplaties et plus ou moins larges (exemples : chêne, hêtre, châtaignier, peuplier…).*

LES COMPOSANTES DE LA FORÊT

Comme tout écosystème, la forêt se définit par deux composantes en interaction permanente : la **biocénose** et le **biotope**.

*La **biocénose** (composante vivante) est l'ensemble des animaux, végétaux et champignons.*
*Le **biotope** (composante non vivante) fait référence aux conditions climatiques et aux propriétés des sols.*

Le biotope influence la présence et la répartition des organismes selon leurs besoins. Là où certaines espèces se développent bien, d'autres sont défavorisées car elles ne trouvent pas les conditions nécessaires à leur croissance.

Tous les arbres n'ont ainsi pas forcément les mêmes besoins vis-à-vis de la **lumière**. Le hêtre ou le sapin tolèrent, voire préfèrent, les endroits ombragés pendant les premières années de leur développement, tandis que le chêne, le bouleau, le pin sylvestre ou encore le mélèze ont des besoins en lumière très importants dès la germination. Les besoins en **eau** des végétaux, particulièrement importants au moment du renouvèlement des feuilles pour les arbres, varient également selon les espèces : au moins 1 000 mm par an pour les sapins et les épicéas, 700 à 1 500 mm pour les hêtres et 400 à 700 mm pour les chênes verts. La répartition de la faune est également influencée par la disponibilité en eau. Les **températures** extrêmes peuvent avoir un effet défavorable sur les êtres vivants. Enfin, **le sol**, par la nature des sels minéraux qu'il contient, par sa capacité à retenir l'eau et par sa structure plus ou moins favorable à la pénétration des racines, conditionne la répartition de la flore mais aussi celle de la faune et de très nombreux micro-organismes (plus d'un milliard par gramme de sol).

La forêt se caractérise par une grande variété d'organismes animaux, végétaux et fongiques. Ces êtres vivants, en fonction de leurs exigences, se partagent l'espace horizontalement et verticalement. La forêt présente ainsi des habitats du sous-sol à la cime des grands arbres. Mais les arbres ne sont pas les seuls à occuper l'espace. La végétation s'organise en plusieurs étages appelés **strates** :

– la **strate arborescente** est constituée par les branches des grands arbres et reçoit l'essentiel de la lumière ;

– la **strate arbustive**, de 1 à 7 m, est composée d'arbustes et de jeunes arbres ;

– la **strate herbacée** rassemble les semis des arbres, les plantes à fleurs, les fougères, les graminées ;

– la **strate muscinale** se compose des mousses, des champignons et des lichens qui recouvrent le sol. Ce sont des organismes à faibles besoins en lumière qui nécessitent surtout de l'eau ;

– la **strate souterraine** est formée par les racines des végétaux.

Les animaux se répartissent entre ces différentes strates. Bien que le plus souvent mobiles, ils occupent un espace précis dans lequel ils jouent un rôle déterminé (voir séance 19).

Les espèces se relaient aussi dans le temps pour occuper l'espace selon un rythme journalier et un rythme saisonnier.

*Une **espèce** est l'ensemble des individus qui, dans leur milieu naturel, peuvent se reproduire entre eux et donner une descendance fertile.*

L'espèce ne se définit donc pas comme une unité morphologique, des variations importantes pouvant être observées entre individus, notamment entre mâles et femelles chez certaines espèces (exemple : dindon et dinde).

BIODIVERSITÉ EN FORÊT

Évaluer la biodiversité d'un écosystème, c'est caractériser la diversité de la vie microbienne, animale, végétale et fongique de cet écosystème. Cette biodiversité se décline à deux niveaux. À l'échelle des espèces tout d'abord, elle est évaluée par le nombre d'espèces présentes et le nombre d'individus de chaque espèce. À l'échelle des gènes ensuite, car au sein d'une espèce existent des variations, par exemple morphologiques, contrôlées génétiquement et qui représentent un potentiel d'adaptation à des changements de l'environnement.

La nomenclature utilisée pour désigner les espèces date du XVIIIe siècle (on la doit au naturaliste suédois Carl von Linné). Elle repose sur un nom de genre suivi d'un nom d'espèce en latin (nom de genre et nom d'espèce s'écrivent en italique, le nom de genre portant une majuscule). L'avantage de cette nomenclature est son universalité. Elle est comprise par toutes les nationalités. Un nom vernaculaire (ou nom commun) dans la langue du pays peut également exister. Par exemple, « écureuil roux » pour *Sciurus vulgaris* ; « écureuil gris » pour *Sciurus carolinensis*, « écureuil fauve » pour *Sciurus niger*.

DES RESSOURCES POUR ÉTUDIER LA BIODIVERSITÉ DE LA FORÊT

Pour obtenir des données générales sur la forêt :

- Site de l'Office National des Forêts : http://www.onf.fr
- Site de l'Inventaire Forestier National : http://inventaire-forestier.ign.fr/spip/

Pour déterminer les espèces présentes en forêt :

- *Quel est cet arbre ?* Guide complet d'identification des arbres et arbustes. Bordas, 1992.
- Clés de détermination des feuillus et des résineux téléchargeables sur le site de l'ONF http://www.onf.fr.
- *Quelle est donc cette fleur ?* Nathan, 1997.
- *Quel est donc ce champignon ?* Nathan, 1997.
- *Les Petits Animaux des bois et forêts. Les guides du naturaliste*. Delachaux et Niestlé, 2005.
- *Les Empreintes*. Guide de terrain à compléter et colorier. De Boeck, 2003.
- *Les Traces d'animaux*. Guide de terrain à compléter et colorier. De Boeck, 2003.

DÉROULEMENT DE LA SÉANCE

Connaissances et compétences associées
- ***Caractériser, à partir d'un exemple, un écosystème par son milieu de vie, l'ensemble des êtres vivants et les interactions en son sein.***
- ***Utiliser des instruments d'observation, de mesure, de techniques de préparation, de collecte.***
- ***Utiliser différents modes de représentation et passer d'une représentation à l'autre.***

DURÉE : 3 h environ à répartir en 3 temps : préparation d'une sortie de classe (15 min), sortie en forêt (2 h) et exploitation en classe (50 min).

Conseils pour aborder la séance :
Cette séance s'appuie sur une sortie en forêt. Pour la richesse des observations, il est préférable que celle-ci se déroule au printemps ou à l'automne. Si, pour diverses raisons, la sortie n'est pas possible avec les élèves, il est toutefois envisageable de travailler l'étape 3 à partir d'échantillons rapportés par l'enseignant. Si l'école n'est pas proche d'une forêt, la démarche décrite ci-dessous est transposable à un autre type d'environnement, y compris en milieu urbain (un parc ou un jardin).

ÉTAPE 1 FAIRE ÉMERGER LES REPRÉSENTATIONS DES ÉLÈVES ET PRÉPARER UNE SORTIE EN FORÊT

DURÉE 15 min
ORGANISATION en collectif

1) INTRODUIRE LE QUESTIONNEMENT.

> **Qu'est-ce qu'une forêt ?** *C'est plein d'arbres.*

> **Quels arbres connaissez-vous ?** Les élèves citent ceux qu'ils connaissent.

> **Quels autres êtres vivants peut-on trouver en forêt ?** *Des oiseaux, des renards, des sangliers, des champignons, des insectes...*

2) **ANNONCER LA RÉALISATION D'UNE SORTIE PROCHAINE** pour observer l'organisation d'une forêt et enquêter sur les êtres vivants qu'elle abrite.

> **Peut-on observer facilement les animaux en forêt ?** *Non, car ils peuvent se cacher. Il faut être très silencieux.*

> **Si on ne les observe pas directement, quels indices de leur présence peut-on rechercher ?** *Des restes de nourriture, des poils, des plumes, des crottes et des traces de pattes.*
Rappeler que, pendant la sortie, les élèves observeront l'organisation de la forêt et mèneront une enquête sur les êtres vivants qui l'habitent.

> **Quel matériel faut-il préparer pour la sortie ?** *Un appareil photo, des jumelles...*
Proposer éventuellement des loupes pour favoriser l'observation de petits animaux, mais aussi du matériel (boites, sacs en plastique...) pour ramener des échantillons. Préciser que les collectes seront limitées par respect pour l'environnement et qu'elles serviront, de retour en classe, à identifier, c'est-à-dire nommer les échantillons inconnus des élèves. Pour cela, il faudra s'aider d'ouvrages ou de guides de référence.

ÉTAPE 2 SORTIR EN FORÊT

DURÉE 2 h (sans compter le déplacement)
ORGANISATION en collectif puis en groupes de 4 ou 5
MATÉRIEL • cahier de l'élève p. 79-80
• un sécateur pour l'enseignant
Par groupe : – appareils photo, jumelles
– feuilles blanches, craies ou crayons graphite pour réaliser des empreintes de tronc
– loupes à main ou boites-loupes
– boites, sacs, étiquettes autocollantes, gants en plastique pour la collecte d'échantillons

SÉANCE 18 · *Qu'est-ce qu'une forêt ?*

QUE VOIS-TU LORS D'UNE SORTIE EN FORÊT ?

1 L'organisation de la forêt
Fais un croquis de l'espace présent sous tes yeux pour mettre en évidence son organisation verticale.

2 Les animaux
a. Quels animaux vois-tu dans cette forêt ? Et où sont-ils ?
b. Quels animaux entends-tu dans cette forêt ?
c. Quels indices du passage d'animaux peux-tu observer (restes d'aliments, crottes, plumes, poils, empreintes, toiles d'araignées...) ?
d. Collecte ces indices lorsque c'est possible ou prends une photo.

1) **RAPPELER LA SITUATION.**

> **Quel est le but de cette sortie ?** *Observer l'organisation d'une forêt et repérer les êtres vivants présents.*

2) **RÉPARTIR LES ÉLÈVES EN GROUPES AVEC LEUR CAHIER ET DISTRIBUER LE PETIT MATÉRIEL.**

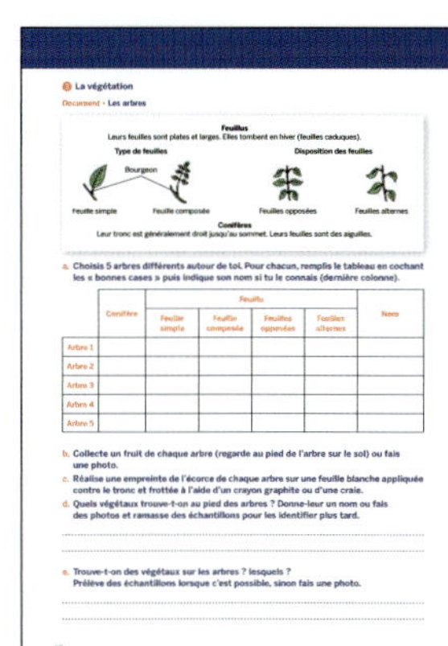
3 La végétation
Document · Les arbres

a. Choisis 5 arbres différents autour de toi. Pour chacun, remplis le tableau en cochant les « bonnes cases » puis indique son nom si tu le connais (dernière colonne).

	Conifère	Feuillu				Nom
		Feuille simple	Feuille composée	Feuilles opposées	Feuilles alternes	
Arbre 1						
Arbre 2						
Arbre 3						
Arbre 4						
Arbre 5						

b. Collecte un fruit de chaque arbre (regarde au pied de l'arbre sur le sol) ou fais une photo.
c. Réalise une empreinte de l'écorce de chaque arbre sur une feuille blanche appliquée contre le tronc et frottée à l'aide d'un crayon graphite ou d'une craie.
d. Quels végétaux trouve-t-on au pied des arbres ? Donne-leur un nom ou fais des photos et ramasse des échantillons pour les identifier plus tard.
e. Trouve-t-on des végétaux sur les arbres ? lesquels ?
Prélève des échantillons lorsque c'est possible, sinon fais une photo.

En suivant les indications du cahier p. 79 et 80, chaque groupe va choisir un secteur à étudier pour prélever des indices, prendre des photos et permettre, plus tard, l'identification des éléments observés. Veiller à ce que les groupes se répartissent sur l'espace d'exploration pour avoir une représentation des arbres la plus large possible. Rappeler que la collecte des échantillons doit être limitée à un exemplaire par groupe par respect pour l'environnement et qu'elle a pour but d'identifier les animaux ou les végétaux présents. **Pour faciliter cette identification, proposer aux élèves d'utiliser des étiquettes portant le numéro d'échantillon et le lieu précis de la récolte.** Favoriser la prise de photos plutôt que la collecte des échantillons de crottes, plumes ou restes alimentaires, sinon exiger que les élèves portent des gants en plastique. Pour la collecte d'échantillons d'arbre, l'utilisation d'un sécateur par l'enseignant permet de faire des coupes franches qui n'abimeront pas les branches.

3) **CIRCULER ENTRE LES GROUPES POUR S'ASSURER DE LEUR BONNE COMPRÉHENSION DE LA DÉMARCHE DE PRÉLÈVEMENTS**, les aider si nécessaire.

Remarque : la fiche activité n'intègre pas l'observation de champignons mais il se peut qu'ils soient présents en nombre. Spécifier aux élèves que **les champignons ne sont pas des végétaux** mais un groupe bien distinct. Les photographier pour permettre leur identification ultérieure.

ÉTAPE 3 IDENTIFIER LES ÊTRES VIVANTS DE LA FORÊT

DURÉE 30 min
ORGANISATION en groupes de 4 ou 5
MATÉRIEL
- ressources documentaires pour identifier la flore et la faune de la forêt
- une affiche A3 « Faune » pour reporter la liste des animaux observés, entendus ou repérés par leurs traces lors de la sortie et une affiche A3 « Flore »

1) **RÉPARTIR LES ÉLÈVES EN GROUPES POUR L'IDENTIFICATION DES ÉCHANTILLONS.**
Il n'est pas nécessaire que les élèves identifient jusqu'au nom d'espèce (érable sycomore, érable plane…). Mais il est important qu'ils prennent conscience qu'il existe plusieurs espèces d'érables. Dans les ouvrages, ils pourront remarquer que le nom d'espèce en français est accompagné d'un nom scientifique (en latin) universel, c'est-à-dire compris par tous.

2) **COMPLÉTER LES AFFICHES DE CLASSE SUR LA FAUNE ET LA FLORE APRÈS AVOIR DÉFINI LES TERMES.** La faune est l'ensemble des animaux et la flore l'ensemble des végétaux observés. Les élèves mutualisent leurs listes. Ces affiches peuvent être enrichies des photos prises sur le terrain. En fonction du temps disponible et de l'intérêt des élèves, proposer la réalisation de fiches d'identité sur quelques animaux et végétaux représentatifs de la forêt étudiée.

ÉTAPE 4 SYNTHÈSE

DURÉE 20 min
ORGANISATION en collectif
MATÉRIEL
- affiches « Faune » et « Flore » complétées à l'étape 3
- cahier de l'élève p. 81

4 Complète les étiquettes selon les observations faites lors de la sortie en forêt.

FLORE

Arbres observés : ……

Sous les grands arbres, des jeunes arbres et des arbustes de : ……

Plantes de sous-bois : ……

Au sol : ……

FAUNE

Animaux dans les arbres : ……

Animaux au sol ou traces de leur passage : ……

Remarque : il est possible, sur le cahier, de remplacer la photo existante par l'une prise lors de la sortie de classe.

1) **QUESTIONNER LES ÉLÈVES** pour leur permettre d'exprimer les connaissances acquises.

> **Après le travail réalisé, comment définissez-vous désormais une forêt ?**

2) **À PARTIR DES RÉPONSES FOURNIES, ÉLABORER LA TRACE ÉCRITE.**
Les élèves la copient sur leur cahier p. 81.

Exemple de trace écrite :
Une forêt n'est pas seulement un ensemble d'arbres, elle se compose de plusieurs types de végétaux (arbustes, herbes…). Cet ensemble forme la **flore** ; la **faune** désigne l'ensemble des animaux qui y vit. La diversité des espèces animales et des espèces végétales définit la **biodiversité**. Les espèces se répartissent dans les différents étages de la forêt.

3) LES ÉLÈVES COMPLÈTENT LA QUESTION 4 DU CAHIER P. 81. Les élèves font des propositions pour remplir les étiquettes. Ils peuvent s'aider des affiches « Faune » et « Flore ».

Lexique :

Flore : Ensemble des végétaux présents sur un territoire donné.
Faune : Ensemble des animaux présents sur un territoire donné.
Espèce : Ensemble d'individus (animaux, végétaux ou champignons) se ressemblant plus ou moins, capables de se reproduire entre eux et dont les descendants peuvent eux-mêmes se reproduire.
Biodiversité : Diversité des espèces de végétaux, d'animaux et de champignons.

ÉVALUATION QU'EST-CE QU'UNE FORÊT ?

ÉVALUATION AU FIL DE L'EAU

Cette séance est l'occasion d'amener les élèves en sortie où ils pourront observer l'organisation d'une forêt et faire un inventaire des êtres vivants qui la peuplent, soit par l'observation directe soit par celle de leurs traces. Lors de cette sortie, il est important que l'enseignant insiste sur le comportement à avoir et la responsabilité de chacun vis-à-vis de son environnement. Il est donc possible d'évaluer de manière formative la compétence « Adopter un comportement éthique et responsable ». Le tableau ci-dessous propose quelques indicateurs que l'enseignant pourra observer lors de la sortie.

Adopter un comportement éthique et responsable	OUI/NON
L'élève est respectueux de l'environnement : il ne laisse pas de déchet au sol, il ne réalise pas d'acte de vandalisme sur la végétation ou les animaux.	
L'élève respecte la consigne de l'enseignant en matière de collecte des échantillons vivants : il ne prélève pas au-delà de ce qui est autorisé par l'enseignant.	

Remarque : une évaluation sommative est proposée à la fin de la séance 19 « Enquête sur le chêne ».

SÉANCE 19

Enquête sur le chêne : des hôtes de passage aux résidents permanents

L'ESSENTIEL À SAVOIR POUR L'ENSEIGNANT

UN ARBRE, UN ÉCOSYSTÈME

*Un **écosystème** est une communauté d'organismes en interaction entre eux et avec le milieu dans lequel ils vivent.*

Les écosystèmes sont divers de par leur taille. Si certains (un océan, la forêt amazonienne…) couvrent de vastes étendues – on les appelle **macro-écosystèmes** –, d'autres (un étang, une prairie…) couvrent « seulement » quelques hectares – on les appelle **méso-écosystèmes**. D'autres enfin, extrêmement petits, peuvent se réduire à un arbre, voire une simple souche d'arbre dans une forêt. Ces derniers sont qualifiés de **micro-écosystèmes**. La biodiversité au sein des écosystèmes n'est pas obligatoirement corrélée à leur taille. Certains micro-écosystèmes peuvent ainsi être caractérisés par une biodiversité exceptionnelle. Un arbre mort peut constituer un abri pour un grand nombre d'oiseaux forestiers qui nichent dans ses cavités, mais aussi pour des petits mammifères, des amphibiens, des reptiles, des escargots, des champignons et des insectes. Concernant ces derniers, jusqu'à 3 000 espèces ont été observées sur du bois mort en forêt.

LE FONCTIONNEMENT D'UN ÉCOSYSTÈME

Les êtres vivants d'un écosystème (animaux, végétaux et champignons) sont reliés entre eux en permanence. En fonction de la place qu'ils occupent dans l'écosystème, ils sont **producteurs**, **consommateurs** ou **décomposeurs**.

Les relations alimentaires au sein d'un écosystème sont schématisées sous la forme de suites ordonnées d'êtres vivants, reliés entre eux par des flèches, et dans lesquelles les individus se nourrissent de ceux qui les précèdent. De telles suites forment des **chaines alimentaires**. Chaque niveau au sein d'une chaine alimentaire s'appelle un **maillon**. Par convention, les flèches reliant les maillons ont pour signification « est mangé par ».

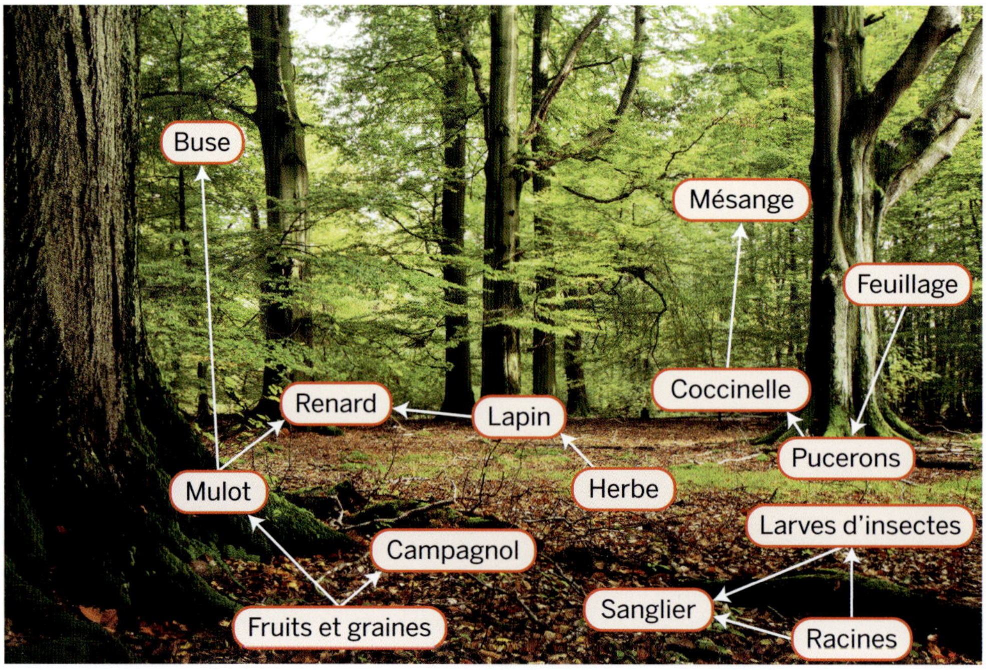

*Les **producteurs** sont les arbres et les autres végétaux verts. Ils sont capables de produire leur propre matière organique à partir de substances minérales seules et grâce à l'énergie lumineuse.*
*Les **consommateurs** sont les organismes qui produisent leur propre matière en utilisant la matière organique provenant d'autres êtres vivants. Selon qu'ils se nourrissent de végétaux, d'animaux ou qu'ils ont un régime mixte, ils sont qualifiés de végétariens, zoophages ou omnivores.*
*Les **décomposeurs** ou **recycleurs** sont les organismes qui dégradent la matière organique des organismes morts et la transforment en matière minérale.*

Le gui.

D'autres types d'interactions entre les êtres vivants se rencontrent dans un écosystème.

Le **parasitisme** se définit comme l'interaction entre deux organismes, animaux ou végétaux, dont l'un, appelé parasite, vit aux dépens de l'autre, appelé hôte. En général, le parasite exploite son hôte sans le tuer. Exemple : le gui dont la racine se développe sous l'écorce de nombreux arbres.

Les relations entre les êtres vivants ne sont pas exclusivement des rapports de force. Des associations ou des coopérations peuvent se mettre en place. Le lierre et la clématite utilisent ainsi le tronc d'un arbre pour se développer et accéder à la lumière. Des oiseaux et des insectes assurent la fécondation ou la dispersion de graines de plantes en échange de pollen, de nectar ou de fruits. Les fourmis se nourrissent des déjections des pucerons et, en échange, assurent leur protection.

Le saviez-vous ?

Les galles parfois observées sur des feuilles, des bourgeons, des tiges ou des racines sont une déformation du végétal en réponse à l'attaque de parasites tels que des champignons, des acariens ou des insectes.

Galles du chêne en bouton de soie dues à l'insecte hyménoptère *Neuroterus numislalis*.

Galles cerises du chêne dues à l'insecte hyménoptère *Cynips quercusfolii*.

DÉROULEMENT DE LA SÉANCE

Connaissances et compétences associées

- ***Exploiter un document constitué de divers supports***
- ***Caractériser, à partir d'un exemple, un écosystème par son milieu de vie, l'ensemble des êtres vivants et les interactions en son sein***
- ***Décrire plusieurs types de relations entre espèces au sein d'un écosystème***

DURÉE : 1 h 25.

ÉTAPE 1 — PRÉSENTER LA SITUATION ET INTRODUIRE LE QUESTIONNEMENT

DURÉE 15 min
ORGANISATION en collectif
MATÉRIEL • photo d'un chêne en forêt
• cahier de l'élève p. 82

1) PROJETER LA PHOTO D'UN CHÊNE.

> **Que représente cette photo ?** *Un arbre.*

> **De quel arbre s'agit-il ?** *Un chêne. On le reconnait à ses feuilles lobées et son tronc dont l'écorce est creusée de sillons.*

> **Quels sont les êtres vivants dans et autour d'un chêne ?** Les élèves donnent leurs idées.

2) ANNONCER L'OBJECTIF DE LA SÉANCE. Il s'agit d'enquêter sur les animaux qui vivent dans un chêne ou à proximité, d'identifier à quel étage ils vivent, ce qu'ils y font et quelle est leur influence sur le chêne. L'enquête s'appuiera sur un relevé d'indices, dont l'analyse doit conduire à formuler des hypothèses qu'il faudra ensuite confronter à des données scientifiques.

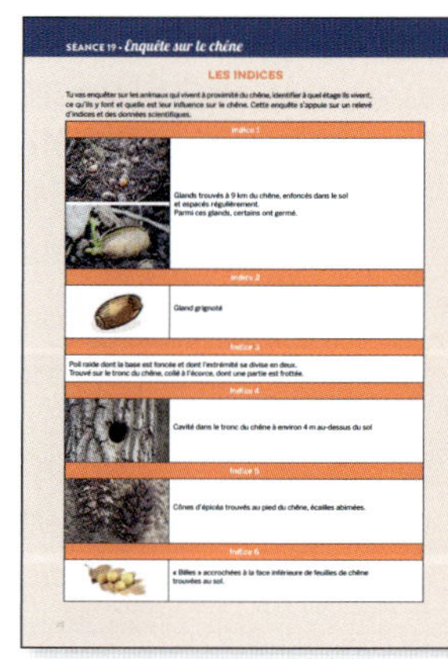

3) PRÉSENTER LES INDICES à l'aide du cahier p. 82 et questionner les élèves sur l'objet de la recherche.
Par exemple, pour l'indice 1 :

> **Que voit-on sur la photo ?** *Des glands, ce sont les fruits du chêne.*

> **Leur disposition semble-t-elle normale, naturelle ?** *Non, là, ils sont par terre et dispersés à différents endroits. Ce doit être un animal qui les a déplacés.*

> **Dans quel but ?** *Pour les manger.*

> **Quel animal pourrait manger des glands ?** Laisser les élèves proposer leurs hypothèses.

4) POUR CHAQUE INDICE, NOTER LES HYPOTHÈSES DES ÉLÈVES AU TABLEAU.

ÉTAPE 2 — MENER L'ENQUÊTE EN CONFRONTANT SES HYPOTHÈSES À DES DONNÉES SCIENTIFIQUES

DURÉE 30 min
ORGANISATION en groupes de 4 ou 5
MATÉRIEL • cahier de l'élève p. 82 à 87
• photos des indices à afficher

RÉPARTIR LES ÉLÈVES EN GROUPES ET PRÉSENTER LES PAGES 82 À 87 DU CAHIER

Si besoin orienter les élèves sur la démarche à mettre en œuvre : procéder indice par indice, identifier les données scientifiques (le document) permettant de les expliquer, relever les arguments conduisant à l'identification du « coupable », répondre aux questions 86 et 87 « Rapport d'enquête ».

ÉTAPE 3 PRÉSENTER LES RAPPORTS D'ENQUÊTE

DURÉE 20 min
ORGANISATION en collectif
MATÉRIEL • cahier de l'élève p. 82 à 87

FAIRE LA MISE EN COMMUN en donnant la parole pour chaque indice à un représentant de chaque groupe et faire valider par l'ensemble de la classe. Revenir sur les hypothèses notées initialement au tableau et y ajouter un « V » lorsqu'elles sont validées, « NV » (non validées) dans le cas contraire.

RAPPORT D'ENQUÊTE

INDICE N° 1

Qui a pu disperser ces glands ?

Les geais du chêne.

Dans quel but ?

Ils font des réserves de glands en automne qu'ils cachent pour pouvoir les retrouver en hiver quand ils ont besoin de se nourrir et que les ressources alimentaires viennent à manquer.

Quels avantages / inconvénients pour celui qui a fait ça ?

Avoir des réserves de nourriture un peu partout qui ne peuvent pas être volées par d'autres animaux.

Quels avantages pour le chêne ?

Ses graines sont dispersées par le geai. Lorsque celui-ci oublie l'emplacement d'une de ses cachettes, le gland abandonné germe et donne naissance à un nouveau chêne. Le renouvèlement des chênes est ainsi assuré sur un territoire toujours plus grand.

INDICE N° 2

Qui a grignoté ce gland ? Pourquoi lui et pas un autre ?

Un mulot. Ça ne peut pas être les sangliers parce qu'ils écrasent les glands. Les écureuils, eux, percent un petit trou. Sur le gland trouvé il y a la marque régulière des dents sur le bord du trou, ce qui est typique des mulots.

INDICE N° 3

À qui appartient ce poil ? Pourquoi à lui et pas à un autre ?

À un sanglier. Le poil trouvé est raide. Ça ne peut donc pas être un poil de chevreuil. L'extrémité se divise en deux. Ça ne peut donc pas être un poil de renard. La base du poil est foncée. Ça ne peut donc pas être un poil de blaireau, ce qui oriente vers un poil de sanglier.

Pourquoi est-il sur le tronc du chêne ?

Les sangliers aiment se rouler dans la boue. Après leur bain, ils ont l'habitude de se frotter contre les troncs d'arbre dont l'écorce est rugueuse, comme le chêne. À cette occasion, ils peuvent perdre quelques poils.

INDICE N° 4

À qui / à quoi est due cette cavité dans le tronc ?

C'est l'œuvre d'un pic, plus précisément un pic épeiche car le trou est à 4 m de hauteur alors que le pic noir creuse généralement plus haut (7 m) et le pic vert plutôt dans du bois mort.

À quoi sert cette cavité ?

L'oiseau y fait son nid bien à l'abri.

86

Qu'est-ce que ça signifie par rapport à la santé du chêne ?

Les pics épeiches ne parviennent à creuser le tronc d'un chêne que si son écorce, habituellement très dure, a été fragilisée par une invasion de champignons qui mangent le bois. La présence de cavités de pic est donc le signe d'un arbre vieillissant et/ou attaqué par des champignons.

INDICE N° 5

Qui a mangé ces cônes d'épicéa ? Pourquoi lui et pas un autre ?

C'est le pic épeiche. Ça ne peut pas être l'écureuil car il arrache toutes les écailles du cône sauf celles de la pointe. Ça ne peut pas être non plus le mulot ni le campagnol, qui rongent soigneusement toutes les écailles, sauf celles de la pointe. En revanche, le pic lacère et arrache les écailles avec son bec sur l'ensemble du cône.

Pourquoi se retrouvent-ils au pied du chêne ?

Le pic épeiche les transporte depuis un épicéa vers un chêne pour les éplucher et en extraire les graines. Pour cela, il coince les cônes un à un dans une fissure, appelée forge, qu'il a creusée dans le tronc du chêne pour les éplucher. Lorsqu'il a terminé, il laisse tomber les cônes au pied de l'arbre où ils s'accumulent en tas.

INDICE N° 6

Que représentent ces « sortes de billes » sur la face inférieure de la feuille de chêne ?

Ce sont des galles.

Quand sont-elles apparues ? À quoi sont-elles dues ?

Elles se sont formées en été et ont grossi. Elles sont dues à la piqure d'une guêpe femelle cynipide qui a pondu des œufs dans les nervures de la feuille. En réaction à cette attaque, la feuille produit une galle qui entoure l'œuf.

Qu'y a-t-il à l'intérieur ?

Au départ un œuf qui éclôt pour donner une larve, qui se transformera, deviendra adulte, pour finir par sortir de la galle.

Ajouter que des galles peuvent également être observées sur des bourgeons ou des tiges du chêne. Ces galles n'ont pas de conséquence majeure pour la santé de l'arbre. Elles peuvent toutefois l'affaiblir si elles sont vraiment très nombreuses ou provoquer la chute prématurée des feuilles.

ÉTAPE 4 SYNTHÈSE

DURÉE 20 min
ORGANISATION en collectif
MATÉRIEL • photo de chêne
• cahier de l'élève p. 87

1) **DEMANDER AUX ÉLÈVES DE RAPPELER L'OBJECTIF DE DÉPART :** enquêter sur les animaux qui vivent dans ou à proximité du chêne, identifier à quel étage ils vivent, ce qu'ils y font et quelle est leur influence sur le chêne.

2) **FAIRE LA LISTE DES ANIMAUX DONT IL A ÉTÉ QUESTION DANS CE TRAVAIL** et la noter au tableau : *campagnol, cerf, chevreuil, écureuil, geai des chênes, guêpe cynipide, mulot, pic épeiche, sanglier.*

3) LOCALISER CES ANIMAUX AUX DIFFÉRENTS ÉTAGES ET DIRE QUELLE RELATION ILS ONT AVEC LE CHÊNE. Construire avec les élèves un tableau et le compléter collectivement.

QUI ?	QUELLE RELATION ONT-ILS AVEC LE CHÊNE ?
Guêpes cynipides	Elles pondent dans les feuilles du chêne et provoquent la formation de galles. • Relation parasitaire (la galle peut nuire au chêne).
Geai des chênes	Il se nourrit de glands, favorise la régénération du chêne. • Relation de coopération (le geai et le chêne en tirent tous les deux un bénéfice).
Écureuil	Il se nourrit de glands. • Relation unilatérale (seul l'écureuil en tire un bénéfice).
Pic épeiche	Il creuse le tronc déjà attaqué par des champignons pour y faire son nid et il se nourrit de glands. • Relation unilatérale (seul le pic en tire un bénéfice).
Sanglier	Il se nourrit de glands et se frotte contre l'écorce du tronc. • Relation unilatérale.
Campagnol, mulot, chevreuil, cerf	Ils se nourrissent de glands tombés au sol. • Relations unilatérales.

4) CONCLURE ET CONSTRUIRE COLLECTIVEMENT LA TRACE ÉCRITE.

Les élèves la copient sur leur cahier.

Exemple de trace écrite :

Les êtres vivants cohabitent dans un environnement en interagissant les uns avec les autres. On distingue :

– les **relations unilatérales**, qui ne bénéficient qu'à l'une des espèces (pour se nourrir ou se reproduire) ; la relation parasitaire est aussi un exemple de relation unilatérale dans laquelle un parasite vit aux dépens d'un hôte, souvent en nuisant à son développement ;

– les **relations de coopération**, qui bénéficient aux différentes espèces. Exemple de la relation geai/chêne, où l'arbre procure de la nourriture à l'oiseau et, en échange, celui-ci assure sa régénération.

Lexique :

Glands : Fruits du chêne. Ils contiennent une graine.

Cônes : Fruits des conifères ou résineux formés d'écailles contenant des graines.

Régénération naturelle (des arbres) : Renouvèlement des arbres d'une forêt grâce au semis naturel de ses graines.

Forge : Fissure plus ou moins profonde creusée dans l'écorce des arbres par certains oiseaux pour faciliter leur repas.

Galle végétale : Grosseur formée par un végétal lorsqu'il est attaqué par un intrus (insecte, acarien ou encore champignon).

ÉVALUATION ENQUÊTE SUR LE CHÊNE

MATÉRIEL • Fiche évaluation et son corrigé

ÉVALUATION AU FIL DE L'EAU

Dans cette séance, les élèves sont placés en situation d'enquêteurs. À partir d'un ensemble d'indices mêlant textes et photos, ils doivent identifier les animaux qui vivent sur ou à proximité du chêne. Pour cela, ils s'appuient sur un ensemble documentaire constitué de textes, photos et dessins dont ils doivent extraire les informations utiles à la résolution de leur enquête. Pour

finir, ils sont amenés à présenter leur rapport d'enquête oralement. Les compétences ainsi travaillées peuvent faire l'objet d'une évaluation formative. Les tableaux ci-dessous en proposent des indicateurs observables.
Le premier tableau est en relation avec la capacité des élèves à s'approprier des outils et des méthodes :

	Maitrise insuffisante	**Maitrise fragile**	**Maitrise satisfaisante**	**Maitrise très satisfaisante**
Exploiter un document constitué de divers supports	*Aucun indice n'a été élucidé. L'élève n'a pas réussi à extraire des informations des documents scientifiques et les mettre en relation avec les indices observés.*	*Pas plus de 3 indices (sur les 6) ont été élucidés. L'élève n'a pas réussi à exploiter tous les documents scientifiques à sa disposition.*	*Au moins 5 indices ont été élucidés. L'élève a réussi à exploiter efficacement la plupart des documents pour les relier aux indices observés.*	*Tous les indices ont été élucidés. L'élève a su exploiter toutes les informations scientifiques et les mettre en relation avec les indices observés.*

Le second tableau est en relation avec la pratique des langages :

	Maitrise insuffisante	**Maitrise fragile**	**Maitrise satisfaisante**	**Maitrise très satisfaisante**
Rendre compte de ses activités en utilisant un vocabulaire précis et des formes langagières spécifiques des sciences et des techniques	*L'élève ne parvient pas à renseigner le rapport d'enquête.*	*Les réponses aux questions du rapport d'enquête sont très incomplètes.*	*Les réponses de l'élève sont justifiées.*	*Les réponses de l'élève dans le rapport d'enquête sont complètes, justifiées et rédigées avec des phrases.*
Expliquer un phénomène à l'oral et à l'écrit	*À l'oral, il est capable d'énoncer « un coupable » mais ne parvient pas à justifier.*	*L'élève n'arrive pas à justifier ses conclusions à l'écrit mais peut le faire à l'oral pour un petit nombre d'indices.*	*Il est capable d'expliquer dans son rapport et à l'oral pourquoi tel animal et pas un autre est responsable de tel indice.*	*À l'oral, l'élève est précis et complet dans ses réponses.*

ÉVALUATION SOMMATIVE

Distribuer la fiche évaluation. Un corrigé est proposé en ressources numériques.

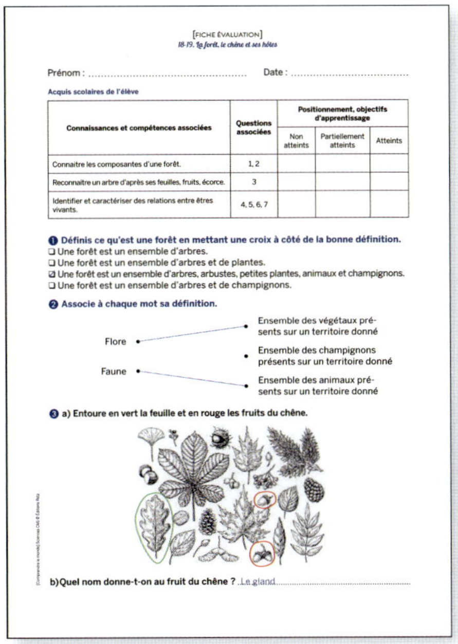
[FICHE ÉVALUATION]
18-19. La forêt, le chêne et ses hôtes

Prénom : .... Date : ....

Acquis scolaires de l'élève

Connaissances et compétences associées	Questions associées	Positionnement, objectifs d'apprentissage		
		Non atteints	Partiellement atteints	Atteints
Connaitre les composantes d'une forêt.	1, 2			
Reconnaitre un arbre d'après ses feuilles, fruits, écorce.	3			
Identifier et caractériser des relations entre êtres vivants.	4, 5, 6, 7			

❶ Définis ce qu'est une forêt en mettant une croix à côté de la bonne définition.
❑ Une forêt est un ensemble d'arbres.
❑ Une forêt est un ensemble d'arbres et de plantes.
☑ Une forêt est un ensemble d'arbres, arbustes, petites plantes, animaux et champignons.
❑ Une forêt est un ensemble d'arbres et de champignons.

❷ Associe à chaque mot sa définition.
Flore • • Ensemble des végétaux présents sur un territoire donné
• Ensemble des champignons présents sur un territoire donné
Faune • • Ensemble des animaux présents sur un territoire donné

❸ a) Entoure en vert la feuille et en rouge les fruits du chêne.

b) Quel nom donne-t-on au fruit du chêne ? Le gland

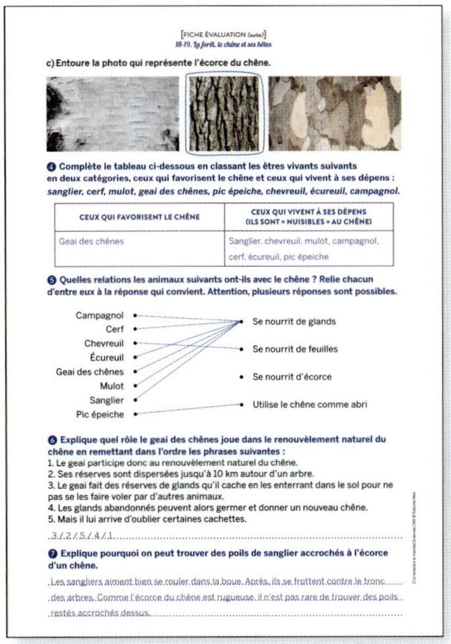
[FICHE ÉVALUATION (suite)]
18-19. La forêt, le chêne et ses hôtes

c) Entoure la photo qui représente l'écorce du chêne.

❹ Complète le tableau ci-dessous en classant les êtres vivants suivants en deux catégories, ceux qui favorisent le chêne et ceux qui vivent à ses dépens : *sanglier, cerf, mulot, geai des chênes, pic épeiche, chevreuil, écureuil, campagnol.*

CEUX QUI FAVORISENT LE CHÊNE	CEUX QUI VIVENT À SES DÉPENS (ILS SONT « NUISIBLES » AU CHÊNE)
Geai des chênes	Sanglier, chevreuil, mulot, campagnol, cerf, écureuil, pic épeiche

❺ Quelles relations les animaux suivants ont-ils avec le chêne ? Relie chacun d'entre eux à la réponse qui convient. Attention, plusieurs réponses sont possibles.
Campagnol • Cerf • Chevreuil • Écureuil • Geai des chênes • Mulot • Sanglier • Pic épeiche
• Se nourrit de glands • Se nourrit de feuilles • Se nourrit d'écorce • Utilise le chêne comme abri

❻ Explique quel rôle le geai des chênes joue dans le renouvèlement naturel du chêne en remettant dans l'ordre les phrases suivantes :
1. Le geai participe donc au renouvèlement naturel du chêne.
2. Ses réserves sont dispersées jusqu'à 10 km autour d'un arbre.
3. Le geai fait des réserves de glands qu'il cache en les enterrant dans le sol pour ne pas se les faire voler par d'autres animaux.
4. Les glands abandonnés peuvent alors germer et donner un nouveau chêne.
5. Mais il lui arrive d'oublier certaines cachettes.
3 / 2 / 5 / 4 / 1

❼ Explique pourquoi on peut trouver des poils de sanglier accrochés à l'écorce d'un chêne.
Les sangliers aiment bien se rouler dans la boue. Après, ils se frottent contre le tronc des arbres. Comme l'écorce du chêne est rugueuse, il n'est pas rare de trouver des poils restés accrochés dessus.

DOSSIER INTERDISCIPLINAIRE

Construire une station météorologique dans l'école

Connaissances et compétences associées

> Distinguer la météorologie du climat.

> Réaliser et exploiter des mesures météorologiques en utilisant des capteurs (thermomètre, pluviomètre, anémomètre).

DÉFINITION DE LA NOTION

La météorologie est la **science de l'atmosphère** : elle étudie les phénomènes se produisant dans l'enveloppe gazeuse qui englobe la Terre.

La météorologie permet, entre autres, de prévoir le temps et les évènements extrêmes (tempêtes, cyclones, inondations, sècheresses...).

À notre niveau, on peut faire un relevé météorologique simple :

• en observant à l'œil nu l'aspect du ciel et l'ensoleillement.

• en mesurant différents paramètres météo :

– **la température** à l'aide d'un thermomètre ;

– **le vent** (direction et force) à l'aide d'une girouette/anémomètre ;

– **les précipitations** à l'aide d'un pluviomètre ;

– **l'humidité** de l'air à l'aide d'un hygromètre...

Pour effectuer des mesures précises et fiables, les météorologues réalisent leurs mesures dans des conditions identiques partout dans le monde (normes internationales). Ainsi les mesures peuvent être échangées et comparées dans le monde entier.

Recommandation

Le caractère pesant de l'air ne figure pas dans les programmes du cycle 3. Par conséquent, le baromètre peut être évoqué avec des élèves de CM1 mais sans étudier les phénomènes de pression atmosphérique, dépression...

OBJECTIFS DU DOSSIER

– Percevoir les enjeux de la météorologie ;

– Faire la différence entre météorologie et climat ;

– Connaitre les principaux paramètres météorologiques ;

– Utiliser et construire différents capteurs pour effectuer des mesures ;

– Écrire un bulletin météorologique.

– Réaliser des mesures en lien avec la météo (thermomètres, hygromètres, baromètres, etc.).

Anémomètre

Girouette

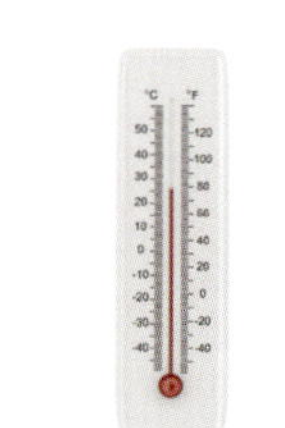

Thermomètre

Pluviomètre

Hygromètre

ATTENTION, il est essentiel de comprendre que la météorologie et le climat sont différents ! Voir l'infographie du CNRS.

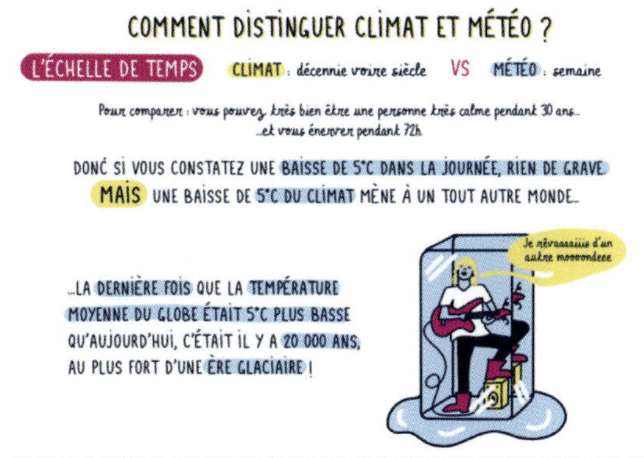

ÉTAPE 1 — ANALYSE DE BULLETINS ET CARTES MÉTÉOROLOGIQUES

Objectif : Relever et comprendre les principales informations fournies par les bulletins et cartes météorologiques.

Français :

– **Lire et comprendre des textes,** des documents, des images et les interpréter.
Écouter pour comprendre un message oral, un propos, un discours, un texte lu : écoute à partir **de supports variés (textes lus, messages audio, vidéos, cartes...)**.
– **Enrichir son lexique.**

Géographie :

– **Découvrir des territoires de plus en plus vastes** : lieu de vie, région, France, Europe, monde.
– **Lire des cartes.**

Compétence du socle :

– **Pratiquer des langages :** exploiter un document constitué de divers supports.

Matériel : bulletins météo variés (presse, radio, télévisuel) à des échelles différentes (région, pays, Europe...), pictogrammes, cartes et animations météo, vidéo Météo France, cahier de l'élève p. 92

1) PRÉSENTER AUX ÉLÈVES DES BULLETINS ET CARTES MÉTÉOROLOGIQUES SELON DIFFÉRENTS SUPPORTS.

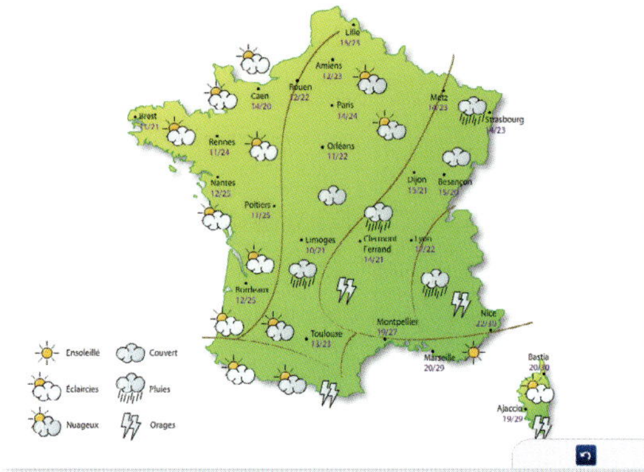

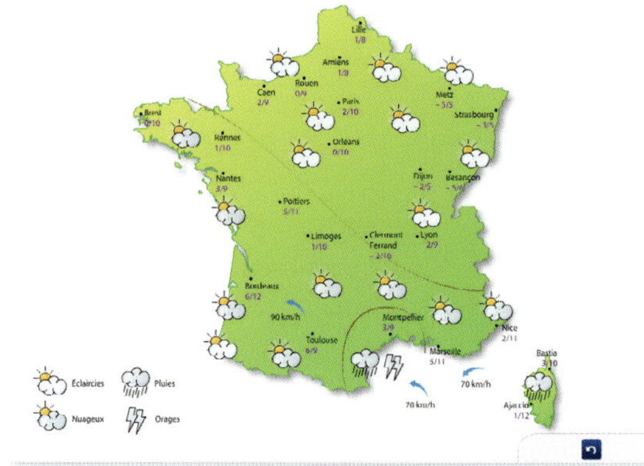

2) FAIRE RELEVER LES TERMES QUI REVIENNENT FRÉQUEMMENT

(température, précipitations, région, ciel couvert/dégagé, ensoleillement, perturbations, minimum, maximum, masse d'air, région…) et les symboles utilisés. Faire expliquer ou expliquer si nécessaire les termes non compris.

Puis, faire rechercher dans le dictionnaire le terme « météorologie ».

3) FAIRE LA DIFFÉRENCE ENTRE MÉTÉOROLOGIE ET CLIMAT.

Préciser aux élèves qu'il s'agit ici de bulletins météorologiques, dans le but de prévoir le temps qu'il fait à un moment donné, dans une région donnée. Ceci peut changer d'une heure à une autre, ou d'un jour à l'autre.

Écrire au tableau et demander aux élèves de copier sur leur cahier p. 92 :

MÉTÉOROLOGIE : Temps qu'il va faire dans un temps court, à un endroit donné.

Faire résumer les informations essentielles, écrire au tableau et faire copier :

CLIMAT : C'est le temps auquel on peut s'attendre sur un temps beaucoup plus long.

Expliquer aux élèves que, souvent, la météorologie est confondue avec de l'étude du climat, alors que c'est très différent.

Faire visionner la vidéo « Tous savoir : Ne pas confondre Météo et climat » de Météo France : https://www.youtube.com/watch?v=rLO9jKfuZfA

ÉTAPE 2 EFFECTUER DES RELEVÉS MÉTÉOROLOGIQUES

Objectif : Effectuer des relevés de mesures

➜ Mathématiques :

– **Mesurer des grandeurs géométriques** / Utiliser différentes unités de mesure (°C, mm…) et les instruments de mesure spécifiques de chaque paramètre météorologique.

– **Organiser et gérer des données** / Récolter des données numériques du paramètre observé. Représenter les données sous forme de diagrammes, graphiques.

– **Nombres et calculs :** fractions et pourcentages (couverture nuageuse).

Matériel : thermomètres, une girouette / anémomètre « pédagogique », un pluviomètre, un hygromètre, cahier de l'élève p. 88 à 91.

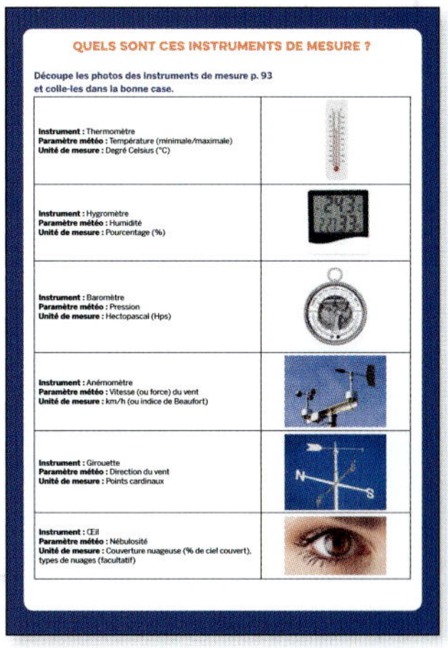

1) CHOIX ET UTILISATION DE L'INSTRUMENT DE MESURE ADAPTÉ EN FONCTION DU PARAMÈTRE MÉTÉOROLOGIQUE À RELEVER.

➜ Lien avec le thème 3 : Matériaux et objets techniques « Décrire le fonctionnement d'objets techniques, leurs fonctions et leurs composants »

Demander aux élèves d'associer un instrument de mesure à sa fiche descriptive : paramètre météo qu'il mesure, son unité de mesure et son fonctionnement.
Proposer une lecture documentaire pour savoir quand et où relever les mesures (une ou plusieurs fois par jour, à quelle heure, à l'ombre, à l'abri du vent, etc. ?).

Exemple de liens pour ressources documentaires :

– http://education.meteofrance.fr/ressources-pour-les-enseignants

– http://education.meteofrance.fr/enseigner-avec-la-meteorologie

2) RECUEIL DE PLUSIEURS MESURES :

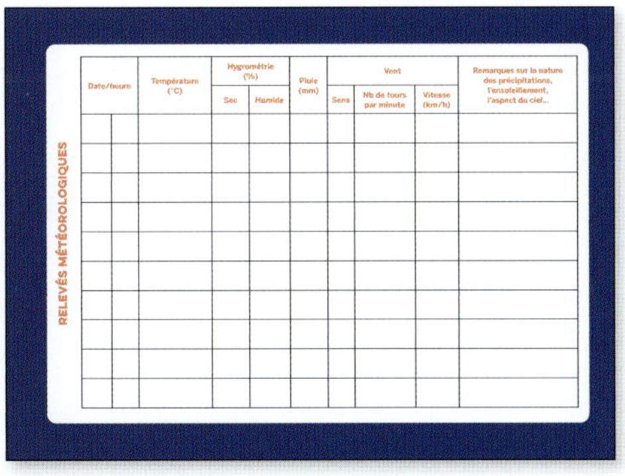

PARAMÈTRE NÉBULOSITÉ :

Lien : http://education.meteofrance.fr/ecole/animations/observer-les-nuages

3) ESTIMATION DE LA COUVERTURE NUAGEUSE : % ET FRACTIONS.

Avant de faire estimer la couverture nuageuse, on peut proposer une modélisation avec un papier bleu (ciel) et un papier blanc (nuages) de même format. Dans cet exemple : une feuille A4 blanche est divisée en 10 bandes égales, 3 branches (3/10) sont découpées en nuages et collées sur une feuille A4 bleue (100 %) : cela représente 30 % de couverture nuageuse.

4) REPRÉSENTATION DES DONNÉES SOUS FORME DE GRAPHIQUES : tracer les courbes sur papier quadrillé du cahier p. 91 ou en utilisant un tableur.

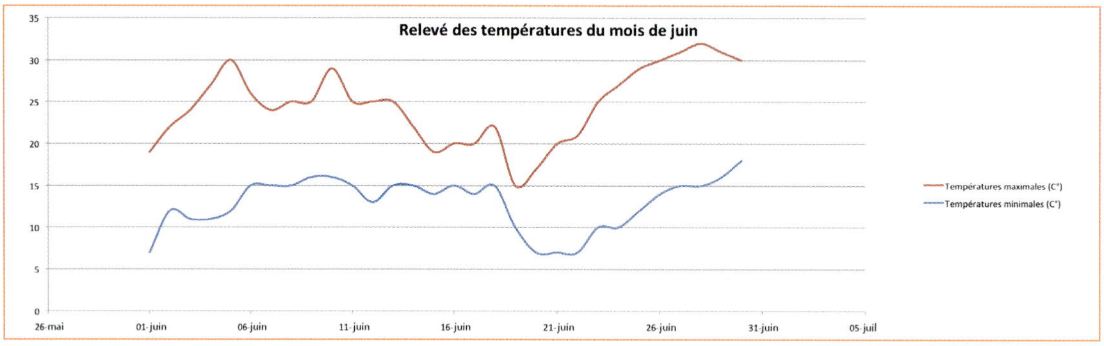

5) PARTAGE DES RELEVÉS MÉTÉO RECUEILLIS PAR LA CLASSE AVEC D'AUTRES ÉCOLES DU MONDE ENTIER :

http://www.meteodesecoles.org

Faire comparer les résultats obtenus en classe avec les résultats scientifiques institutionnels pour introduire l'importance de la normalisation des mesures (conditions de mesurage normées internationalement).

ÉTAPE 3 — CONSTRUIRE QUELQUES INSTRUMENTS DE MESURE SIMPLES : THERMOMÈTRES/ GIROUETTE/ANÉMOMÈTRE

➔ **Français :**

– **Lire, comprendre et/ou écrire une fiche de fabrication.**
– **Faire des observations morphologiques :** dérivation, composition (le nom des instruments, suffixe -mètre dans les unités de mesure).

➔ **Lien avec le thème 3 : Matériaux et objets techniques « Décrire le fonctionnement d'objets techniques, leurs fonctions et leur constitution »**

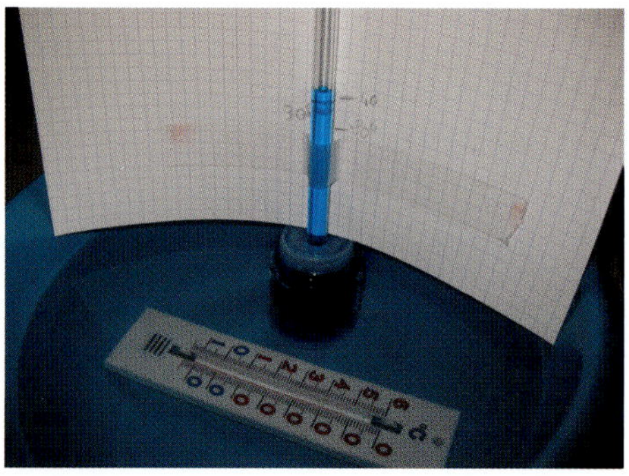

© Christine Blaisot

1) FABRICATION D'UN THERMOMÈTRE

2) FABRICATION D'UNE GIROUETTE

Faire préciser que la flèche indique d'où vient le vent et non là où il va (importance de la prise au vent de la partie plus large).

Ajout des points cardinaux sur la bouteille ou de la rose des sables sous le socle.

Exemple de réalisations : http://ecole-legretay-mordelles.ac-rennes.fr (« Nos girouettes »)

3) FABRICATION D'UN ANÉMOMÈTRE

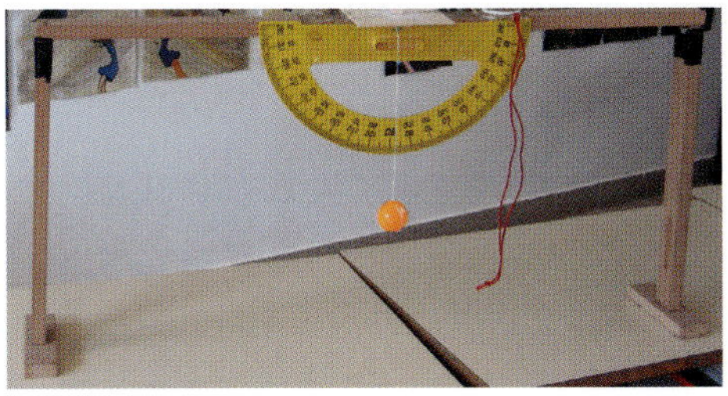

© Christine Blaisot

Anémomètre pour vent fort.

© Christine Blaisot

Girouette / anémomètre

Plusieurs approches sont possibles (de moins en moins guidées) :

• Demander aux élèves de lire et suivre une fiche de construction détaillée.

➜ Mallette pédagogique Météo : http://fr.calameo.com

• Donner aux élèves l'ensemble du matériel nécessaire à la construction et les laisser rechercher comment assembler les différents éléments pour construire une girouette.

• Faire observer et manipuler l'instrument de mesure acheté dans le commerce ou à des fournisseurs de matériel pédagogique, demander d'imaginer et de réaliser à leur tour un prototype en utilisant le matériel de leur choix.

ÉTAPE 4 CRÉATION D'UN BULLETIN MÉTÉO SUR FOND DE CARTE VIERGE

Français :

– **Écrire :** Produire des écrits variés / Prendre en compte les normes de l'écrit (écrit court, utilisation du futur pour les prévisions, vocabulaire technique...).

– **Comprendre et s'exprimer à l'oral :** Organisation et structuration du propos selon le genre de discours ; mobilisation des formes, des tournures et du lexique appropriés...

Géographie :

– **Découvrir des territoires de plus en plus vastes :** lieu de vie, région, France, Europe, monde / Nommer et localiser un lieu dans une carte géographique.

Matériel : cahier de l'élève p. 92.

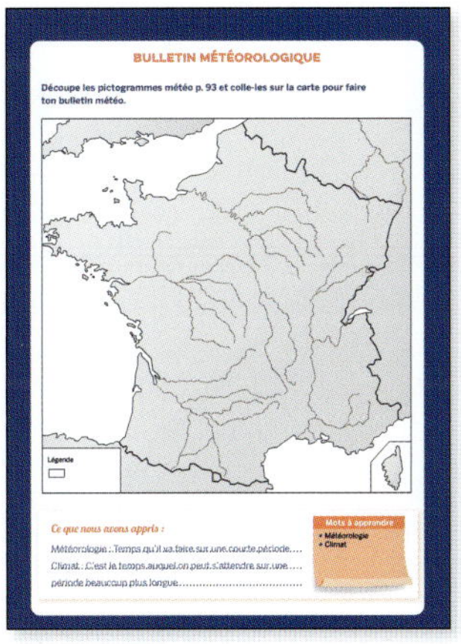

Des liens avec le socle commun et les autres domaines disciplinaires :

– **Géographie :** climats, localisation des grandes villes, organisation en départements, régions, pays...

– **Langue vivante :** relevés de températures dans des pays étrangers, exemple Royaume-Uni, présentation de bulletin météo dans une autre langue, utilisation du lexique et de la syntaxe spécifique en appui sur des *flashcards* et des cartes européennes ou mondiales.

– **Arts plastiques :** audiovisuel (technique pour tourner un bulletin météo), peinture (les tempêtes, les nuages, le vent... dans l'art pictural).

ÉVALUATION STATION MÉTÉOROLOGIQUE

MATÉRIEL • Tableau des compétences évaluables

ÉVALUATION AU FIL DE L'EAU

	Maitrise insuffisante	Maitrise fragile	Maitrise satisfaisante	Maitrise très satisfaisante
Utiliser des outils mathématiques adaptés pour collecter les relevés météorologiques	*L'élève ne garde pas trace de ses mesures et/ou il ne parvient pas à compléter le tableau, même avec de l'aide.*	*L'élève est capable de compléter le tableau avec ses mesures, avec l'aide d'un pair et/ou de l'enseignant.*	*L'élève est capable de compléter le tableau en autonomie avec ses données.*	*De lui-même, l'élève organise ses données sous forme de tableau en tenant compte des unités de mesure.*
Utiliser des outils numériques pour traiter des données : création de diagrammes (histogramme de pluviométrie et courbe de températures)	*L'élève ne parvient pas à entrer ses données sur le tableur.*	*L'élève est capable d'utiliser le tableur pour créer les diagrammes avec l'aide d'un pair et/ou de l'enseignant.*	*L'élève est capable d'utiliser un tableur et de créer en autonomie les diagrammes associés à ses données.*	*L'élève sélectionne les données et le diagramme le plus adapté pour comparer différents paramètres (pluviométrie, températures...).*